제 2 판

여행사경영론

● 김 성 용 저

Travel Agency Management

기문사
www.kimoonsa.co.kr

머리말

관광산업은 향후 가장 유망한 산업 중 하나로서 그 규모 또한 가장 큰 산업 중 하나라고 할 수 있다. 또한, 글로벌화, 정보통신기술의 발전 등으로 인하여 지금보다 국제관광이 더 활발해질 것으로 예측되기 때문에 관광에 대한 수요는 계속해서 증가될 것으로 생각한다.

관광산업을 둘러싸고 있는 이러한 환경하에서 여행업은 가장 중요한 산업 중 하나라고 할 수 있으며 호텔업을 중심으로 한 관광숙박업과 더불어 관광산업을 구성하는 핵심적인 부분 중 하나이다.

특히, 우리나라의 경우 중국관광객의 방문으로 인하여 우리나라를 방문하는 관광객은 급증하고 있으며, 소득의 증대 및 주5일제의 정착으로 해외여행객 수도 증가하고 있기 때문에 여행업을 필요로 하는 수요는 더욱 증가할 것으로 예측된다.

이러한 상황에서 스마트폰의 일반화로 인하여 오프라인 여행업과 더불어 온라인여행업의 수요와 중요성이 더욱 커지고 있으며 여행사 경영에 있어서 온라인여행업은 이제 일반화된 하나의 부분이 되었기 때문에 대부분의 여행사들은 온라인마케팅 등을 통하여 시장에서 다른 여행사에 비하여 경쟁우위를 확보하기 위하여 노력하고 있으며 이렇게 확보된 경쟁우위를 지속적으로 유지하기 위하여 핵심역량을 개발하고 있다고 할 수 있다.

우리나라의 여행업계를 살펴보면 하나투어, 모두투어 등의 대형 여행사부터 직원 수가 몇 명에 이르는 소규모 여행사까지 그 범위가 아주 다양하게 분포되어 있다고 할 수 있다. 오프라인과 온라인 여행사를 합쳐서 약 1만여 개의 여행사들이 사업을 운영하고 있지만 상대적으로 다른 산업에 비해서 소자본 창업이 가능하고 시장진입장벽이 비교적 낮은 편이라고 할 수 있다.

여행업을 둘러싸고 있는 이러한 경영환경하에서 본 교재는 여행사를 운영하기 위해서 꼭 필요한 기본적인 부분과 더불어 향후 여행업을 창업해서 운영하기를 희망하는 예비 창업자들을 위해서 Management와 관련된 기본적인 개념과 전략적인 관점도 추가하였다.

2015년 6월 저자 씀

C·o·n·t·e·n·t·s

차 례

제1장

경영의 이해

여 | 행 | 사 | 경 | 영 | 론

제1장 01 | 경영의 이해

여행업을 포함한 관광사업은 향후 전망이 가장 밝은 산업 중 하나로 특히 우리나라의 경우 글로벌화의 일반화로 인하여 많은 관광객들이 방문하고 있기 때문에 그 규모가 더욱 증대될 것으로 예측되고 있다. 특히 앞으로 중국관광객의 증가로 인하여 우리나라의 관광수입의 증가 등 경제적인 효과가 기대되기 때문에 여행업은 더욱 발전할 것으로 예측된다.

이러한 환경하에서 여행사 경영을 이해하기 위해서는 여행사의 실무적인 측면과 더불어 기업과 경영(management), 경영자(manager) 등에 대한 이해가 선행되어야 한다.

이렇게 기업, 경영, 경영자 등에 관한 기초적인 부분은 어떠한 사업을 경영하던지 간에 공통적으로 적용되기 때문에 본 장에서는 경영, 경영자, 기업 등에 관한 기초적인 부분을 살펴보고자 한다.

특히, 여행업의 경우는 다른 산업에 비해서 상대적으로 소자본 창업이 가능하고 시장진입장벽이 낮기 때문에 여행사 창업을 계획하고 있는 예비 창업자들은 위에서 언급한대로 management에 대한 이해가 더욱더 필요하다고 할 수 있다.

1. 경영(management)

어떠한 기업을 운영한다, 관리한다, 경영한다는 의미를 내포하고 있는 Management의 어원을 살펴보면 여러 가지 내용들이 있는데 프랑스어 lemain(손), 이탈리아어 mannegiaire(정돈하다), man-age-ment 등 다양하다. 아무튼 경영(management)이란 조직 내의 나누어진 일과 인적자원들 그리고 그들이 사용하는 도구 및 원료 등 모든 자원들을 잘 배치하고 연결하여 조직의 공동목표를 최대한 달성하게 하는 복잡한 활동이라고 할 수 있다.

기업을 예로 들면, 기업을 운영하기 위해서는 기술, 자본, 설비, 정보 등 수많은 자원들을 투입하고 서로 상호작용을 통해서 어떠한 제품이나 서비스를 생산하여 고객들에게 공급한다. 이때 경영이란 이들 자원을 어떻게 연결시킬 것인가에 대한 계획을 세우고(planning), 계획한 대로 조직을 짜서(organizing), 그대로 실행되도록 진두지휘하고(directing), 서로 협조가 잘되도록 조정과 연결을 잘하며(coordinating), 마지막에는 계획대로 잘되었는지 조사, 감독(controlling)하는 것이다. 이를 간략하게 줄여서 계획(plan)-실행(do)-통제(see)의 과정이 바로 경영이라고 할 수 있으며 이러한 일을 하는 사람을 바로 경영자(manager)라고 한다(임창희, 2002, p.10).

영리조직(profit organization)은 이윤(profit)을 극대화하기 위하여 또한, 비영리조직(non profit organization)은 공공 고객에게 최대한의 편익을 제공하기 위하여 조직의 활동이 원활하게 운영되어야 하는데 이렇게 비즈니스를 효율적으로 운영하는 것이 경영(management)에 있어서 중요한 점이라고 할 수 있다.

이렇게 조직을 효율적으로 운영하기 위해서 경영자들은 경영마인드(business mind)를 갖는 것이 필요한데 경영마인드란 경영자가 조직의 목표를 달성하기 위해서 자원을 가장 효율적으로 활용하고 최대의 효과를 얻으려고 생각하며 노력하는 자세라고 할 수 있다.

1) 경영의 기능(management functions)

20세기 초에 프랑스의 Fayol은 모든 경영자들은 plan(계획), organize(조직구성), command(지휘), coordinate(조정), control(감독) 등 다섯 가지의 기능을 수행한다고 하였다. 그 이후에 일반적으로 여러 학자들이 planning, organizing, staffing, directing, controlling 등을 경영의 기능으로 받아들이게 되었다. 본서에서는 경영의 기능을 planning(계획), organizing(조직구성), leading(지휘), controlling(감독) 등으로 나누어 보았다.

(1) planning

경영에서 planning의 기능은 조직의 목표를 설정(defining goals)하고, 목표를 달성하기 위해서 전체적인 전략을 수립(establishing overall strategy)하고, 종합적으로 단계별 계획들을 조정하고 통합하는 활동 등을 발전시키는 것(developing a comprehensive hierarchy of plans to integrate and coordinate activities)을 포함한다.

(2) organizing

모든 경영자들은 조직구조(organization structure)의 디자인에 대한 책임을 가지고 있는데 이러한 기능을 우리는 organizing(조직구성)이라고 한다. organizing의 기능에는 어떤 업무를 수행할 것인가(what tasks are to be done), 누가 수행할 것인가(who is to do them), 업무를 어떻게 분류할 것인가(how the tasks are to be grouped), 조직구성원들 중 누가 누구에게 보고할 것인가(who reports to whom), 누가 의사결정을 할 것인가(where decisions are to be made) 등을 결정하는 기능을 포함한다.

(3) leading

모든 조직들은 두 사람 이상의 인적자원들로 구성되어 있기 때문에 모든 경영자들은 이러한 조직구성원들에게 업무를 지시(direct)하면서 조직구성원들의 업무를 조정(coordinate)해야 한다.

이러한 기능이 leading(지휘)의 기능이라고 할 수 있다. 4가지 세부적인 leading의 기능들로는 경영자가 하급자들에게 동기부여(motivation)를 시키고, 다른 사람들의 활동을 지시하고, 조직구성원들끼리 가장 효과적인 커뮤니케이션 경로를 선택하며, 조직구성원들끼리의 갈등을 해소(resolve conflicts)하는 기능 등이 leading의 기능에 포함한다고 할 수 있다. 특히 최근에는 리더십에 대한 중요성이 증대하면서 경영의 기능 중 leading과 관련된 부분이 더욱 중요한 부분이 되었으며 여행사를 경영하는데 있어서도 경영자의 리더십과 관련된 부분은 사업의 성과에 많은 영향을 미친다고 할 수 있다.

(4) controlling

경영의 마지막 기능으로 controlling(감독)이 있는데 controlling은 위에서 언급한대로 목표가 설정되고, 계획이 수립된 후 조직구성을 위해 인적자원들을 채용해서 훈련시키고 동기를 부여시킨 후 다른 기능(functions)들이 제대로 작동했는지 조직의 성과(performance)를 점검(monitoring)하는 기능을 의미한다.

2) 경영의 구성요소

재화와 서비스를 산출하기 위해서는 여러 가지 자원이 필요한데, 산업사회 초기에는 경영활동이 이루어지기 위해서 토지나 기계와 같은 물적자원, 인적자원, 자본 등이 필요한 요소들이었지만 현대사회의 복잡한 경영환경에서는 인적자원, 물적자원, 자본과 더불어 여러 가지 정보(information)와 전략(strategy)이 필요하게 되었다.

(1) 인적자원

최근 어떠한 조직을 경영하는데 있어서 인적자원(human resources)의 중요성은 과거에 비해서 점점 더 커져가고 있다. 특히, 대표적인 노동집약적 산업 중 하나인 여행업에 있어서는 인적자원에 대한 의존도가 높기 때문에 인적자원 요소가 더욱 중요하다고 할 수 있다.

즉, 여행업은 산업의 특성상 여행사마다 소비자들에게 제공하는 기초상품의 종류가 거의 비슷하기 때문에 각각의 여행사의 경쟁력을 좌우하는 가장 중요한 요소 중 하나가 인적자원의 역량이라고 할 수 있기 때문에 다른 산업에 비해서 상대적으로 인적자원에 대한 중요성이 더욱 강조된다고 할 수 있다.

(2) 물적자원(physical resources)

기업이 제품이나 서비스를 생산하는데 직접적으로 사용되는 유형의 자원을 의미한다. 하루가 다르게 경영환경이 급변하고 있는 최근에는 예전에 비해 부동산, 원재료, 생산설비 등과 같은 물적자원의 비중이 상대적으로 감소하고 있는 상황이라고 할 수 있으며, 특히, 인터넷을 중심으로 한 디지털경제에는 더욱 이러한 현상이 심화될 것으로 예측된다.

(3) 자본

기업을 창업하고 운용하는데 필요한 재무적인 자원(financial resources)을 의미하는 것으로 창업자가 자체적으로 조달할 수도 있으며, 주식이나 채권을 발행하여 투자자들에게 제공받을 수도 있고 금융기관 등을 통해서 마련할 수도 있다.

여행업을 창업하기 위한 자본과 관련해서 여행업은 다른 관광사업에 비해서 상대적으로 초기투자비용이 적게 들기 때문에 시장진입장벽이 비교적 낮은 편이라고 할 수 있다.

(4) 정보

요즘 기업의 경쟁력은 정보력이 좌우한다고 해도 과언이 아닐 정도로 현대사회에 있어서 기업을 경영하는데 가장 중요한 요소 중 하나가 정보(infomation)라고 할 수 있다.

특히, 여행업의 경우 온라인여행업에서의 경쟁이 치열하고 관련정보도 빠르게 변화하기 때문에 여행사를 운영하는데 있어서 정보는 가장 중요한 부분 중 하나라고 할 수 있다.

최근에는 인터넷의 일반화뿐만 아니라 시간과 공간을 초월한 스마트폰을 이용한 정보검색이 가능해졌기 때문에 많은 여행사들이 오프라인 여행업뿐만 아니라 온라인 여행업에 대한 사업의 비중과 몰입도를 증가시키고 있는 추세라고 할 수 있다.

정보와 관련된 기본적인 개념을 살펴보면, 정보란 정보이용자에게 가치를 줄 수 있는 유형과 무형의 모든 내용이라고 할 수 있는데 자료(data)는 정보의 원천이며 정보는 이러한 여러 자료를 처리하여 얻어지게 된다.

자료와 정보는 자주 상호교환적으로 사용되는데 자료는 정보를 제공하는 원자재(raw material)에 해당되며 정보는 특정한 의사결정의 상황에서 가치를 갖는 점에 차이가 있다고 할 수 있다.

정보는 공식적 정보(formal information)와 비공식적 정보(informal information)로 분류할 수 있는데 일반적으로 공식적인 정보가 비공식적인 정보보다 많지만 현실적으로 많은 경영자들은 비공식적인 정보들을 더 유용하게 사용하고 있는 것으로 여러 연구결과들이 나타내고 있다.

(5) 경영전략

위에서 언급한 정보와 더불어 최근 여행사를 포함한 모든 기업들에 있어서 경영전략에 대한 중요성이 매우 커지고 있으며, 기업이 구사하는 전략에 따라서 기업의 성과가 달라질 뿐만 아니라 기업의 존립 여부에 큰 영향을 미치기 때문에 경영전략은 매우 중요한 부분이라고 할 수 있다.

경영전략(business strategy)이란 희소한 경영자원을 배분하여 기업에게 경쟁우위를 창출하고 유지해줄 수 있는 주요한 의사결정을 의미한다. 대부분의 기업들은 희소한 자금이나 인력 등을 배분해야 하는 의사결정이 필요한데, 일반적으로 다른 기업들과의 경쟁상황하에서 어떻게 하면 자사에게 경쟁우위를 가져다 줄 수 있는가를 체계적으로 분석해주는 구체적인 사고 방법이라고 할 수 있다. 무한경쟁으로 치닫고 있는 현대의 경영환경 하에 경영전략에 대한 비중은 점점 더 커져가고 있다.

(6) 기업가 정신(entrepreneurship)

위험을 감수하더라도 기업을 운영하려는 사람이 없다면 아마 새로운 기업이 만들어지는 것은 불가능할지도 모른다. 따라서 기업을 설립하고 더 많은 이익을 내보겠다는 기업가 정신을 경영자들이 가지고 기업의 다른 조직구성원들에게도 이러한 기업가 정신을 심어주는 것이 필요하다고 할 수 있다.

특히 여행업의 경우 다른 산업에 비해서 상대적으로 소자본창업이 가능하고 시장진입장벽이 낮은 편이기 때문에 기업가정신이 여행사를 창업하는데 가장 중요한 부분이라고 할 수 있다.

3) 경영시스템

(1) 전통적 가치사슬모델

성공적으로 기업을 운영하기 위해서는 기업의 모든 활동을 통합할 수 있는 능력이 있어야 하는데 이를 경쟁우위(competitive advantage)라고 한다.

이러한 경쟁우위를 파악하기 위해서 마이클 포터(Michael Porter)는 기업활동을 분야별로 세분화했는데 이렇게 세분화한 기업활동을 가치사슬(value chain)이라고 한다. 즉, 가치사슬이란 부가가치를 창출하는 기업 내 모든 가치활동들(value activities)이 연결된 체계로서 기업의 가치사슬을 통해서 그 기업의 총가치를 판단할 수 있다.

가치사슬은 주활동 부분과 보조활동 부분으로 나누어볼 수 있는데 먼저, 주활동 부분(primary activities)이란 제품의 물리적 변화에 직접 관련된 기능을 수행하는 활동으로서 내부물류(inbound logistics), 생산활동(manufacturing), 외부물류(outbound logistics), 마케팅 및 판매(marketing and sales), 애프터서비스(afterservices) 등 다섯 가지 활동으로 구분한다.

한편, 보조활동 부분(supportive activities)이란 주활동을 지원하는 활동으로 일반관리, 회계, 법률, 재무, 전략적 계획, 기타 기업의 전반적인 운영 등과 관련된 기업의 하부구조, 인적자원관리, 기술개발, 구매활동 등 네 가지 활동으로 나뉜다.

또한, 가치사슬은 아래쪽과 오른쪽으로 갈수록, 소비자 또는 시장과 접촉이 중요시되는 가치활동이며, 위쪽과 왼쪽으로 갈수록 소비자들과의 거리는 상대적으로 멀어진다고 볼 수 있다.

이러한 가치사슬은 경쟁우위를 위한 도구와 경쟁우위의 창출과 유지를 위한 도구로 활용되게 된다.

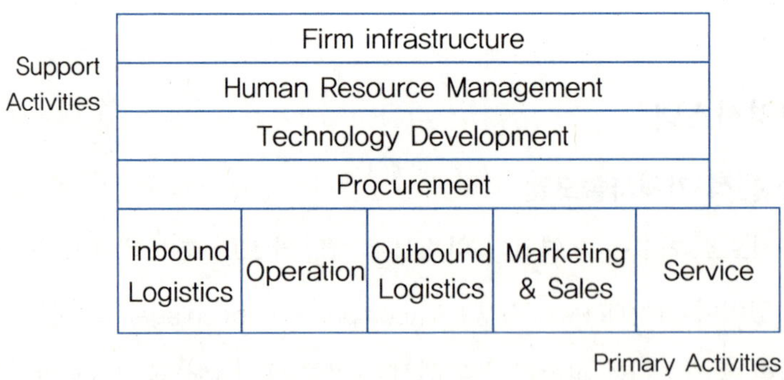

4) 기업의 외부환경 분석

산업구조와 경쟁방식, 산업의 수익률에 대한 관계는 경제학의 산업조직론에서 발전되었는데, 산업조직론에서는 산업의 구조를 완전경쟁과 독과점 간의 중간형태로 나타낸다. 독점(monopoly)이란 어느 산업에서 단 하나의 기업만 있어서 그 기업이 소비자로부터 독점이윤을 얻고 있는 상황을 말한다. 한편, 완전경쟁이란 시장에 수많은 기업이 있어서 아무도 시장가격의 변화에 영향을 미치지 못하고 단지 시장에서 형성된 가격을 주어진 것으로 받아들이는 경우이다. 따라서 완전경쟁의 경우는 어느 기업도 초과이윤을 얻을 수 없고 정상이윤만 얻는다. 그러나 실제의 산업들은 완전경쟁이거나 완전독점이 아닌 그 중간에 위치하고 있어서 과점적인 구조나 경쟁에 가까운 산업구조이기 쉽다.

여행업은 산업의 경쟁구조상 완전경쟁구조를 가지고 있다고 할 수 있다. 온라인과 오프라인을 합한 여행업체의 숫자가 약 1만 개 정도로 추산하고 있다. 그 중에는 하나투어, 모두투어, 자유투어, 롯데관광 등과 같은 대규모 여행사에서부터 직원이 불과 몇 명인 소규모 여행사까지 그 규모가 매우 다양하다.

여행업은 산업의 유형으로 분석하면 완전경쟁적인 산업에 속해 있다고 볼 수 있다.

[표 1-1] 산업의 경쟁유형

	완전경쟁	과점	복점	독점
생산자의 수	다수	소수	둘	하나
진입 및 퇴거장벽	없음	존재함	높다	높다
제품의 차별화	없음	많음	보통	낮음
정보	얻기 쉬움	제한됨	제한됨	제한됨

(1) 포터의 산업구조분석기법과 여행업

산업구조를 분석하는 기법을 처음으로 경영전략에 도입한 사람은 마이클 포터(Michael Porter)인데 포터는 1980년 "Competitive Strategy" 저서에서 경제학의 산업구조분석을 기업에 적용하기 쉽도록 변형시킨 분석틀을 제시하였다.

포터는 이러한 다섯 가지 경쟁요인에 의해서 산업의 수익률이 결정된다고 하였는데, 그 다섯 가지를 살펴보면, 기존기업과의 경쟁, 잠재적 진입자와의 경쟁, 대체재와의 경쟁, 공급자와 구매자의 교섭력 등이 있다.

가) 기존기업과의 경쟁

대부분의 산업에서 경쟁의 양상과 산업 전체의 수익률을 결정하는 가장 중요한 요인은 이미 그 산업 내에서 경쟁하고 있는 기업들 간의 경쟁관계이다.

어떤 산업에서는 기업들끼리 과당경쟁으로 인해 가격이 생산원가 이하로 내려가서 산업 전체적으로 손해를 보며 또 다른 경우에는 기업들이 가격경쟁을 피하기 위해 담합을 하기도 한다. 산업 내의 기존기업들 간의 경쟁양상과 강도를 결정하는 요인들로는 산업의 집중도, 경쟁기업의 동질성과 이질성, 제품차별화, 비용구조 등이 있다.

먼저, 산업의 집중도(concentration)란 산업에 속하는 기업의 수와 그 개별 기업의 규모를 의미한다. 산업이 집중되어 있을수록, 즉 그 산업에 참여하고 있는 기업의 수가 적을수록 산업의 전반적인 수익률은 상대적으로 높아지게 되며, 그 산업이 경쟁적일수록, 즉 많은 기업들이 경쟁에 참여할수록 산업의 수익률은 낮아지게 된다.

경쟁기업의 동질성과 이질성 측면을 살펴보면, 동일산업 내에서 기업들 간의 경쟁을 피하기 위해 담합을 할 수 있는 가능성은 단순히 참여하는 기업의 수뿐만 아니라 그 기업들의 전략, 목적에 따라서 상당히 다양하다. 일반적으로 기업들의 전략, 목적 등이 유사할 경우에 훨씬 명시적이거나 암묵적인 담합을 하기가 쉬워지게 된다. 또한, 산업 내에서 기업의 규모가 어떻게 분포되어 있는가 하는 점 역시 산업 내의 경쟁 강도에 영향을 미치게 되는데 대체적으로 기업들의 규모가 비슷할수록 훨씬 경쟁의 강도가 심하다고 한다.

그러나 우리나라 여행업의 하나투어와 같이 어떤 산업의 지배적인 기업이 존재할 경우, 작은 기업들은 큰 기업에 대항하여 가격경쟁을 하기보다는 큰 기업이 정한 가격을 그대로 따르는 경우가 많다. 즉, 지배적인 기업의 선도에 따라서 가격이 결정되는 것이다.

산업 내에서 경쟁하는 기업들의 제품의 품질이 동일할수록 소비자들은 특정기업의 제품을 선호할 이유가 없어지게 된다. 하지만, 여행업 등과 같이 소비자들의 제품 브랜드에 대한 선호도가 높은 산업은 가격으로 경쟁하는 것을 피하고 광고 등 차별화 기법으로 경쟁하게 된다.

비용구조란 고정비용과 가변비용의 비중을 의미하는데 각각의 산업에서 기업들이 어느 정도 가격경쟁을 하는가는 산업의 비용구조에 따라 다르다. 예를 들어, 항공운수업의 경우 국제선의 경우는 비행기의 좌석이 얼마만큼 남아 있느냐에 따라서 가격이 수시로 달라진다. 왜냐하면, 여객기 운행비용은 좌석이 얼마만큼 채워졌는가에 상관없이 일정하게 소요되기 때문이다. 즉, 손님을 한 명 더 태우는데 추가되는 가변비용은 거의 없으며, 일단 출발하면 비행기는 새로운 손님을 태울 수 없기 때문이다.

나) 잠재적 진입자와의 경쟁

만일, 어느 산업의 수익률이 상당히 높거나 그 산업이 정말 유망한 산업이라고 할 때, 모든 기업들은 그 산업에 진입하려 할 것이다. 그러면서 또한, 모든 산업에서 진입이 자유롭게 허용된다면 당장은 그 산업이 수익률이 높더라도 그 수익률은 점점 낮아질 것이다.

또한, 간과해서 안 될 부분은 실제적으로 진입이 일어나지 않는다고 하더라도 만일 다른 기업들이 언제든지 그 산업에 진입할 준비가 되어 있다면, 그 산업에 있는 기존기업들은 잠재적 경쟁자가 진입할 수 있다는 위협 때문에, 가격을 높게 책정하지 못하고 경쟁적인 수준을 낮추어 이러한 진입을 막을 필요가 있다.

이처럼 진입장벽(entry barrier) 또는 철수장벽(exit barrier)이 없는 경우를 준경쟁적 시장(contestable market)이라고 한다. 따라서, 진입장벽이 없는 산업에서는 가격이 경쟁적인 수준으로 낮아지고, 이윤 역시 시장 내의 기업의 수와 상관없이 정상이윤밖에 얻지 못하는 경우가 있다. 준경쟁적 시장의 정도는 산업에 매몰비용(sunk cost)의 존재 유무에 따라서 결정이 된다.

대부분의 산업에서 신규진입자는 기존기업들에 비해 상당히 불리한 입장에 서게 된다. 이처럼 기존기업들이 신규진입기업에 비해 가지는 우위를 진입장벽이라고 한다. 어떠한 산업에 뛰어들려고 하는 기업들은 기존의 경쟁자들을 분석하는 것도 중요한지만 잠재적인 경쟁을 고려하는 것도 중요한 요소 중 하나라고 할 수 있다. 여행업은 다른 산업에 비하여 상대적으로 진입장벽이 낮은 산업이라고 할 수 있다.

다) 대체재와의 경쟁

산업의 수익률은 소비자들이 그 제품이나 서비스에 대해 지불하는 가격에 따라 결정되므로 대체재(substitute)의 유무에 따라 크게 달라지게 된다. 예를 들어, 버스와 지하철은 서로 긴밀한 대체재 관계에 있다고 할 수 있는데 버스요금이 많이 인상되면 분명히 소비자들은 버스보다는 지하철을 선호할 것이다.

여행업을 창업하려고 계획하는 예비 창업자들의 경우 여행업을 대체할 수 있는 산업이나 구체적인 서비스가 무엇이 존재하는지 고민해야 할 것이다. 특히, 모든 산업에서 마찬가지겠지만 오프라인 여행사를 대체할 수 있는 부분은 분명히 온라인 여행사이기 때문에 지금 당장은 아니지만 향후 여러 가지 안전한 전자거래의 기반시설이 더 확충되면 오프라인 여행업의 비중은 점차 줄어들 것이 분명하다.

라) 구매자의 교섭력

구매자의 교섭력을 결정하는 데에는 구매자들이 얼마나 가격에 민감한가의 정도와 공급자에 대한 구매자들의 상대적인 교섭능력이 중요한 요인으로 작용한다.

하지만, 구매자의 교섭능력에 더 많은 영향을 미치는 것은 판매자와 구매자의 교섭력 차이인데 그 요인들로는 구매자의 공급자에 대한 상대적 크기, 구매자들이 공급자의 제품 · 가격 · 비용구조에 대해 보다 자세한 정보를 보유했는지 여부, 구매자들의 전환비용(switching cost) 여부 등에 따라서 영향을 받게 된다.

마) 공급자의 교섭력

구매자가 교섭력을 행사하여 가격을 낮춤으로써 공급자들의 이윤을 감소시킬 수 있는 것과 같이 공급자들도 자신들의 교섭력이 강할 때 가격을 높임으로써 자신의 이윤의 폭을 넓힐 수 있다. 위에서 언급한 기업의 외부환경을 분석하여 여행업을 운영하는데 활용하는 것이 중요한데, 그러기 위해서는 여행업이라는 산업을 잘 분석하는 일이 선행되어야 할 것이다.

2. 경영자(manager)

일반적으로 경영자(manager)라는 말은 넓은 의미로는 기업 내에서 종업원들을 감독하는 관리자로부터 가장 중요한 의사결정을 담당하는 최고경영자에 이르는 집단을 총칭하지만 좁은 의미로는 최고경영자(CEO : Chief Executive Officer)를 의미한다고 할 수 있다.

1) 경영자는 누구인가?(Who is manager?)

경영자를 이해하기 위해서는 먼저 조직(organization)에 대한 이해가 필요하다. 조직이란 두 사람 이상이 서로 연결되어 상호작용을 하면서 공동의 목표를 달성해 나가는 모임을 말한다. 조직 내에서는 분업(division of labor), 통합(coordination), 권한체계(hierarchy of authority), 공동목표(common goal) 등과 같은 요소들이 존재한다. 간단하게 정의하면, 경영자(manager)란 이러한 조직 안에서 다른 조직구성원들의 행동을 지시하는 사람이라고 할 수 있다(Managers are individuals in an organization who direct the activities of others).

2) 경영자의 유형

(1) 소유경영자

산업화 초기에는 기업의 규모가 그리 크지 않고 전문적인 경영능력도 별로 요구되지 않아 출자자인 소유주가 직접 경영권을 가지고 경영기능을 수행할 수 있었다. 이러한 경우 소유주가 경영자를 겸하는 것이 가능하므로 출자자와 경영자가 분리될 필요가 없는데 이러한 경영자를 소유경영자(owner manager)라고 한다.

(2) 고용경영자(salaried manager)

소유경영자에게 고용되어 일부의 기능 혹은 대부분의 기능을 위탁받아 소유경영자에게 도움을 주는 형태의 경영자를 의미한다. 실질적으로는 소유경영자와 고용경영자의 차이가 별로 없다고 할 수 있다.

(3) 전문경영자

전문적인 경영능력과 지식을 겸비하고 의사결정권한을 소유하여 실질적으로 조직을 운영해 나가는 경영자를 의미한다. 이렇게 전문경영자가 출현한 배경으로는 경영규모의 대규모화와 함께 급변하는 경영환경에 대한 대처, 복잡화된 관리체계, 다양화된 생산요소의 효율적 결합 등을 들 수 있다.

3) 경영자의 역할(What do managers do?)

민츠버그(Mintzberg)는 경영자들이 어떻게 시간을 사용하며, 어떠한 업무를 하느냐를 실증적인 관찰자료에 근거하여 설명하였다. Mintzberg는 경영자의 역할을 크게 대인적 역할, 정보적 역할, 의사결정적 역할의 3가지로 분류하였다.

(1) 대인적 역할

경영자의 역할 중 대인적 역할이란 경영자가 기업을 지속적으로 원만하게 운영하기 위해 도움을 주는 역할을 말한다. 대인적 역할은 다시 3가지로 분류할 수 있는데 첫째, 기업의 외형적 대표자로서의 역할, 둘째, 종업원을 채용 · 훈련 · 동기를 유발시키는 리더로서의 역할, 셋째, 연락자로서의 역할 등이 있다. 연락자로서의 역할이란 기업 내의 조직구성원들은 물론 기업밖의 공급자나 고객 등과 같은 여러 이해집단들과의 접촉을 함에 있어 연락자로서의 역할을 의미한다.

(2) 정보적 역할

경영자의 역할 중 정보적 역할이란 경영자가 정보를 수집하고 전달하는 역할을 의미하는 것으로 정보적 역할은 세 가지로 분류할 수 있는데, 첫째는 모니터로서의 역할로 경영자가 정보를 꾸준하게 탐색함을 의미한다. 둘째는 전파자로서의 역할인데 이는 부하들에게 필요하고 중요한 정보를 전달해주는 역할을 의미한다. 마지막으로 대변인으로서의 역할이 있는데 이는 경영자가 수집한 정보의 일부를 기업 내부나 외부인들에게 전달해주는 역할을 말한다.

(3) 의사결정적 역할

경영자의 역할 중 의사결정적 역할이란 수집된 정보를 바탕으로 여러 가지 경영과 관련된 문제들을 해결하는 역할을 의미한다. 의사결정적 역할은 기업가로서의 역할, 분쟁해결자로서의 역할, 자원배분자로서의 역할, 협상가로서의 역할 등으로 분류할 수 있다.

첫째, 기업가로서의 역할은 경영자가 기업의 성장과 발전을 위해 노력하는 것을 의미한다. 둘째, 분쟁해결자로서의 역할이란 노사문제와 같은 기업 내부적인 상황이나 기업과 고객 간의 법률적인 갈등 기업 외부적인 분쟁상황이 발생했을 때, 적극적으로 해결방안을 모색하는 역할을 의미한다. 셋째, 자원배분자로서의 역할이란 기업의 성과를 극대화시키기 위해 기업의 경영자원을 어떻게 배분할 것인가를 결정하는 역할을 말한다. 마지막으로 협상가로서의 역할이란 기업이 공급업자와 계약을 체결할 때 등과 같이 거래에 있어서 협상을 하는 역할을 말한다.

3. 관리이론의 발전단계

1) 고전적 관리이론

(1) 과학적 관리법(scientific management)

종업원의 능률을 향상시키기 위하여 작업과 작업장의 합리적이고 과학적인 연구에 초점을 맞추는 관리 관점을 말한다. 특히, 테일러(Taylor)는 생산능률을 향상시키기 위한 명확한 지침을 정의하였으며, 이러한 지침은 노동자와 사용자 모두에게 도움이 된다고 주장하였다.

테일러의 4가지 관리원칙

1. 개별작업의 각 요소에 과학적인 방법을 사용함으로써 이전의 주먹구구식 방식(rule-of thumb)을 대신한다.
2. 근로자를 과학적으로 선발한 다음 교육훈련 및 개발을 한다(이전에 근로자들은 자신의 일을 선택한 뒤 최상의 수준을 발휘하도록 스스로 교육을 받았다).
3. 모든 작업이 개발되어온 과학의 원칙과 일치하여 이루어지도록 확신시키기 위하여 근로자들과 마음으로부터 협력한다.
4. 노사 사이에 작업과 책임을 거의 동일하게 나눈다(이전에는 거의 모든 작업과 책임의 대부분이 근로자에게 치중되어 있었다).

(2) 관리일반이론

파욜(Fayol)은 관리를 여러 가지 과업을 수행하는 과정으로 정의하였으며 이러한 과정은 모든 형태의 조직에 적용되는 보편적 원칙이라고 주장하였다. 이러한 보편주의는 조직적, 관리적, 업무적 수준에서 관찰되는데, 조직적 수준에서 하나의 기업은 기술적 활동, 영업적 활동, 재무적 활동, 보전적 활동, 회계적 활동, 관리적 활동을 수행한다.

파욜(Fayol)은 관리자가 관리적 수준에서 다음과 같은 다섯 가지 기능을 수행해야 한다고 하였다.

가) 계획

기업경영의 미래에 대한 검토와 조직목표 달성을 위한 행동계획을 수립하고 작성한다.

나) 조직

수립된 계획을 실행하기 위해 물적·인적자원을 동원하기 위한 조직구조를 편성하고 운영한다.

다) 명령

종업원들이 필요로 하는 과업을 수행하도록 하기 위해 그들에게 지시하고 명령을 내린다.

라) 조정

종업원의 모든 활동을 오로지 조직의 전반적인 목표달성쪽으로 통일하고 조정시킨다.

마) 통제

목표가 계획대로 달성되었는지를 검토하고 평가하여 잘못된 경우를 시정하도록 한다. 또한, 파욜(Fayol)은 관리자는 업무적 수준에서 14가지 관리원칙을 적용해야 한다고 하였다.

[표 1-2] 파욜(Fayol)의 14가지 관리일반원칙

분 류	내 용
1. 분업(division of work)	분업은 주의와 노력을 기울여야 할 작업의 수를 줄임으로써, 똑같은 노력으로 더 훌륭하고 많은 생산을 하기 위해서 이루어진다.
2. 권한과 책임(authority and responsibility)	권한이란 명령을 할 수 있는 권리이며, 책임은 권한을 행사함에 따라 수반되는 것이다.
3. 규율(discipline)	규율이란 기업과 종업원 사이의 행동에 대한 계약이며 복종관계로 조직의 순조로운 운영을 위해서는 어느 정도의 규율이 필요하다.
4. 명령의 통일(unity of command)	한 사람의 하급자는 항상 한 사람의 직속상급자로부터 명령을 받고 보고를 해야 한다.
5. 지휘의 통일(unity of direction)	한 가지 목표를 가진 개개의 활동집단은 하나의 계획과 한 사람의 상사를 가져야 한다.
6. 공익우선(subordination of individual interest to general interest)	개인이나 소집단의 이익이 사회나 조직전체의 이익보다 먼저 추구되어서는 안 된다.
7. 보상(remuneration of personnel)	조직이 종업원의 충성과 지원을 얻기 위해서는 적절한 보상체제를 갖추어야 한다.
8. 집권화(centralization)	의사결정 권한이 상위 몇 사람에게 집중되어 있는 것을 말하는데 분업과 마찬가지로 조직 경영에 있어서 집권화 역시 필요하다.
9. 계층적 연결(scalar chain)	조직은 최고경영자로부터 최하급자에 이르기까지 공식적인 계층적 구조가 형성되어 명령과 보고의 소통이 이루어져야 한다.
10. 질서(order)	조직 내 제 활동이 제대로 이루어지기 위해서는 모든 인적·물적 자원이 제자리에 놓여 있어야 한다는 것으로 곧 적재적소의 원칙을 의미한다.
11. 공정성(equity)	친절과 정의의 개념을 합한 것이 공정성이므로 대인관계에서 애정을 갖고 공정한 처리를 하도록 한다.
12. 재임기간의 안정(stability of tenure of personnel)	빈번한 인력의 변경이나 개편은 조직경영에 비능률을 초래하므로 재임기간을 보장하여야 한다.
13. 주도력(initiative)	사업계획을 창안해서 실행하는 힘이 바로 주도력인데, 조직의 모든 계층에서 주도력이 열정적으로 집중되어야 한다.
14. 단체정신(esprit de corps)	생산성을 향상시키려면 구성원 상호 간의 단결이 중요한데, 그것은 개인들 사이의 조화로부터 나오게 된다.

자료 : Henri Fayol. Industrial Management(London: Sir Issac Pitman & Sons, 1949)pp 20~41.

(3) 관료제(bureaucracy)

규율, 계층, 분업 및 확고한 절차에 의존하는 하나의 시스템을 가리키는 말로서 막스 베버는 관료제의 속성을 다음과 같이 구체적으로 설명하였다.

- 관료들의 비개인적인 공식적인 의무
- 명확하게 정의된 서열 체계
- 명확하게 정의된 능력
- 자유로운 계약관계
- 선거가 아닌 임명제
- 관료에게 주는 고정 봉급
- 관료의 유일하고 원초적인 직업
- 경력 체계
- 행정의 수단으로부터의 분리
- 엄격하고 체계적인 규율

가) 관료제의 순기능(Perrow의 관료제의 순기능 설명)

- 표준화된 행동과 능률 증대
- 고용의 안정성
- 공정성과 통일성 확보
- 계층을 통한 용이한 책임 수행

나) 관료제의 비판(Bennis의 관료주의 비판 내용)

- 관료주의는 개인적 성장과 성숙한 인격의 발달을 적절히 허용하지 않고 있다.
- 순종과 집단사고를 발전시킨다.
- 비공식조직과 긴급하고 돌발적인 문제를 고려하지 않고 있다.

- 적절한 사법상의 과정을 담고 있지 않다.
- 직위 간 특히 기능적 집단 간의 차이와 갈등을 해소하는 적절한 수단을 마련하고 있지 않다.
- 의사소통, 특히 혁신적 생각이 계층적 불화 때문에 왜곡된다.
- 불신임과 보복의 공포 때문에 인력이 충분히 활용되지 못한다.
- 조직에 들어오는 새로운 기술이나 과학자의 유입을 쉽게 동화시킬 수 없다.
- 성격구조를 변화시켜 인간을 우둔하고 조건화된 조직인으로 만든다.

2) 행동과학이론

1930년대부터 인간적 측면을 강조하는 새로운 경영이론이 등장하게 되었는데 이러한 이론을 행동이론이라 한다. 고전적 관리이론은 근로자들을 더욱 능률적으로 이용하는 방법에 주로 관심을 두었던데 비해 행동이론은 조직에서 인간의 행위에 영향을 미치는 다양한 요인들의 중요성을 강조하고 있다.

(1) 인간관계론(human relations)

생산능률에 있어 인간적 요인이 크게 작용하고 있음은 이미 여러 가지의 실증적 연구에 의해서 증명이 되었으며 인간관계관리를 위한 여러 가지 구체적인 기술도 크게 발전되어 인간관계론은 현대산업에 있어서 가장 중요한 경영관리의 방식으로 인정받고 있다. 이러한 인간관계론의 구체적인 관리기술로는 리더십, 인사상담, 동기부여, 커뮤니케이션 등을 들 수 있다. 또한, 이러한 인간관계론이 형성되는데 많은 기여를 했던 것이 호손실험이라고 할 수 있다.

(2) 호손실험(Hawthorne experiments)

미국 시카고 근교에 있는 웨스턴 전기회사(Western Electric Company)의 호손 공장을 중심으로 산업의 능률과 인간의 관계를 규명하기 위하여 이 공장의 부공장장인 Pennock이 하버드대학교의 Mayo 등과 협력하여 1924년부터 1932년까지 약 8년간에 걸쳐서 실시한 일련의 실험이다.

가) 호손실험의 개요

호손실험의 연구목적 중 하나는 조명의 강도가 종업원의 생산성에 미치는 영향을 관찰하는 것이었다. 여성 종업원들을 집단으로 나누어서 한 집단은 일정한 조명의 강도 밑에서 작업을 수행하였고 다른 집단은 조명의 강도를 체계적으로 변화시키면서 작업을 수행하였다. 하지만, 실험결과는 예상과는 달리 두 집단 모두 생산성이 증가하였다.

그 후 Western 전기회사는 Mayo를 책임자로 하는 전문가집단을 구성하여 계전기 조립실험실 실험(the relay-assembly test room experiment)을 실행하였는데, 그 내용은 휴식시간의 길이, 1일 작업시간 및 1주당 작업일수, 임금지불방법, 작업장소, 오전의 중간 간식 등과 같은 13가지의 요인이 생산성에 미치는 영향을 조사하는 것이었다.

그 결과 예상과 달리 작업환경에 어떠한 변화를 주어도 생산성은 증가하였으며, 최초의 표준적 작업환경하에서도 생산성은 증가하였다.

배선작업실연구(bank wiring room study)라고 불리는 세 번째 연구에서는 여성 대신 남성들이 연구에 참여하였는데, 각 작업자의 성과가 보상과 직결될 때 생산성이 극대화될 것이라는 가정을 검증하기 위한 것이었는데 생산성은 지속적으로 증가하지 않았다. 오히려 근로자들이 생산량을 교묘하게 제한한다는 사실이 밝혀졌는데 이러한 사실은 작업행위의 관찰과 면접에서 확인되었다.

Mayo와 연구자들은 작업상황은 복잡한 사회시스템이며 집단 내의 행위를 이해하기 위해서는 근로자의 태도, 근로자 간의 커뮤니케이션 등 다른 여러 요인들을 이해할 필요가 있다는 결론을 내리게 되었다. 또한, 이러한 실험들을 통해서 다음과 같은 결론을 도출해 내었는데 첫째, 계전실험에 있어서는 피실험자들이 그들이 연구대상이 되어 있다는 것을 알고 있었으며 그러한 관심을 받는 것을 즐기고 있었기 때문에 성과가 상승하였다. 둘째, 배선작업실 연구결과는 피실험자들이 높은 성과를 올리게 되면 그들의 일일 기준 작업량을 증가시키게 되고 이것은 그들 중 일부가 직장을 잃을 수도 있다는 것을 의미하기 때문에 실험참여자들은 생산량을 조절하며 일정하게 유지하였다.

나) 호손실험의 의의

호손실험의 현대적인 관점에서 보면 실험참여자들이 공장 근로자들을 대표할 수 있는지의 문제, 성과의 변화가 작업환경의 변화보다는 실험에 사용된 방으로부터 기인하지는 않았는지 등 여러 가지 문제점을 가지고 있다. 하지만 호손실험을 통해서 과학적 관리방법에서는 고려되지 않았던 여러 가지 다양한 인간행위의 복잡성과 관련된 요인들에 대한 연구가 필요하다는 점에 기여를 하였다.

(3) XY이론

호손의 연구 외에 인간관계운동과 관련된 이론으로는 McGregor의 XY이론이 있다.

McGregor는 작업자들의 태도와 행위가 경영자의 행위에 어떻게 영향을 미치는가에 따라 서로 다른 두 가지의 가정을 제안하였다. 작업자들의 행위에 대해 비판적이고 부정적으로 보는 가정은 X이론(theory X)이라고 하였고, 긍정적으로 보는 가정은 Y이론(theory Y)이라고 하였다. X이론과 Y이론의 가정은 아래와 같다.

가) X이론

- 작업자는 일을 싫어하고 일을 피하려고 한다.

- 경영자들은 작업자들이 열심히 일을 하도록 감시하고 통제하고 강요하고 위협해야 한다.
- 작업자들은 지시받기를 좋아하고 책임을 회피하며 야망을 갖지 않고 다만 직업안정을 원한다.

나) Y이론

- 작업자들은 일을 싫어하지 않고 오히려 생활의 일부라고 생각한다.
- 작업자들은 목적을 달성하기 위해 자극을 받는 것을 허용한다.
- 작업자들은 목표를 달성하였을 때 받게 되는 보상수준에 맞는 목표를 달성하려 한다.
- 작업자들은 좋은 조건하에서는 책임을 맡으려 한다.
- 작업자들은 조직의 문제를 창조적으로 해결할 능력을 갖는다.
- 작업자들은 유능하지만 그들의 잠재력은 충분히 발휘하지 않는다.

3) 현대경영이론

위에서 언급된 고전적 관리이론과 행동과학이론 및 계량적 접근법 등은 서로 다른 가정과 예측을 전제로 하지만 서로 보완적인 측면도 가지고 있다고 할 수 있다. 이러한 이론들을 통합하는 새로운 이론으로서 등장한 것이 시스템이론(system theory)과 상황적합이론(contingency theory)이다(유필화 외, pp. 112~118 참조).

(1) 시스템이론

과학적 관리법은 효과적인 직무설계를 통하여 조직의 생산성을 극대화하는데 초점을 맞추었으며 인간관계론은 연구의 초점을 직무의 설계로부터 사회적 요소로 바뀌게 만들었다. 그러나 이들 이론은 인간의 행동에 영향을 미치는 요소들이 서로 상호관계하여 작용한다는 사실을 간과하였다. 시스템이론은 인간행동의 영향 요소들 간의 복잡한 상호작용의 중요성을 강조하였는데, 즉, 모든 것이 다른 모든 것과 관련되어 있다는 것이다.

시스템이론은 조직을 상호 관련된 부분으로 구성되어 있고 그의 특정한 목적을 가진 통합된 시스템으로 보고 있다. 시스템 이론은 조직의 여러 하위시스템을 분리해서 취급하려는 것이 아니고 조직을 하나의 전체로서 보려는 것이다.

(2) 상황적합이론

위에서 언급된 고전적, 행동적, 계량적 접근법은 다양한 상황에서 기업을 경영함에 있어서 하나의 가장 좋은 방법을 적용하려 했기 때문에 보편적 관점이라고 한다.

하지만 상황이론(contingency theory)은 각각의 조직은 유일하기 때문에 모든 조직에 일률적인 보편이론을 적용할 수는 없다고 주장한다. 즉, 어떤 상황에 가장 알맞은 경영행위는 그 상황에 유일한 요소들에 의존한다는 것인데 어떤 상황에서는 가장 효과적인 행위일지라도 모든 다른 상황에 이를 일반화할 수는 없다는 것이다. 모든 상황이 다르기 때문에 결과가 다르고 어떤 상황에서는 가장 효과적인 방법이 다른 상황에서는 전혀 다른 결과를 가져오는 것이다. 상황이론에 따르면 경영자의 임무란 특별한 상황에서, 특별한 경우에, 특정 시점에 기업의 목적을 가장 잘 달성할 수 있는 기법이 무엇인가를 찾아내는 것이다.

여 | 행 | 사 | 경 | 영 | 론

제2장

관광과 여행업

여 | 행 | 사 | 경 | 영 | 론

02 제2장 | "관광과 여행업"

1. 관광의 이해

1) 관광의 정의

관광(tourism)은 지금까지 많은 사람들에 의해 다양하게 정의되어져 왔으며, 오늘날에도 관광에 대한 정의는 다양하다. 이렇게 tourism이라고 일컬어지는 관광이 다양하게 정의되는 이유는 물론, 공통적으로 의견이 일치되는 부분도 있지만, 부분적으로 학자들마다 의견이 다르고, 시대에 따라 다양하게 발전하면서 변화해 왔기 때문이다.

아래에서 언급한 관광의 정의를 종합해보면, 관광은 생활환경의 변화를 바라는 인간의 기본욕구를 충족시키기 위하여 자유시간 내에 일상권을 떠나서 다른 나라 또는 다른 지역으로 영리추구와 관계없이 일시적으로 공간을 이동하면서 그곳의 문물 · 제도 · 풍습 등을 관찰하고 풍광을 감상 · 유람함으로써 휴식 · 기분전환 · 자기계발을 통하여 정신적 · 육체적 상태를 새롭게 향상시키는 인간행동의 총체라고 할 수 있다(김광근 외, 2004 : p. 32).

최근에는 글로벌화(globalization)와 빠르게 변화하는 정보통신기술의 발전 등으로 인하여 국제관광이 활발해지면서 새로운 관광에 대한 지식 및 트랜드가 형성되고 있다.

[표 2-1] 국내외 학자의 관광에 대한 정의

학자	정의
슐레른 (H. Schulern)	일정한 지역, 주 또는 타국을 여행하며 체제하고, 다시 돌아가는 외래객의 유입 · 체재 및 유출이라는 형태를 취하는 모든 현상과 그 현상에 직접 관련된 모든 현상, 그 가운데서도 특히 경제적인 모든 현상
보르만 (A. Boremann)	휴양의 목적이나 기분전환, 유람 · 상용 또는 특수한 행사에 참여, 기타 사정 등에 의하여 거주지에서 일시적으로 떠나는 여행
오길비 (F.W. Ogilvie)	일시적으로 거주지를 떠나지만 그러나 1년 이상을 초과하지 않고, 여행 중 소비하는 금전은 거주지에서 취득한 것이어야 한다.
볼만 (A. Bolmann)	일상거주지를 일시적으로 떠나 여행하면서 관광과 즐거움을 얻는 것이라고 정의하고 보양 · 유람 · 상용 · 직업 등의 목적을 포함
그뤽스만(R. Grucksman)	어떤 지역에 있어서 일시적 체재와 지역주민들과의 여러 관계의 총화
훈치커와 크라프 (W.Hunziker and K.Krapf)	체재 중에 주된 영리활동을 목적으로 정주하지 않는 한, 그 외국인의 체재로부터 발생되는 모든 관계나 현상의 총체
베르네커 (P.Bernecker)	상업활동 혹은 직업상의 여러 이유에 관계없이 일시적 또는 자유의사에 따라 타지역으로 이동한다는 사실과 결부된 모든 관계 및 결과
메드상 (J.Medecin)	인간이 기분전환을 위해 휴식을 취하며, 또한 인간활동의 새로운 모든 국면이나 미지의 자연풍경을 접함으로써 경험과 교양을 넓히기 위하여 여행을 한다든가 정주지를 떠나 체재하게 됨으로써 성립되는 여가활동의 일종
군(G.A.Gunn)	-자택 · 직장관계가 없는 지역에서 일시적 이동 -관광지에서의 활동 -관광지에서 여행자 욕구를 충족시키는 시설 · 사업체
코헨(E. Cohen)	새로운 것, 기분전환, 변화를 추구하기 위한 즐거움을 목적으로 비교적 멀리 주유형 여행을 하는 것
레이퍼 (N. Lerper)	여행 중 수입을 목적으로 한 경제활동을 제외하고 인간이 일상거주지를 떠나 자유로이 여행하며 1박 이상 일시적으로 체류하는 것을 내용으로 구성되어 있는 체계
매킨토시(R.W. McIntosh)	관광자와 다른 방문자들을 유치 · 접대하는 과정에서 관광자 · 관광사업자 · 정부 · 지역사회 간의 상호작용으로 야기되는 현상과 관계의 총체
세계관광기구 (WTO)	즐거움 · 위락 · 휴가 · 스포츠 · 사업 · 친구 · 친척방문 · 업무 · 회합 · 회의 · 건강 · 연구 · 종교 등을 목적으로 하여 방문국을 적어도 24시간 이상 1년 이내 체류하는 행위

[표 2-1] 표 계속

학자	정의
이노우에	만주조관광이란 사람이 다시 돌아올 예정으로 일상생활권을 떠나 레크리에이션을 걷기 위하여 이동하는 것
스즈키 타다요시	사람이 일상생활권으로부터 떠나 다시 돌아올 예정으로 이동하여, 영리를 목적으로 하지 않고, 풍물을 가까이 하는 것이며, 이와 같은 행위에 의하여 나타나는 사회현상의 총체
일본관광정책 심의회	자유시간 중에서 감상 · 지식 · 체험 · 활동 · 휴양 · 참가 및 정신의 고무 등 생활의 변화를 추구하는 인간의 기본적 욕구를 충족시키기 위한 행위를 일상생활권을 떠나 다른 자연 · 문화 등의 환경 속에서 행하는 일련의 활동
쓰다노 보루	일상생활권을 떠나 귀환예정으로 타국. 타지역의 문물고무제도 등을 시찰하거나 풍광을 관상 · 유람할 목적으로 여행하는 것
김진섭	자기의 자유시간 가운데서 생활의 변화를 추구하는 인간의 기본적 욕구를 충족하기 위한 행위 중 일상생활로부터 떠나 다른 자연고무 문화 등의 환경 아래에서 행하려고 하는 일련의 활동
이장춘	가계소득 중 잉여가 발생하고 여가시간이 주어질 때 또는 정책적, 제도적 지원 혜택으로 여가비와 여가시간이 주어질 때 재노동의욕 고취와 궁극적인 국민복지 증대를 위해 국민 스스로가 주거지의 위락과 관광활동에 자발적 또는 계도적으로 참여해 가는 대중문화 속의 사회현상과 문화현상의 복합현상
윤대순	인간이 자기 집을 떠나 생활개선, 충성, 효도, 견문확대, 인격도야, 건강, 친교, 즐거움 등을 목적으로 여행하며, 진 · 선 · 미를 추구하는 체험과정의 총체이다. 즉, 관광은 삶의 질을 향상시켜 주는 체험과정이다.
박석희	자유의사대로 자유재량시간을 활용하는 여가의 한 가지로서 돌아올 예정으로 일상영역을 벗어나서 견문을 넓히고, 에너지를 보충하며, 완전성을 추구하고, 즐거움을 누리는 일련의 행동과 이러한 행동으로 인해 발생되는 경제 · 사회 · 문화적 현상의 총체

2) 관광의 효과

(1) 경제적 효과

가) 긍정적 효과

관광산업의 경제적 효과 중 긍정적인 효과를 살펴보면, 국제수지개선, 조세수입증대, 소득증대 및 고용창출 등을 들 수 있다.

먼저, 국제수지개선을 살펴보면, 일정 기간 동안 한 나라와 다른 나라 사이에 이루어진 모든 경제적 거래를 국제수지라고 하는데, 한 나라의 관광수입은 무역외수지로 국제수지에 크게 기여한다. 또한, 관광산업은 높은 외화가득률을 갖는데 외화가득률이란 수출상품의 최종판매가격과 생산에 투입된 원자재 비용과의 차이를 말하는 것으로 관광상품은 다른 일반 상품에 비해 높은 외화가득률을 갖는다.

또한 관광산업은 조세수입을 증대시키는데, 일반적으로 조세수입은 국가나 공공단체가 공공재의 공급과 지출을 위한 재원 확보의 수단을 의미한다. 정부는 관광 산업체를 통해 조세수입을 확보할 뿐만 아니라 관광자가 구입한 상품이나 관세 등으로부터 나오는 세금은 국가재정에 도움을 주게 된다. 관광산업의 경제적 효과 중 가장 중요한 점 중 하나가 소득증대 및 고용창출 이라고 할 수 있다.

관광산업은 다른 산업과 비교하여 상대적으로 고용효과가 매우 큰 산업이라고 할 수 있다.

고용효과란 관광고용 승수효과로 관광자의 최소한 단위 소비지출 증가가 지역 내 얼마만큼의 고용기회를 증대시켰는지를 말하며, 구체적으로 직접 · 간접 · 유발 고용효과를 의미한다.

직접고용효과는 관광객이 직접적으로 비용을 지출함에 따라 그들로부터 수입을 올리는 호텔 · 여행사 등과 같은 관광사업체의 고용효과를 의미하며 간접고용효과는 관광객이 직접적으로 비용을 지출하는 산업이 아닌 관광산업과 관련이 있는 산업의 고용효과를 의미한다.

한편, 유발고용효과란 관광지의 주민들이 관광객이 소비한 비용으로 소득을 얻어 그 소득을 다시 소비하면서 생겨나는 관광승수효과로부터 생겨나는 추가적인 고용효과를 말한다.

관광객의 소비는 지역 내 혹은 국가 내의 여러 경제활동에 자극을 주어 국민총생산이 증대되고 이러한 국민총생산의 증대는 결국에는 개인의 소득증대로 이어지게 된다.

나) 부정적 효과

관광사업의 경제적 효과 중 부정적 효과로는 관광개발이익의 누출, 물가상승, 고용의 불안정성 등을 들 수 있다. 먼저, 관광개발이익의 누출은 관광개발 이후 급증하는 관광수요를 지역 내에서 자체적으로 충당하는 것이 어렵기 때문에 외부의 재화나 서비스가 유입되면서 발생하게 된다. 특히, 후진국이나 개발도상국의 경우 관광개발로 인해 많은 외국자본과 기업들이 관광개발에 참여하게 되고 이렇게 유입된 외국자본과 기업은 이윤을 창출한 후 그 이윤을 다시 자국으로 유출시킬 확률이 높기 때문에 관광개발이익의 누출현상이 일어나게 된다. 관광산업의 경제적 효과 중 물가상승과 관련된 내용은 관광산업이 워낙 성수기와 비수기가 뚜렷한 산업이기 때문에 특히, 성수기에 관광수요가 급격히 유입되게 되면 그 지역에 물가가 상승하게 되며, 이러한 물가상승은 그 지역 경제의 전반적인 인플레이션으로 이어질 뿐만 아니라 지가 상승으로도 연결될 가능성이 높다고 할 수 있다.

위에서 언급한대로 관광산업은 성수기와 비수기가 뚜렷한 산업이기 때문에 일반적으로 계절성을 띄게 되고 이러한 현상은 고용의 불안정성으로 연결된다.

(2) 사회 · 문화적 효과

가) 긍정적 효과

관광산업의 사회 · 문화적 효과에서 긍정적인 측면의 효과들로는 인구구조의 변화, 여성지위의 향상, 문화시설과 교육시설의 개선, 전통문화의 보존과 발전 등을 들 수 있다. 첫째, 인구구조의 변화는 관광산업이 발전하게 되면 전반적으로 지역산업의 발전을 가져오기 때문에 고용기회가 늘어나게 되는데 이러한 고용기회의 증대는 관광지 내의 경제인구의 유출을 막고 외부인구의 유입을 증가시킨다. 이러한 인구구조의 변화로 인해서 지역 내 여성인구의 증가와 경제활동이 가능한 젊은 층의 인구증가를 가져오게 된다.

둘째, 여성지위의 향상은 위에서 언급한 대로 고용기회의 증대로 인해서 여성의 고용기회가 늘어나면서 여성들이 경제적 능력도 보유하면서 사회적 지위도 향상되고 가족구성원으로서 역할과 영향력도 커지게 된다.

또한, 관광산업의 발전은 지역 내뿐만 아니라 외부지역과도 연결되는 도로망, 통신시설, 휴식시설, 인구증가로 인한 교육시설 등과 같은 인프라의 구축도 수반되게 된다. 이러한 인프라의 구축으로 관광지 내 필요한 물품의 신속한 조달, 외부지역과의 신속한 정보교류, 교육환경의 개선 등 지역 주민들의 문화와 생활환경의 질에 긍정적으로 영향을 미치게 된다. 문화적인 측면에서 관광지역주민들은 관광자들로 인해서 자신들의 문화에 대해서 새롭게 인식하고 문화의 가치를 재발견할 수 있는 기회가 되기 때문에 긍정적인 영향을 미칠 수 있다.

나) 부정적 효과

관광산업으로 인한 사회 · 문화적 효과 중 부정적인 측면은 사회적 일탈의 증가, 가족 및 인구구조의 변화, 지역 고유문화의 파괴, 과소비 등이 있다.

관광은 많은 문화적 교류를 위한 기회를 제공하기도 하지만 매춘, 도박, 마약 등의 사회적 문제를 야기시키기도 한다. 가족 및 인구구조의 변화의 관점에서는 고용기회의 증대로 인해서 여성의 경제적 · 사회적 지위향상을 가져오기도 하지만 이로 인해서 가장의 권위가 약해져서 가족구조에 부정적으로 작용할 소지도 있을 뿐만 아니라 가족구성원 간의 유대감 약화를 가져올 수 있다. 인구구조의 변화를 살펴보면, 너무 많은 여성과 젊은 층의 인구유입은 인구구조를 왜곡시킬 수도 있고 지역민들이 관광개발로 인한 토지전용, 산업구조의 변화로 인한 실직 등의 이유로 지역을 떠나기 때문에 외부에서 유입되는 인구의 증가로 인한 주거환경의 혼란과 불안정의 원인제공도 있을 수 있다.

문화적인 측면에서 관광은 지역 고유문화의 파괴를 가져오기도 하는데, 외래문화의 잘못된 유입은 지역사회의 고유문화를 파괴하거나 변질시킬 수 있다. 또한 지역주민들이 외래관광객들과 접촉하는 빈도가 늘어나면서 그들의 소비패턴을 부러워하며 가치관의 변화를 일으켜 일상생활에서 과소비를 추구할 여지도 있다.

(3) 환경적 효과

가) 긍정적 효과

관광의 환경적 효과 중 긍정적인 측면으로는 관광자원의 개발과 보전, 자연환경의 정비와 보전의 계기, 관광제반시설의 확충 등을 들 수 있다.

첫째, 관광자원의 개발과 보전의 측면을 살펴보면 관광자원의 효율적인 개발을 통해 방치되어 있던 관광자원을 개발하여 활성화시키고, 기존의 자원을 보호 및 보전하며, 또한 이에 부합된 편의시설을 확충함으로써 관광자원의 가치를 제고시킬 수 있다.

둘째, 자연환경의 정비와 보전의 계기와 관련된 측면을 살펴보면, 관광객들을 유치하기 위해서는 관광과 관련된 환경의 정비가 필수적이므로 이를 위해 자연경관을 효과적으로 정비하고 조성하는 것이 필요할 뿐만 아니라 환경에 대한 인식이 증대되는 효과가 있다.

마지막으로 관광제반시설의 확충과 관련해서는 관광객들이 이용하는 제반시설의 편이성을 보장하기 위해 지역의 물리적 환경을 개선시킴은 물론 공공환경도 정화하고 접근이 용이하도록 시설을 확충함으로써 관광객뿐만 아니라 지역주민에게도 그 편익이 돌아갈 수 있도록 기회를 제공할 수 있다.

나) 부정적 효과

환경적 효과 중 부정적인 효과로는 생태계의 파괴, 공해 · 소음 및 교통문제 등을 들 수 있다.

먼저, 생태계의 파괴와 관련해서는 관광개발은 자연파괴나 환경오염을 초래함으로써 생태계를 위협할 수 있다. 특히 개발도상국에서 흔히 볼 수 있는 현상으로 관광자원 개발과정에서 자원을 무차별적으로 훼손하는 등 이러한 난개발로 인하여 고유풍경을 변화 및 자연재해를 발생시키기도 하고, 또한 토양과 식생의 변화를 초래하며, 동물들의 이동경로를 방해함으로써 생태계에 변화를 초래하기도 한다.

둘째, 공해 · 소음 및 교통문제와 관련된 측면을 살펴보면, 관광객들의 유입이 증대됨에 따라 교통수단이 증대되고 이에 따른 교통 혼잡은 물론 주 · 정차 문제, 교통사고 그리고 소음과 오염으로 인하여 지역 환경이 점차적으로 환경문제에 직면하게 된다.

[표 2-2] 관광의 사회 · 문화적 효과

긍정적 효과	부정적 효과
• 문화발전과 교류 -관광자에 의한 문화지식 증대 • 사회적 변화와 선택 -사회적 접촉의 증가 -새로운 생활방식과 관심의 다양화 -상품과 활동유형 선택의 증가 -여성참여 기회 증가 -다양한 직업창출로 전직 기회 증가 -식생활 변화와 개선 • 자국(지역)이미지 증가 -관광지 경관과 미풍의 전파 • 문화의 발달 -전통오락, 전통예술, 건축, 공예품 등의 수요증가로 보존 및 개발촉진 -타문화의 사회문화적 요소들과의 접촉 및 이해증진 • 보건위생 -새로운 건강법과 공중위생 개선 -하수, 오물처리 등 환경서비스 개선과 사회적 위락시설의 향상 -여가 공간의 확충 • 교육과 보존 -교육 및 지식의 증대 -문화유산의 보호와 관리의식 향상 • 상호이해의 증진 -평화와 이해 증진 -언어장벽의 제거 -사회계층, 종교, 인종간의 장벽 제거 -민족과 지역갈등 해소 • 정치적 변화 -통제된 정치제도의 변화 -변화를 수용하는 젊은 층 등장	• 문화의 가치상실 -관광지 문화파괴와 저질화 -문화적 갈등과 자원의 훼손 -전통문화, 예술, 사회관습의 상품화로 본질 훼손 -관광자 사용언어로 인한 갈등(지역 방언 및 소수민족 언어 소실) -관광지의 규범, 가치관, 행태 무조건 모방 • 사회적 유대감 변화 -원시 및 향토마을 소실 -문화적 자부심 상실 및 지역애의 감소 -혈족관계의 변화와 전통규범 상실 -이익집단의 발생 • 소비주의 -낭비의 소비풍조 만연으로 인한 물질만능주의 -도박, 매춘, 마약, 도둑 등 범죄 증가 -빈부갈등 -물가상승과 생활비용 증대 • 보건위생 -새로운 질병 유입, 풍토병 전파.가치관의 변화 -종교의식의 상업화와 전통적 종교 쇠퇴 -가치관, 의상, 도덕, 관습 등의 행태 변화에 대한 압박감 증대 -사회가치변화에 대한 갈등 • 정치변화 -신식민주의로서 관광으로 인한 정치적 갈등 야기 -새로 유입된 노동자(이민자)들로 인한 정치적 갈등으로 사회불안

자료 : 김용석 외, 관광학, 백산출판사, 2002, pp.183~184

2. 관광사업의 이해

1) 관광사업의 개요

관광산업은 높은 성장잠재력을 지닌 21세기에 가장 유망한 산업 중 하나이며 석유산업, 자동차산업과 함께 가장 규모가 큰 사업 중 하나이다. 관광산업은 21세기 단일산업으로는 최대의 산업으로 성장하여 2003년 세계 전체 GDP의 11%를 점유하고 있다. 또한, 교통의 발달, 무역장벽의 감소 등 세계경제가 국가 간 국경의 개념이 약해지면서 글로벌화가 촉진되어 국제관광수요가 지속적인 성장세를 보이고 있다.

또한, 글로벌화의 가속화와 SNS(Social Network Service) 등의 일반화 등으로 인하여 국제관광이 활발해지면서 관광사업은 향후 더욱 발전할 것으로 예측된다.

2) 관광사업의 개념

관광사업에 대해서 여러 학자들이 다양한 정의를 내렸지만 일반적으로 관광사업이란 관광시설을 갖추고, 관광자의 이동을 가능하게 하고, 관광정보를 제공하고, 관광지를 알리는 것 등 관광과 관련된 모든 활동이라고 할 수 있다.

또한, 관광사업과 유사한 용어인 관광산업을 살펴보면, 관광사업과 관광산업이란 용어는 함께 사용되고 있는데 두 용어는 같은 의미로 볼 수 있으며, 우리나라 관광진흥법상에서는 관광사업이라는 용어가 사용되고 있다.

관광진흥법상의 정의를 살펴보면 관광진흥법 제2조에서 관광사업을 "관광객을 위하여 운송, 숙박, 음식, 운동, 오락, 휴양 또는 용역을 제공하거나 기타 관광에 부수되는 시설을 갖추어 이를 이용하는 업"이라고 정의하고 있다.

3) 관광사업의 분류

(1) 관광진흥법에 의한 분류

가) 여행업

여행자 또는 운송시설 · 숙박시설 기타 여행에 부수되는 시설의 경영자를 위하여 당해 시설 이용의 알선이나 계약체결의 대리, 여행에 관한 안내 기타 여행의 편의를 제공하는 업으로 일반여행업, 국외여행업, 국내여행업으로 나누어진다.

나) 관광숙박업

호텔업과 휴양콘도미니엄업으로 나누어진다. 호텔업은 관광객의 숙박에 적합한 시설을 갖추어 이를 관광객에게 제공하거나 숙박에 부수되는 음식 · 운동 · 오락 · 휴양 · 공연 또는 연수에 적합한 시설 등을 함께 갖추어 이를 이용하게 하는 업으로 관광호텔업, 수상관광호텔업, 한국전통호텔업, 가족호텔업 등으로 구성되어 있다. 휴양콘도미니엄업은 관광객의 숙박과 취사에 적합한 시설을 갖추어 이를 당해 시설의 회원 · 공유자가 기타 관광객에게 제공하거나 숙박에 부수되는 음식 · 운동 · 오락 · 휴양 · 공연 또는 연수에 적합한 시설 등을 함께 갖추어 이를 이용하게 하는 업을 말한다.

다) 관광객 이용시설업

관광객을 위하여 음식 · 운동 · 오락 · 휴양 · 문화 · 예술 또는 레저 등에 적합한 시설을 갖추어 이를 관광객에게 이용하게 하는 업으로 시설의 규모와 종류에 따라 전문휴양업, 종합휴양업, 자동차야영업, 관광유람선업, 관광공연장업, 외국인전용 기념품판매업으로 구성되어 있다.

라) 국제회의업

대규모 관광수요를 유발하는 국제회의(세미나 · 토론회 · 전시회 등을 포함)를 개최할 수 있는 시설을 설치 · 운영하거나 국제회의의 계획 · 준비 · 진행 등의 업무를 위탁받아 대행하는 업으로 국제회의시설업과 국제회의기획업으로 나누어져 있다.

마) 카지노업

전용영업장을 갖추고 주사위 · 트럼프 · 슬러트머신 등 특정한 기구 등을 이용하여 우연의 결과에 따라 특정인에게 재산상의 이익을 주고 다른 참가자에게 손실을 주는 행위 등을 하는 업을 말한다.

바) 유원시설업

유기시설 또는 유기기구를 갖추어 이를 관광객에게 이용하게 하는 업(다른 영업을 경영하면서 관광객의 유치 또는 광고 등을 목적으로 유기시설 또는 유기기구를 설치하여 이를 이용하게 하는 경우를 포함한다)으로 종합유원시설업, 일반유원시설업, 기타유원시설업으로 나누어져 있다.

사) 관광편의시설업

위에서 언급된 관광사업외에 관광진흥에 이바지할 수 있다고 인정되는 사업이나 시설 등을 운영하는 업으로 관광유흥음식점업, 외국인전용유흥음식점업, 관광식당업, 시내순환관광업, 관광사진업, 여객자동차터미널시설업, 관광토속주판매업 등이 있다.

(2) 사업주체에 의한 분류

관광사업은 사업주체에 따라 사적 관광사업과 공적 관광사업으로 나눌 수 있다. 사적 관광사업은 이윤추구를 목적으로 하는 민간기업이 관광사업의 주체가 되는 것을 의미하는 것으로 사업주체를 관광기업과 관광관련기업으로 나누어볼 수 있다. 관광기업은 여행업, 숙박업, 교통업 등 관광자와 직접적으로 관계를 형성하며 이윤을 추구하는 기업들을 의미하며 관광관련기업은 관광자와 직접적인 관계를 갖지는 않지만 관광기업과 직접적인 관계를 형성하여 관광자와 간접적으로 관계를 형성하게 되는데, 예를 들면 호텔에 각종 서비스를 제공해주는 세탁업, 식품업, 청소용역업 등이 관광관련기업에 해당한다.

한편, 공적 관광사업은 공공성 중심의 공적 관광기관이 관광사업의 주체가 되는 사업으로 그 주체를 관광행정기관과 관광공익단체로 나누어볼 수 있다. 관광행정기관이란 중앙정부와 지방자치단체의 행정기관을 의미하는 것으로 이들 행정기관들은 관광지를 개발하거나 관광지에 대한 홍보와 정보제공 등의 역할을 담당한다. 관광공익단체란 관광사업을 공적인 측면에서 지원해주는 단체나 조직으로 관광공사, 관광협회중앙회, 관광연구원 등이 이에 해당한다.

(3) 기타 분류

위에서 언급된 관광사업의 분류 방법 외에 우리나라 관광진흥법에서 관광사업으로 규정되고 있지는 않지만 현실적으로 관광사업으로 분류되는 사업들로는 외식사업, 리조트업, 테마파크업, 관광교통업 등이 있다.

가) 외식사업

외식이란 가정 밖에서 행하는 식사행위를 총칭해서 의미하는 것으로 우리나라에서는 외식산업이란 용어로 쓰인다. 요식업, 식당업, 음식업 등으로 불렸다가 규모가 커지고 경영적인 측면에서 점점 체계를 갖추어 가면서 생성된 용어라고 할 수 있다. 우리나라의 외식산업은 한국표준산업분류에 의해 대분류에는 '도소매 및 음식숙박업', 중분류에는 '음식 및 숙박업', 소분류에는 '음식점업'이 포함된다.

음식점업은 다시 식당업, 주점업, 다과점업으로 세부적으로 구분한다. 식당업은 한국음식점, 중국음식점, 일본음식점, 서양음식점, 음식출장조달업, 간이체인음식점, 달리 분류되지 않는 식당업으로 세세분류하고 있다. 주점업은 일반유흥주점업, 무도유흥주점업, 한국식유흥주점업, 극장식주점업, 외국인전용유흥주점업, 달리 분류되지 않는 주점업으로 세세분류하고 있으며, 다과점업은 제과점업, 다방업, 달리 분류되지 않는 다과점업으로 세세분류하고 있다.

나) 리조트업

리조트(resort)의 어원은 프랑스 고어인 resortier에서 유래된 말로, 어떤 장소에 자주 간다와 어떤 장소에 머무른다라는 의미를 가지고 있다. 다시 말하면 리조트란 사람들을 위해 휴양 및 휴식제공을 목적으로 일상 생활권을 벗어나서 경관이 좋은 지역에 위치하여, 다양한 레크리에이션 및 여가활동을 위한 기능과 시설을 갖춘 단지(complex)를 의미한다. 리조트사업은 리조트의 기능과 시설에 관련되는 사업 등을 포함하는데 숙박, 식음료, 레크리에이션과 관련된 업종들이 여기에 포함한다. 또한, 리조트사업은 경제적, 사회적, 자연적 영향에 따라 수요의 탄력성이 크며, 초기에 많은 투자비용이 들어가는 특성을 가지고 있다.

다) 주제공원

주제공원(theme park)의 정의는 다양하지만 일반적으로 중심 주제나 연속성을 가지고 있는 몇 개의 주제로 설계하며 매력물의 도입, 전시, 놀이 등으로 구성하여 중심주제를 실현하도록 계획한 공원이다. 주제공원은 1955년 미국 캘리포니아주 애너하임에 디즈니랜드가 만화 주인공들을 중심으로 한 놀이공원을 개장하면서 특히, 미국에서 대중화되었다. 주제공원은 탑승시설, 관람시설, 공연시설, 식음료시설, 특정상품판매소와 게임시설, 고객편의시설, 휴식광장, 지원관리시설 등으로 구성되어 있으며 주제공원을 분류하는 방법으로는 공간별 분류방법, 주제별 분류방법, 형태별 분류방법 등이 있다. 먼저, 공간별 분류방법으로는 자연 그대로를 감상하는 자연주제형, 자연을 주제로 하지만 관광자의 적극적인 참여활동을 중심으로 하는 자연활동형 등이 있으며 이밖에도 도시주제형과 도시관람형 등이 있다.

주제별 분류방법으로는 인간사회의 민속을 주제로 하는 형태, 역사를 주제로 하는 형태, 구조물을 주제로 하는 형태, 지구상의 생물을 주제로 하는 형태 등이 있다. 마지막으로 형태별 분류를 살펴보면 환경재현형, 문화형, 자연공원형, 이벤트형 등이 있다.

3. 관광사업의 특성

1) 복합성

관광사업의 특성 중 복합성은 사업주체의 복합성과 사업내용의 복합성으로 나눌 수 있다. 사업주체의 복합성이란 관광사업은 그 주체가 공적 기관 및 민간기업 등 다양하다는 것을 의미한다. 또한, 다른 산업과 비교할 때 공적기관과 민간기업이 서로 역할을 분담하여 추진하는 부분이 더 많다는 것을 의미한다. 일반적으로 관광지의 유지 및 관리는 공공기관이 담당하고 관광지의 숙박 및 여행관련 사업은 민간기업이 담당한다.

사업내용의 복합성이란 관광사업의 내용이 여러 부분으로 나누어져 있는 것을 의미하는데 여러 관련 업종이 모여져 하나의 관광사업을 존재시키고 있다는 의미이다. 즉, 숙박업, 여행업, 음식업, 교통업, 기념품업 등등 여러 사업이 모여서 하나의 관광사업을 성립하고 있다.

2) 입지의존성

관광사업은 관광자원에 대한 입지의존도가 절대적이기 때문에 입지의존성이 높은 산업이라고 할 수 있다.

그렇기 때문에 모든 관광지는 유형과 무형의 관광자원을 소재로 각기 특색있는 관광지를 형성하고 있지만 관광지의 유형, 기후조건, 관광자원의 우열, 개발추진 상황, 접근의 용이성 등과 같은 입지적 요인과 관광시장의 규모와 체제 여부 등과 같은 경영적 환경, 관광객들의 소비성향과 계층 등과 같은 수요의 질에 의해서 많은 영향을 받는다고 할 수 있다. 특히, 관광사업은 경영적, 산업적 성격이 불연속 생산활동형, 생산과 소비의 동시완결형, 노동장비율의 상승이라는 특성을 가지고 있기 때문에 입지의존성은 더욱 높아진다고 할 수 있다.

(1) 불연속 생산활동형

관광사업에 있어 관광자의 소비활동은 계절별, 월별, 주별, 시간별 등에 따라 변동의 차이가 클 뿐 아니라 경기변동, 기후, 관광자의 임의적인 행동에 따라 불연속적인 생산활동이 불가피하기 때문에 불연속 생산활동형이라고 할 수 있다.

(2) 생산과 소비의 동시완결형

관광사업은 관광상품의 저장의 불가능하기 때문에 생산과 소비가 동시에 이루어지는 생산과 소비의 동시완결형이라고 할 수 있다. 즉 경영상의 탄력성이 없는 사업이라고 할 수 있다.

(3) 노동장비율의 상승

관광사업은 소비자들의 다양한 욕구에 부응하기 위해서 관광사업체의 규모가 커지고 고급화되면서 노동장비율이 상승하는 추세를 보이고 있다고 할 수 있다.

3) 서비스성

관광사업은 관광객을 위하여 운송 · 숙박 · 식사 · 운동 · 오락 · 휴양 또는 용역을 제공하거나 기타 관광에 부수되는 시설을 갖추어 이를 이용하게 하는 업을 말하는데, 관광사업에서 편리하고 안락한 시설과 더불어 가장 중요한 부분 중 하나는 관광사업종사원들이 수준 높은 서비스를 제공하는 일이다.

4) 공익성

관광사업의 특성 중 공익성은 관광사업은 공적 · 사적 여러 관련사업으로 이루어진 복합체라는 관점에서 볼 때 민간기업들도 이윤추구만을 목적으로 할 것이 아니라 수익성과 공익성을 공동으로 추구할 것을 요구하고 있다는 것을 의미한다.

관광사업의 공익성은 사회 · 문화적인 측면과 경제적인 측면으로 나누어 볼 수 있다.

먼저, 사회 · 문화적인 측면을 살펴보면 국위선양, 국제친선증진, 국제문화교류, 세계평화에의 기여 등 국제관광부문과 국민보건향상, 근로의욕고취,

교양의 향상 등과 같은 국민관광부문적인 측면이 있을 수 있다. 경제적인 측면을 살펴보면 외화획득, 경제발전, 기술협력과 국제무역증진효과 등의 국민경제적인 측면과 소득효과, 고용효과, 산업기반시설 정비효과, 지역개발효과 등의 지역경제적인 측면을 들 수 있다.

5) 변동성

관광욕구는 생활에 있어 필수적이라기보다는 임의적인 성격을 가지고 있기 때문에 관광사업은 외부와의 변화에 민감하게 반응한다고 할 수 있다.

관광사업의 변동성은 사회적 · 경제적 · 자연적 요인으로 나눌 수 있다.

사회적 요인은 사회정세의 변화, 국제정세의 변화, 정치불안, 폭동, 질병발생 등과 같이 신변의 안전에 불안을 주는 요인들이다. 경제적 요인은 경제불황, 소득상황, 환율의 등락, 운임의 변동, 외화사용 제한조치 등의 요인을 말한다. 자연적 요인은 기후변화, 지진, 태풍, 해일, 혹서, 혹한 등이 있다.

4. 관광사업의 발전요인

1) 가처분소득의 증대

산업기술의 발달로 대량생산, 대량소비가 이루어지면서 세계 여러 나라의 경제가 성장하였다. 이러한 경제적 성장으로 인하여 세계 여러 나라의 국민소득이 향상되었으며 개인의 가처분소득(disposal income)도 증가하게 되었다. 이러한 개인의 가처분소득의 증가는 전반적인 생활수준의 향상과 관광산업을 포함한 문화관련 비용의 증가로 이어지게 되었으며, 이러한 영향으로 관광산업은 더욱더 발전하고 있으며, 향후 현재보다 더 높은 성장률을 보일 것으로 예측되고 있다.

2) 여가시간의 증대

인터넷을 중심으로한 정보통신기술과 다른 산업기술의 발달로 모든 산업에 있어 업무자동화의 비율이 증가하고 있다. 이러한 업무의 자동화는 근로자들의 근로시간 단축으로 이어지게 되었고 또한, 대부분의 선진국들이 실시하고 있는 주 5일제의 영향으로 여가시간은 더욱 증가하고 있다. 이렇게 늘어나는 여가시간은 자연스럽게 관광산업을 발전시키는 요인으로 작용하고 있다.

3) 교통수단의 발달

교통수단의 발달 또한 관광사업의 주요한 발전 요인 중 하나라고 할 수 있다. 특히, 항공산업의 발달이 관광사업의 발전에 있어서 가장 결정적으로 많은 기여를 했다고 할 수 있는데 제2차 세계대전 이후 항공산업은 기술적으로 고속성, 안정성, 쾌적성, 경제성의 향상과 대량 운송능력을 보유하게 되었다. 또한, 항공사들은 기내 서비스 및 다양한 촉진전략에도 고객들을 세심하게 배려함으로써 고객들의 해외여행욕구를 증가시켜 관광사업발전에 기여하고 있다.

4) 라이프 스타일의 변화

라이프 스타일이란 개인의 가치관 · 행동 · 관심 · 의견 등을 표현하는 생활패턴을 의미하는 것인데 최근 현대인들이 추구하는 가치관이 삶의 질(quality of life) 향상에 많은 비중을 두고 있다고 할 수 있다. 이렇게, 삶의 질 향상을 추구하는 가치관을 지닌 개인의 증가는 다른 국가를 여행하여 지식과 견문을 넓혀서 자기발전을 꾀하려는 욕구의 증대로 이어진다. 이러한 개인들의 라이프스타일의 변화로 인해 관광산업은 더욱 발전하고 있고 향후에 이러한 추세는 더욱 가속화될 것으로 예측된다.

5) 글로벌화의 가속화

글로벌화(globalization) 또는 우리말로 세계화에 대한 정의는 다양하지만, 일반적으로 기업이 개별국가시장에 대해 각각 다른 전략을 취하기보다는 전 세계시장을 하나의 시장으로 보고 통합된 전략을 수립하는 것을 의미한다. 이러한 글로벌화의 영향으로 국가별로 나누어졌던 국경의 의미가 약해지고 제품 · 기술 · 서비스 등이 세계 각국으로 자유롭게 이동하게 된다. 또한, 이러한 글로벌화로 인하여 인적자원과 자본의 이동도 자유로워지며 이러한 현상을 자연스럽게 국제관광도 촉진하게 되며 이로 인해 국제관광을 중심으로 관광산업은 더욱 더 발전하게 될 것이다.

5 향후 관광시장 전망 및 우리의 정책과제

관광산업은 다른 산업과 비교할 때, 높은 고용창출효과 및 소득증대의 효과를 가지고 있기 때문에 성장잠재력이 높아서 우리나라와 같이 천연자원이 부족한 국가에서는 전략적으로 발전시키는 것이 필요한 산업이라 할 수 있다.

하지만, 현실적으로 우리나라는 특출난 관광상품의 부족, 관광기반시설의 취약, 지속적인 국제관광수지의 적자 등으로 인하여 국제관광시장에서 경쟁력이 매우 취약한 상태이다.

특히, 우리나라가 관광산업의 중요성을 인식하고 앞으로 관광산업의 발전방안을 연구해야만 하는 이유는 관광산업이 앞으로 단일산업으로는 가장 규모가 커지고 성장잠재력이 높은 산업일 뿐만 아니라 지역적으로 동북아시아의 관광시장 예측 성장률이 다른 지역에 비해 거의 2배 이상 높기 때문이다. 삼성경제연구소의 자료에 의하면, 2010년 국제관광산업의 성장률은 4%인데 반해 동북아시아지역 관광산업의 성장률은 그 2배인 7.8%에 이르고 있다.

이렇게 동북아시아 지역의 관광산업이 세계 평균성장률에 비해 배 이상 높게 예측되는 이유는 중국의 급속한 성장이라고 할 수 있는데 WTO(World Tourism Organization : 세계관광기구)의 자료에 의하면, 중국에서 해외관광을 즐기는 관광객의 숫자는 중국경제의 급속한 성장과 중국정부의 개방정책의 영향으로 인해 2004년 2,900만 명에 달했으며, 2020년에는 1억 명이 초과할 것으로 예측되고 있다.

위에서 언급한대로 우리나라가 국제관광시장에서 경쟁력이 취약한 이유는 3가지로 요약할 수 있는데 그 중에서도 국제관광수지의 적자가 2004년 38억 불을 기록하였다.

이렇게 위기에 놓인 한국관광시장을 촉진시키기 위한 방법으로는 영종도, 인천, 태안, 새만금, 군산, 해남, 영암 등 서남해안을 개발시키는 프로젝트를 중앙정부와 지방자치단체가 협력해서 개발시켜야 한다.

궁극적으로 중국, 일본, 홍콩, 마카오 등 동북아시아 국가들이 관광시장에 있어서 우리의 경쟁자들이라고 할 수 있는데 이들 국가들은 관광산업의 중요성을 깨닫고 각각 자국의 관광산업 경쟁력을 증대시키 위하여 많은 노력을 기울이고 있다.

먼저, 중국은 2008년 베이징 올림픽과 2010년 상하이 세계박람회를 대비하여 많은 호텔을 건축하였으며, 샹하이, 하이난, 센젠 등에 관광인프라를 구축하였다.

홍콩은 정부차원에서 2001년 이후 23억 불을 투자하여 관광인프라를 구축하고 있는데 디즈니랜드 건설, 수상스포츠와 리조트 건설 등으로 쇼핑으로 많이 알려진 홍콩의 관광패턴을 레저쪽으로 인식시키기 위하여 노력하고 있다.

마카오는 도박에 의존하던 기존의 관광산업에서 벗어나기 위한 일환으로 "꿈의 도시(Dream City)" 프로젝트를 개발하기 위하여 2008년까지 1억 불을 투자하여 해저호텔과 카지노 건립을 추진하였다.

또한, 예전에 포루투갈의 식민지 당시의 문화와 기존의 동양적인 문화를 융합시킨 새로운 문화유산을 관광상품화하고 있기도 하다.

마지막으로 일본은 위에서 언급된 세 나라와는 달리 실속 있는 관광산업을 운영하려고 애쓰고 있다. 일본은 1987년 새로운 리조트건설법이 통과된 후 1987년부터 1991년 사이에 정부에서 대규모 리조트 개발 프로젝트 35개를 허가하여 줌으로써 수요와 공급의 불균형으로 많은 대규모 리조트들이 문을 닫았기 때문에 지금은 소규모의 실속있는 지역 관광상품들을 개발하기 위해 주력하고 있다.

한편, 한국관광산업을 발전시키기 위해서는 위에서 언급한 서남해안 개발 프로젝트와 더불어 소프트웨어적인 관광자원의 개발이 필요하며, 가까운 미래에 우리나라를 방문하는 가장 많은 관광객들이 중국 관광객들이 될 것으로 예측되고 있기 때문에 중국관광객들을 위해 저가의 관광상품보다는 고급관광상품을 개발하는 것이 시급한 과제라고 할 수 있다.

마지막으로 정부에서는 관광산업이 국가발전을 위해서 중요한 산업이라는 인식을 가지고 관광기업에 대한 세제지원 및 규제완화 등 바람직한 관광기업 운영을 위한 지원이 필요하다고 할 수 있다(강신겸, 2005, pp.13~20참조).

한편, 관광산업은 자동차산업, 석유산업과 함께 그 규모가 가장 큰 산업 중 하나이며, 특히 국제관광의 발전으로 인하여 향후 가장 전망이 밝은 산업 중 하나라고 할 수 있다.

요즘 우리나라의 상황과 같이 고용 없는 저성장 시대에는 성장 잠재력이 크고 고용창출 효과가 높은 호텔관광산업에 주목할 필요가 있다. 2010년 우리나라를 찾은 관광객 수가 880만 명으로 1990년이래 3배 증가하는 등 한국 관광산업의 외형은 크게 확대되었다. 그러나 1인당 관광소비액이 1990년 1,203달러에서 2010년 1,108달러로 감소하는 등 관광상품의 품질은 답보상태이며 관광산업 전방의 경쟁력도 취약하다고 할 수 있다. 이러한 환경에서 우리나라의 호텔관광산업의 미래 트랜드 변화를 파악하여 선제적으로 대응함으로써 한국 호텔관광산업의 수준을 업그레이드할 필요가 있다. 그러기 위해서는 먼저 향후 관광산업의 몇몇 트랜드 변화를 예측하고 대비하는 것이 필요한 부분이며 그 내용은 다음과 같다.

1) Culture : 대중문화관광

향후에는 미디어의 발달로 문화 확산 속도가 빨라지며 영화, 음악, 문학 등 대중문화가 호텔관광산업의 주요 컨텐츠로 부상하고 있다. 세트장, 촬영지를 관광상품화하는 영화관광이나 문학. 음악 작가의 흔적과 작품 배경지를 돌아보는 호텔관광상품의 대표적인 예라고 할 수 있다.

2) Edutainment : 체험학습관광

여가의 가치가 증대되며 색다를 체험으로 자기계발을 가능하게 하는 교육관광 컨텐츠가 확산되고 있다. 학습 욕구가 높고 경제력을 갖춘 시니어 세대 대상의 Learning Vacation이나 모험을 즐기는 Trytoursumer 대상의 모험 레포츠가 인기를 끌고 있다.

3) Soul : 마음치유관광

복합적인 요인들로 인해서 경영환경의 불확실성이 높아지면서 자기 수양을 목적으로 하는 요가, 템플스테이 등이 주목을 받고 있다.

4) Smart : 스마트관광

SNS 등을 활용한 스마트라이프의 확산으로 호텔관광소비의 플랫폼과 형태가 변화하고 있다. SNS 및 스마트폰을 고객과의 소통을 위한 플랫폼으로 활용하는 기업들이 늘어나고 있는 추세이다.

5) Dream : 꿈을 파는 관광

개인이 실현할 수 없다고 여겼던 우주여행, 심해탐험 등 꿈을 현실화하는 이색 서비스가 시장에 등장하며 호텔관광산업에 새로운 자극을 주고 있다. 극지탐험이나 평생 꿈꾸던 직업을 체험해보는 보케이션 베케이션(vocation vacation) 등이 대표적이다.

6) Fair : 모두를 위한 관광

소비적 여행이 남기는 환경오염, 문화훼손, 관광업 종사자 인권침해 등에 대한 반성에서 출발하여 지역 주민과 공동체에 도움이 되는 방향으로 여행을 하는 공정여행이 대두되고 있다.

7) China : 관광의 핵심고객 중국

중국이 세계 4위의 관광소비국으로 부상하는 등 세계관광시장의 핵심 고객이 되고 있다. 중국인 관광객 유치를 위한 각국 정부의 노력도 치열하다.

사례

The Curse of Approval

세계문화유산 지정의 득실

이름 알려지면서 관광수입 크게 늘지만 몰려드는 관광객들로 유적지 훼손 심각

BARBIE NADEAU 기자

신성로마제국의 프레데릭 2세 황제는 1240년 군사 요새 카스텔 델몬테를 건설했다. 이탈리아 남부 풀리아주 중부의 외딴 언덕에 지어진 이 요새는 다가오는 적군을 완벽하게 감시할만한 장소였다. 하지만 그는 그 요새가 관광 명소로 변하고, 몰려오는 적군이 관광객일 줄은 상상도 못했으리라. 오늘날 이 고성(古城)은 깨끗하게 청소돼 있고, 성채로 이어지는 고부랑길들에는 화려한 색상의 관광버스 수백대가 오르내린다. 티셔츠 매장과 코카콜라 간판이 도처에 눈에 띄고 차량 200대를 수용하는 주차장이 한 군데 있다. 과거에 이 지역 일대는 인적이 드문 곳이었다. 그러나 이제 관광객들은 알베로벨로의 원추형 가옥들과 인근 바실리카타주의 마테라 동굴 유적지 사이를 바쁘게 오간다. 유네스코에서 세계유산으로 지정하지 않았다면 이름조차 생소했을 유적지들이다.

공식적으로 유네스코는 한 지역의 오랜 역사를 간직한 유적지를 보존하려고 세계유산이라는 명예를 부여한다. 세계유산으로 지정되면 비공식적으론 마술같은 일이 벌어진다. 거의 알려지지 않았던 문화재들이 하룻밤 사이에 관광 명소로 변신한다. 그런 만큼 세계유산으로 지정받으려는 경쟁도 치열하다. 그러나 그것이 좋은 일만은 아니다. 유네스코 산하 세계유산센터의 책임자 프란체스코 반다린은 “어떤 유적지는 너무 많은 관광객이 몰려들어 제대로 감상하거나 심지어 방문하는 일조차 불가능하다. 관광객이 너무 많아도 문제”라고 말했다.

세계유산 지정이 득보다는 실이 많을지도 모른다는 우려가 커져간다. 환경단체 월드 워치 인스티튜트의 수석 고문 리자 마스티니는 “뛰어난 가치”를 지닌 유적지의 경우 관광객은 양날의 칼과 같다고 말했다. “관광은 가난한 지역에 금전적 이득을 얻도록 해 주지만, 또한 관광산업의 기반이 되는 바로 그 문화 · 자연유산 자체를 위협하기도 한다.” 예컨대 원래부터 관광 명소였던 멕시코 치첸 이차의 마야 유적지는 1988년 세계문화유산으로 등재된 뒤부터 관광객이 엄청나게 늘었다. 하루

방문객이 5,000명을 넘으면서 일종의 디즈니랜드 같은 장소로 변질됐다. 게다가 직접적인 파괴 행위는 물론이고 끊임없이 몰려드는 사람들의 발걸음으로 심하게 마모되어 간다.

가장 큰 문제는 세계유산으로 지정된다 해도 보존지원금이 보장되지 않는다는 점이다. 세계유산으로 등재(후보에 오른 뒤부터 약 5년간 복잡한 관료주의적 심사 과정을 거쳐야 한다)된 뒤 금전적인 문제는 자체적으로 해결해야 한다. 세계유산 기금(WHT)으로부터 대출을 받거나 테드 터너의 유엔재단(UNF) 같은 민간단체로부터 지원받는 방법도 있다. 하지만 경쟁이 치열하다. 유네스코가 세계유산 12개를 최초로 지정한지 27년이 지난 오늘날 세계유산 목록에는 812개가 올라 있다. 정부의 관리가 제대로 이뤄지는 나라에서는 관광 수입 증가분 중 일부가 유적지 보존에 투자된다. 예컨대 로마의 경우 관광객 입장료는 곧바로 유적지 관리에 투입된다.

그러나 로마는 예외적인 경우다. 세계유산의 대다수는 부패 · 내전 · 극빈에 시달리는 개도국에 있다. 또 아무리 훌륭한 보존 계획도 자연 재앙이나 인재 앞에 무력해지기도 한다. 예컨대 이란 정부는 지난해 지진으로 파괴된 밤시(市)의 세계문화유산을 복구하지 못했다. 또 세계자연유산인 호주의 대보초(Great Barrier Reef)와 네팔의 에베레스트산은 단일 정부로선 불가항력적인 기후 변화 때문에 위험에 처한 듯하다.

후속적인 보존 프로그램 없는 세계유산 지정은 무의미하며, 심지어 역효과를 낸다는 인식이 커져 간다. 로마에 있는 국제 문화재 보존 · 복원 연구소(ICCROM)의 조셉 킹은 "초기에는 세계유산으로 지정된 뒤 어떤 일이 발생할지에 별로 관심을 기울이지 않았다"고 말했다. 그런 태도는 서서히 변해 간다. 사하라 이남 아프리카에서는 '아프리카 2009'라는 훈련프로그램이 12년째 시행되어 왔다. 현지인들에게 유형의 문화유산을 보존하고 경제적 목적으로 활용하는 방법을 가르치는 프로그램이다. 관광이 아직은 낯선 상품인 동유럽의 도시들은 사적지 보존과 도시 개발의 적절한 조화를 모색하는데 도움을 구한다.

토마스 하예크 체코 문화재청장은 특정 지역을 상업지구로 지정해 모든 신축 건물을 그곳에 집중시키는 방법을 선호한다. 그는 이렇게 말했다. "현대적 고층 건물들이 스카이라인을 덮어버리도록 방치하면 프라하는 본래의 아름다움을 잃어버린다. 유네스코 세계유산에 등재되는 일은 우리의 유산을 보호하는 안전한 방법이다. 물론 개발업자들의 압력이 매우 거세지만 말이다."

유네스코는 나름대로 812개의 세계유산 모두를 모범적인 보존 사례로 만들려고 최선을 다한다. 문제는 그러려면 관광 수입이 필요하다는 점이다. 최근 유네스코는 온라인 여행업체 익스피디어 · 제트 투어스같은 회사들과 제휴해 세계유산 관광을 홍보하는 일에 나섰다. 더욱 중요한 목적은 관광객들이 세계유산 지역을 방문할 때 책임의식을 갖도록 교육하는 일이다.

유네스코는 ICCROM 같은 기관들과도 협력해 론리플래닛 · 미셸린 같은 여행 안내 업체들이 세계유산관광 지침을 소개하도록 설득한다. 유네스코 측이 요청하는 문구에는 '유물들을 가져가지 마시오', '원주민들을 놀리지 마시오' 등도 포함된다. ICCROM의 킹은 "관광객들은 그 세계유산들이 그곳에 오랫동안 존재해왔음을 이해해야 한다"고 말했다. 그리고 인간들이 좀 더 노력한다면 세계유산들은 앞으로도 오랫동안 살아남게 된다.

자료 : Newsweek 한국어판, 2006. 4

여 | 행 | 사 | 경 | 영 | 론

제3장

여행업의 이해

여 | 행 | 사 | 경 | 영 | 론

03 제3장 "여행업의 이해"

1. 여행업의 이해

1) 여행업의 출현

여행업의 시초에는 여러 가지 다양한 견해가 있지만 근대적인 여행업의 출현에 대해서는 일반적으로 토마스 쿡(Thomas Cook)을 실질적인 여행업의 시초로 보는 견해들이 많이 있다. 토마스 쿡은 1845년 영국에서 본격적으로 여행업을 시작하였는데 초창기의 여행사는 철도, 버스, 기선표만을 판매하였으나 항공수단의 발달로 본격적인 여행업이 시작되었다고 할 수 있다.

1845년 영국에서 토마스 쿡사가 설립된 이후 1850년에 미국에서 아메리칸 익스프레스사가 설립되었으며, 아시아에서는 1912년 일본에서 일본교통공사(JTB : Japan Travel Bureau)가 설립되었다. 우리나라 여행업의 시초는 1912년 12월 일본국의 일본교통공사 조선지부가 설립, 운영된 것으로부터 시작되었다. 당시 일본교통공사의 주된 설립목적은 일본국에 외국인을 유치하고 내방객에게 편의를 도모해 주는 한편, 일본인들의 한반도 이민업무 그리고 식민지화를 위해 필요한 업무를 지원, 제공해주는 데 그 목적을 두었다. 우리나라에 지부로 설립되어 운영되어 온 일본교통공사의 조선지부는 일본국의 침략야욕 확대와 함께 활발히 활동해 오던 중 1945년 8월 15일, 광복을 계기로 한국인 직원들이 재산과 관리일체를 인수받게 되었고, 같은 해 10월에는 조선여행사라는 이름으로 여행사를 설립, 운영하였다.

1949년 조선여행사는 사단법인 대한여행사로 개명하게 되었고 한국전쟁으로 업무가 일시 중단되었다가 1953년 휴전과 함께 12월 재발족되었다. 대한여행사는 1962년 발족된 한국관광공사에 1963년 2월 1일 흡수 · 합병되었으며, 1973년 6월 31일 민영화됨으로써 현재의 대한여행사라는 명칭으로 우리나라 여행사의 효시가 되었다(변우희 외, 2002 : PP. 115-116).

사례

토마스 쿡 여행사

1841년 영국인 토마스 쿡(Thomas Cook)은 금주회의에 참여하는 570명의 철도승객을 위한 교통편을 수배하였다.

쿡은 루브르(Loughborough)에서 리체스터(Licester)까지 열차를 전세내어 승객들을 모집하여 금주회의에 참가시켰다. 1실링의 요금으로 10마일 여행에서 승객들은 차 · 빵 · 음악을 제공받았다.

4년 후 쿡은 잉글랜드 · 스코틀랜드 · 유럽을 통과하는 단체여행객의 철도와 기선을 관리하기 시작하였다. 철도회사에서는 그가 판매하는 승차권에 대하여 수수료를 지불하였다.

1855년 토마스 쿡은 영국에서 파리의 산업박람회 전시장까지 최초로 국제적인 여행을 기획하였다. 그 다음해에 그는 유럽대륙으로의 그랜드 투어(grand tour)를 운영하였다. 거의 혼자서 토마스 쿡은 여행사와 여행안내라는 두 가지 중요한 개념을 창조하였다.

자료: 정석중 외, 1998, 요약. 정리. 재인용

[표 3-1] 토마스 쿡의 실적

연도	실적
1841년	–1570명의 금주운동가 단체 구성 –철도의 전세를 통한 할인운임 적용 –여행사설립 : Thomas Cook and Travel Co.
1851년	–런던 대박람회에 165,000명의 참관인 모집 및 송객 –미들랜드 철도회사와 업무 제휴
1862년	–단체여행객을 위한 호텔 투숙 상품개발 –수송과 숙박을 묶은 시스템화된 여행상품 운용
1872년	–기선이용 세계일주 관광단 모집 –222일간 세계일주 여행 성공 –성지순례 여행 –이집트의 피라미드 여행 –독일의 라인강변 여행 등 성공 –탁월한 기획력 –대중용의 저렴한 가격 –적극적인 광고선전 활동 –안내원 동반

자료 : 노정철, 여행사경영론, 한올출판사, 2005, p. 35

2) 여행업의 개념

최근 여행업은 여가시간의 증대, 소득의 증가, 교통수단의 발달 등으로 인하여 빠른 속도로 성장하고 있는 업종 중 하나라고 할 수 있다. 여행업의 개념에 대한 정의는 다양하지만 여행업은 일반적인 개념과 법률적인 개념으로 나누어서 생각할 수 있다.

먼저 법률적으로 살펴보면 관광진흥법상에서 여행업은 "여행자 또는 운송시설 · 숙박시설 기타 여행에 부수되는 시설의 경영자 등을 위하여 당해시설 이용의 알선이나 계약체결의 대리, 여행에 관한 안내 기타 여행의 편의를 제공하는 업"이라고 정의되고 있다. 일반적인 관점에서의 여행업을 정의해 보면 여행업이란 운송시설 · 숙박시설업자 등과 같이 여행자들을 대상으로 사업을 운영하는 시설업자와 이를 이용하게 될 여행자와의 중간의 위치에서 여행자를 위하여 예약 · 수배 · 알선 등과 같은 서비스를 고객들에게 제공하고 시설업자들로부터 일정한 비율의 수수료(commission)를 받는 사업이라고 할 수 있다.

[그림 3-1] 여행업의 개념

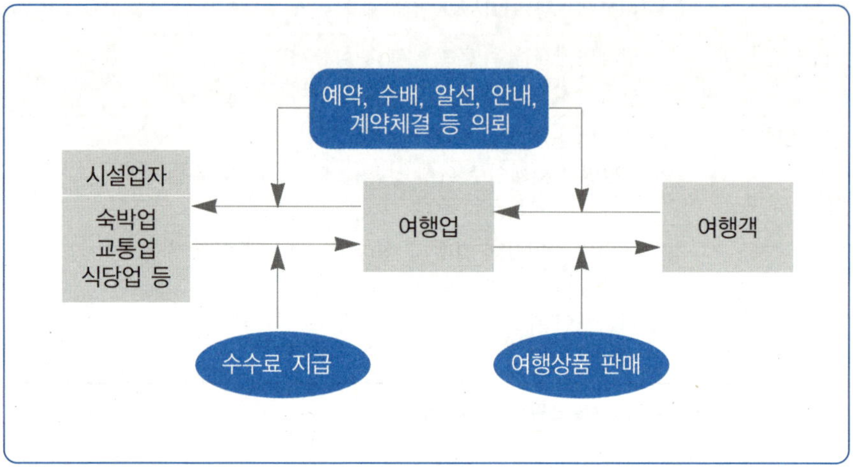

자료 : 황현철 외, 2003, p 18

3) 여행업의 특성

여행업의 특성은 다양한 관점에서 설명될 수 있지만 다른 업종과 비교해볼 때 여행업만의 경영적인 특성을 종합적으로 살펴보면 다음과 같은 특성을 갖는다고 할 수 있다.

(1) 입지의존성

디지털경제의 도래와 그 중심에 있는 인터넷 사용의 일반화로 모든 산업에서 오프라인(off line)에 대한 의존도가 줄어들고 온라인(on line)에 대한 의존도가 급속하게 증가하고 있다. 이러한 경영환경에서도 여행사는 다른 업종과 비교해서 고객들이 찾기 쉬우면서도 고객의 눈에 잘 띄는 곳에 위치해야 한다는 특성을 갖는다. 그래서 대부분의 여행사는 대도시의 중심가에 위치하고 있다. 여행업에 있어서 입지의존적 특성이 중요시되는 이유는 여행사의 입장에서 고객들의 접근의 용이성이 여행사의 매출에 직접적으로 영향을 미치기 때문이다.

특히, 아웃바운드의 경우 잦은 해외출장으로 항공권의 수요가 많은 기업체들이 밀집되어 있는 지역이나 여권 및 비자수속이 용이한 대사관 근처에 위치해야 보다 더 경쟁력을 가질 수 있다고 할 수 있다. 또한, 여행업은 다른 업종에 비해 신용이 중요시되는 업종이기 때문에 여행사의 위치와 규모가 신용도에 미치는 영향도 크다고 할 수 있다.

(2) 노동집약적 산업

여행업은 다른 서비스산업과 마찬가지로 인적자원에 대한 의존도가 매우 높은 노동집약적 산업이다. 이렇게 여행업이 노동집약적 산업인 이유는 여행업의 주요업무로는 여행상품기획 및 개발업무, 상담업무, 수속대행업무, 예약 및 수배업무 등이 있는데 이러한 업무들이 여행업의 특성상 업무의 자동화가 이루어지기 어렵다.

또한, 여행업은 소비자들의 욕구가 다양하고, 여행상품의 특성상 모방이 용이하기 때문에 제품들 간의 차별화가 어려워 결국 인적자원의 서비스가 상품의 품질을 결정하는 중요한 요소가 되기 때문에 다른 업종에 비해 상대적으로 인적자원에 대한 의존도가 매우 높다고 할 수 있다.

(3) 과당경쟁구조

여행업은 다른 업종에 비해서 상대적으로 소자본 창업이 가능하다. 따라서 계속해서 많은 업체가 생겨나기도 하고 문을 닫기도 한다.

그렇기 때문에 다른 업종에 비해서 시장진입장벽이 낮기 때문에 경쟁이 더욱 치열하다고 할 수 있다. 또한, 여행상품은 모방이 용이하기 때문에 특화된 상품이나 서비스품질로 경쟁을 하는 것이 아니라 가격이 중요한 경쟁력이 되고 있기 때문에 더욱더 치열한 경쟁이 일어나고 있다고 할 수 있다.

(4) 계절적 수요탄력성

여행업은 계절적, 요일적, 시간적 요인 등에 의해 집중성이 강한 업종이기 때문에 성수기와 비수기의 수요탄력성이 매우 높다. 일반적으로 방학기간과 주말에, 계절적으로는 겨울보다는 봄 · 가을에 여행수요가 집중되어 있으며 국외여행은 자녀들이 방학을 하게 되는 여름과 겨울에 집중되는 현상을 보이고 있다. 여행사들은 여행상품의 가격차별화와 여행조건의 차별화 등을 통하여 수요의 탄력성에 적절하게 대처할 수 있는 여행상품의 개발이 필요하다.

(5) 신용사업

여행업은 유형의 상품이 아닌 무형의 상품을 판매하고 서비스를 제공하기 때문에 더욱 신용이 중시되고 있는 업종으로서 여행업의 특성 중 신용사업은 여행소재공급업자인 시설업자와의 신용관계와 소비자인 여행객과의 신용문제 두 가지로 나누어서 생각할 수 있다.

신용은 여행사의 사업성을 좌우할 수 있는 중요한 요소로써 소비자들은 여행상품을 구매할 때 선불로 여행경비를 지불하고 있으며 여행관련 소재업자도 여행사에 대한 신뢰성을 바탕으로 공급량을 조절하고 있기 때문에 여행사를 운영하는데 있어서 신용은 사업의 성공과 실패를 결정하는 가장 중요한 요소 중 하나라고 할 수 있다.

(6) 낮은 위험부담률

여행업은 다른 관광사업에 비해 고정자본의 투자가 적기 때문에 경영실패로 인한 위험부담률이 상대적으로 매우 낮다고 할 수 있다. 현재, 관광진흥법에 규정된 법적 자본금이 일반여행업 2억 원 이상, 국외여행업 6천만 원 이상, 국내여행업 3천만 원 이상이지만 설립자본금은 사무실 임대보증금 등의 설비자본과 운영자금을 포함한 것이며, 등록신청 시 납입자본금을 증빙하기 위한 금액으로 볼 때 사무실 임대와 사무실 설치를 위한 집기, 비품과 사무기기 등을 갖출 수 있는 설비자본금만 가지고도 여행업을 개업할 수 있다. 또한, 여행상품도 대부분 주문생산방식이기 때문에 재고나 먼저 투자할 것에 대한 염려를 하지 않아도 되기 때문에 타 업종에 비해 위험부담률이 낮다고 할 수 있다.

2 여행업의 분류

여행업은 일반적으로 여행업의 사업범위와 대상에 따라 일반여행업, 국외여행업, 국내여행업으로 분류할 수 있다. 또한, 유통형태에 따라 모든 여행업무를 취급하는 종합여행사, 다른 여행사에 도매만을 취급하는 도매형 여행사, 소매업을 하는 소매형 여행사, 여행상품의 조성부터 판매까지 일괄적으로 취급하는 직판형 여행사로 분류할 수 있다.

1) 여행업법에 의한 분류

(1) 일반여행업

일반여행업은 내국인의 국내여행과 국외여행(outbound tour) 알선업무뿐만 아니라 외국인을 대상으로 국내여행을 유치하고 안내하는 업무(inbound tour)까지 수행하는 종합적인 여행업을 말한다.

(2) 국외여행업

국외를 여행하는 내국인을 대상으로 하는 여행업을 말한다.

(3) 국내여행업

국내여행업이란 내국인에게 국내여행상품을 개발하여 판매할 뿐만 아니라 이를 알선하고 안내하는 여행업을 의미한다. 즉, 국내를 여행하는 내국인을 대상으로 하는 여행업을 말한다.

2) 유통형태에 의한 분류

(1) 종합여행사

여행관련 공급업자가 제공한 단위상품들을 결합하여 하나의 완전한 여행상품으로 만들어 여행소매업자 및 일반여행객들에게 판매하는 여행사를 말한다.

(2) 도매형 여행사

여행공급업자로부터 여행소재를 제공받아 직접 소비자에게 판매하는 것이 아니라 소매업자에게 판매하는 여행사를 말한다.

(3) 소매형 여행사

여행도매업자가 생산한 여행상품을 제공받아 최종소비자들에게 판매하는 여행사를 의미한다.

(4) 직판형 여행사

여행상품의 조성부터 판매까지 모두 자사에서 취급하는 여행사를 말한다.

제4장

여행업의 설립과 등록

여 | 행 | 사 | 경 | 영 | 론

04 | 여행업의 설립과 등록

제4장

1 여행업의 설립 및 등록기준

여행사의 설립을 위해서는 업종별로 등록기준에 적합한 자본금이 준비되어야 하며 사무실의 소유권이나 사용권을 준비한 후 관련 구비서류를 가지고 등록관청에 가서 신고를 한 후 등록증을 교부받아 영업을 시작할 수 있다. 여행사의 자세한 설립절차는 아래와 같다.

[그림 4-1] 여행사의 설립절차

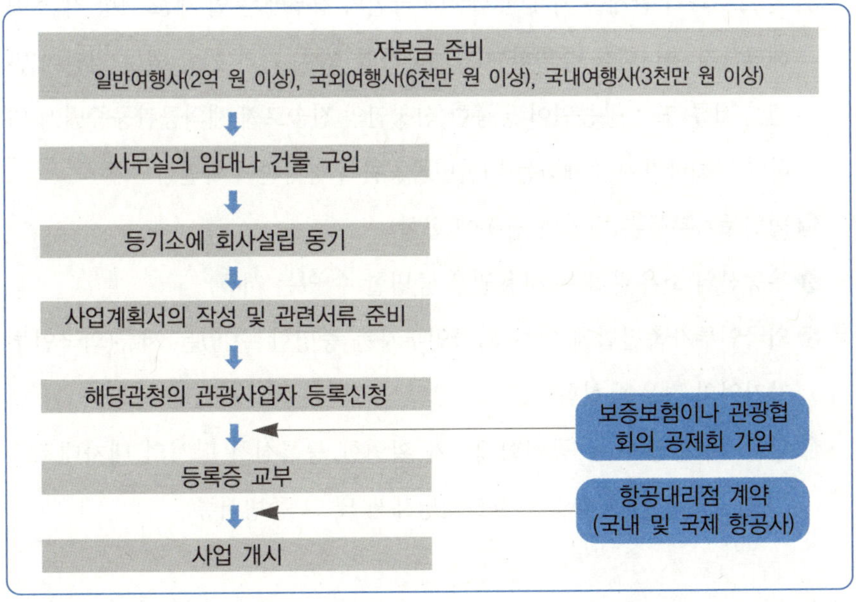

여행업을 창업하려면 등록기준에 적합한 구비서류를 준비해서 해당관청에 등록을 해야 한다. 여행업의 업종별 등록기준은 다음과 같다.

[표 4-1] 여행업의 등록기준

구분	일반여행업	국외여행업	국내여행업
자본금	2억 원 이상	6천만 원 이상	3천만 원 이상
사무실	소유권 또는 사용권이 있을 것	소유권 또는 사용권이 있을 것	소유권 또는 사용권이 있을 것
등록관청	특별자치도지사, 시장, 군수, 구청장	특별자치도지사, 시장, 군수, 구청장	특별자치도지사, 시장, 군수, 구청장

2 구비서류

❶ 사업계획서

❷ 신청인(법인의 경우에는 대표자)의 성명 · 주민등록번호 · 본적 · 호주성명 및 호주와의 관계를 기재한 서류(외국인의 경우에는 법 제7조 1항 각 호에 해당하지 아니함을 증명하는 당해국가의 정부, 기타 권한 있는 기관이 발행한 서류 또는 공증인이 공증한 신청인의 진술로써 재외공관공증법에 의하여 당해국가에 주재하는 대한민국공관의 영사관이 확인한 서류)

❸ 법인등기부등본(법인의 경우에 한함)

❹ 부동산의 소유권 또는 사용권을 증명할 수 있는 서류

❺ 외국인투자촉진법에 의한 외국인투자를 증명할 수 있는 서류(외국인투자기업의 경우에 한함)

❻ 관할세무서장 또는 공인회계사가 확인한 등록신청 당시의 대차대조표(개인의 경우에는 영업용 자산액명세서 및 그 증빙서류)

[표 4-2] 관광사업등록신청서

<table>
<tr><td colspan="2">[별지 제1호 서식]</td><td colspan="2">(앞쪽)</td></tr>
<tr><td colspan="3">관광사업등록신청서</td><td>처 리 기 간
· 여행업 및 관광숙박업 : 7일
· 종합휴양업 : 12일
· 기 타 : 5일</td></tr>
<tr><td rowspan="3">신
청
인</td><td>① 성명(대표자)</td><td></td><td>② 주민등록번호</td></tr>
<tr><td>④ 본 적</td><td colspan="2"></td></tr>
<tr><td>③ 주 소</td><td colspan="2"></td></tr>
<tr><td colspan="2">⑤ 상 호(명 칭)</td><td colspan="2"></td></tr>
<tr><td colspan="2">⑥ 업 종</td><td colspan="2"></td></tr>
<tr><td colspan="2">⑦ 주사업장소재지</td><td colspan="2">(전화 :)</td></tr>
<tr><td colspan="2">⑧ 자 본 금</td><td colspan="2">원</td></tr>
<tr><td colspan="2">⑨ 영업개시연원일</td><td colspan="2">. . .</td></tr>
</table>

관광진흥법 제4조 제1항 및 동법 시행규칙 제2조의 규정에 의하여 관광사업의 등록을 신청합니다.

년 월 일

신청인 (서명 또는 인)

문화관광부장관 귀하
특 별 시 장
광 역 시 장
도 지 사

구비서류 : 뒤쪽참조	수수료
	30,000원(숙박시설이 있는 경우 매 실장 700원을 가산한 금액)

33334-00111번 210mm×297mm
99. 4. 30. 개정 (일반용지 60g/㎡, 재활용품)

3. 여행약관과 보상 및 여행사의 등록 취소

1) 여행약관

약관이란 기업과 고객이 어떤 상거래 행위를 할 때마다 교섭의 결과를 계약서 형식을 빌어 작성한다면 번잡함은 이를데 없고 능률도 저하될 것이므로 대량거래에 적합하도록 계약내용을 정형화하여 손쉽게 활용할 수 있도록 해 둔 것이다.

여행과 관련되는 약관으로는 여행업자의 여행알선약관, 항공사의 운송약관, 호텔 및 여관업자의 숙박약관 등이 있다.

각종 여행사에 있어 각각 그 약관이 되는 내용들은 다음과 같다.

[표 4-3] 여행약관에 포함되는 기본사항

Inbound 여행약관	Outbound 여행약관	국내여행 약관
1. 목적	1. 목적	1. 목적
2. 임무	2. 임무	2. 임무
3. 계약체결	3. 해외여행요금	3. 관광여행요금
4. 여행일정 확정시기	4. 여행계약	4. 여행계약의 종류
5. 여행일정 변경	5. 여행요금의 수수	5. 여행계약의 체결
6. 협조	6. 여행조건 및 일정변경	6. 여행요금의 수수
7. 여행요금의 수수	7. 여행계약의 해제	7. 여행조건 및 일정의 변경
8. 관광여행요금	8. 취소료	8. 여행요금의 환급
9. 요금의 환급	9. 환급	9. 여행사의 책임
10. 수수료	10. 여행사의 책임	10. 여행사의 면책
11. 취소료	11. 여행사의 면책	11. 여행객의 책임
12. 여행사의 책임	12. 여행객의 책임	12. 여행객의 준수사항
13. 여행객의 책임	13. 여행객의 준수사항	13. 여행계약의 해제
14. 면책	14. 여행사책임의 개시와 종료	14. 취소료
15. 변제	15. 부칙	15. 책임의 개시와 종료
16. 부칙		16. 변제

(1) 여행계약 성립시기

여행업자가 여행객과 계약성립시기와 관련된 문제 발생 여지를 없애기 위해서는 여행계약의 성립시기를 명확하게 해 둘 필요가 있다. 여행계약에 있어 주최여행의 경우는 수배여행의 경우와는 다소 차이가 있는데 주최여행에서는 대체로 여행객이 여행업자가 준비한 소정의 청약서에 필요한 사항을 기재한 후 일정액의 여행 청약금을 지급한 시점에서 여행계약이 성립되는 것으로 보고 있다.

한편, 수배여행은 여행업자가 여행신청서의 청약금을 수령한 시점에서 계약이 성립된다는 점에서 주최여행계약과 동일하나 서면에 의한 특약으로 청약금을 수령하지 않고서도 계약체결을 승인하는 경우도 있다는 점이 주최여행과 다른 점이다. 물론 이럴 때에는 계약성립의 시기가 전술한 서면에 명시된다.

여행객이 항공좌석 예약이나 호텔객실 만을 수배할 때에는 일반적으로 구두청약을 하게 되는데 이러한 경우에도 시설업자는 계약이 성립된 것으로 간주한다. 그러나 단체여행의 수배계약서에는 해당 단체의 대표자를 계약책임자로 선정해서 그의 명의로 여행계약을 체결하면 된다.

(2) 계약체결의 거부

여행사와 여행객 간의 계약체결과 관련하여 문제점들이 야기될 수 있는데 특히 여행업자가 여행객의 주최여행계약과 요청에 응하지 않아도 되는 경우는 다음과 같다.

첫째, 여행업자가 팜플렛 등에 명시해 둔 여행조건이 여행객의 입장과 판단에 부합되지 않을 때

둘째, 모집인원이 이미 확보되어 더 이상 접수할 수 없을 때

셋째, 여행 중 다른 사람에게 피해를 줄 우려가 있거나 단체행동에 방해가 될 수 있을 것이라고 염려가 될 경우

넷째, 여행업자 측의 업무상 사정이 있을 때이다.

(3) 여행증빙서면의 교부 및 비치

여행계약을 체결할 때 여행업자는 여행객에게 여행조건, 일정, 여행요금 및 수수방법, 계약변경 및 해약과 그 책임 등의 사항이 기재되어 있는 증빙서인 여행서면을 여행객에게 교부해 주도록 관광사업법에서는 규정해두고 있다. 그러나 승차권, 항공권 그리고 숙박권 등 여행서비스를 제공받을 권리를 표시한 여행서면은 팜플렛, 여행조건서, 최종일정표 등으로 구성된다. 따라서 여행업자와의 계약내용은 여행서면에 기재되어 있으므로 여행객은 여행출발전에 계약내용을 확인해보는 것이 바람직하다.

(4) 운송계약 및 숙박계약

항공사와 호텔 등과 맺은 운송계약 및 숙박계약에 대해서는 운송약관과 숙박약관이 각각 적용된다. 항공사와 계약성립시기는 좌석 예약 상태를 확인할 수 있는 항공권을 발행할 때이고 여객과 수하물의 운송에 대해서는 여행객이 최초구간의 항공기 이용을 위해 탑승수속 시에 항공권을 제시하는 순간이 약관의 적용 개시시기가 된다. 또 철도의 경우를 보면, 운송계약은 여객이 소정의 운임을 지불하고 승차권을 교부받을 시기에 성립한다.

숙박에 관한 책임은 프런트에서 숙박등록과정인 체크인을 마쳤을 때와 또는 객실에 들어섰을 때의 두 경우에서 시간적으로 앞섰던 때에 시작되고, 투숙객이 숙박시설을 떠나기 위해 객실을 비울 때 또는 체크아웃 시에 그 책임은 종료된다. 그러나 이러한 운송약관과 숙박약관 내용은 국가마다 약간씩 차이가 있다.

2) 보상

여행업자가 여행업무를 수행하다 보면 책임을 져야 하는 경우가 발생하게 되는데, 그러한 경우는 대체로 아래와 같다.

첫째, 여행업자의 안내실수로 기인하는 문제

둘째, 여행업자의 수배잘못에 기인하는 문제

셋째, 여행업자가 수배를 의뢰한 기관의 지연으로 발생하는 문제

넷째, 여행업자가 수배한 기관의 사고나 채무불이행으로 인한 문제

마지막으로, 여행 중의 보안관리에 대한 문제 등에서 빈번히 일어나고 있다.

위에서 언급된 내용 중 첫 번째와 두 번째 내용은 여행업자의 책임이 있다고 할 수 있지만 그 나머지 내용들은 책임소재를 따지는 것이 어려운 일이라고 할 수 있다.

여행계약을 실행함에 있어 여행업자나 여행객을 대리하여 수배의 전부 또는 일부를 대행한 자가 고의나 과실로 인해 여행객에게 손해를 입혔을 때 여행업자는 그 손해를 배상해야 하지만 다음과 같은 상황하에서는 손해배상책임이 면제된다.

첫째, 천재지변과 변란으로 여행일정이 변경되거나 여행중지 사태가 발생하였을 때

둘째, 수송기관과 숙박시설의 사고로 인해 여행일정이 변경되거나 여행중지사태가 일어날 때

셋째, 우리나라 및 외국정부에 의한 출입국 규제 혹은 전염병 등으로 인해 격리사태가 야기되었을 때

넷째, 여행객이 자유행동시간에 불의의 사고를 당하였을 때

다섯째, 운송수단의 지연과 불통으로 인행 여행일정이 변경되거나 목적지에서 체재기간이 연장 또는 단축되었을 때 등이다.

3) 여행업자의 보험 가입

(1) 보증보험 등 가입 의무

가) 여행업의 등록을 한 자(이하 "여행업자"라 한다)는 그 사업을 시작하기 전에 여행알선과 관련한 사고로 인하여 관광객에게 피해를 준 경우 그 손해를 배상할 것을 내용으로 하는 보증보험 또는 한국관광협회 중앙회의 공제(이하 "보증보험 등"이라 한다)에 가입하거나 업종별 관광협회(업종별 관광협회가 구성되지 않은 경우에는 지역별 관광협회)에 영업 보증금을 예치하고 그 사업을 하는 동안 계속하여 이를 유지하여야 한다(관광진흥법 시행규칙 제18조 제1항).

나) 여행업자 중에서 기획여행을 실시하려는 자는 그 기획여행 사업을 시작하기 전에 보증보험 등에 가입하거나 영업보증금을 예치하고 유지하는 것 외에 추가로 기획여행과 관련한 사고로 인하여 관광객에게 피해를 준 경우 그 손해를 배상할 것을 내용으로 하는 보증보험 등에 가입하거나 업종별 관광협회(업종별 관광협회가 구성되지 아니한 경우에는 지역별 관광협회)에 영업보증금을 예치하고 그 기획여행 사업을 하는 동안(기획여행 휴업기간을 포함한다) 계속하여 이를 유지하여야 한다(동법 시행규칙 제18조 제2항). 그러나 직전 사업연도의 매출액이 없는 사업개시 연도의 경우에는 보증보험 등 가입금액 또는 영업보증금 예치금액을 직전 사업연도 매출액이 1억 원 미만인 경우에 해당하는 금액으로 한다. 직전 사업연도의 매출액이 없는 기획여행의 사업개시 연도의 경우에도 또한 같다. 그리고 여행업과 함께 다른 사업을 병행하는 여행업자인 경우에는 직전 사업연도 매출액을 산출할 때에 발생한 매출액만으로 산정하여야 한다.

4) 여행사의 등록 취소

관계기관은 여행사가 다음 사항에 해당될 때 등록을 취소하거나 6개월 이내의 기간을 정하여 사업정지를 명할 수 있다.

❶ 현격한 결격사유가 있고 또 본 업무 외의 행위를 업으로 할 때

❷ 등록과 변경등록 그리고 등록갱신 등을 부정한 방법으로 하였을 때

❸ 취급대상지역 등을 위반하여 여행업무를 할 때

❹ 규정된 증빙서를 교부하지 않았거나 그것을 비치하지 않았을 때

❺ 명령을 위반하였거나 금지행위를 한 때

❻ 관광안내원이 아닌 자로 하여금 관광객을 안내하였을 때

❼ 기타 관광사업의 건전한 발전을 저해하는 행위를 자행하였을 때이다.

사례

여행계약 취소하면 무조건 배상

여행계약 취소시점에 상관없이 이제부터는 여행사든 여행자든 계약취소의 귀책사유가 있는 쪽은 배상금을 지불하도록 규정이 변경되었다.

공정거래위원회는 지난해 12월 28일 소비자분쟁해결기준 고시를 개정 공포하고 시행에 들어갔다. 국외여행의 경우 당일계약취소시의 배상기준(여행요금의 50% 배상)만 기존 수준을 유지했고 나머지는 모두 기존보다 10%씩 배상비율이 높아졌다. 이에 따라 기존에는 여행출발일 20일 전까지는 계약을 취소하더라도 계약금만 환불하면 됐는데 이제부터는 계약해지의 당사자가 상대 측에 여행요금의 10%를 배상하도록 변경되었다. 그만큼 여행사나 여행객 모두에게 신중한 계약체결 필요성이 높아진 것이다.

공정위는 해외여행은 여행 전에 준비사항이 많아 계약이 취소되는 경우 손실이 큼에도 불구하고 보상수준이 너무 적어 기존 기준에 비해 배상금액을 10% 증가시켰다고 설명했다. 이와 함께 여행사의 계약조건 위반으로 인한 여행자의 손해에 대한 배상규정도 명문화되었다. 신체손상이 없을 경우에는 최대 여행대금 범위내에서 배상하며 신체손상이 있을 때에는 위자료, 치료비, 휴업손해 등의 배상을 하도록 개정되었다. 현재 여행업계가 사용하고 있는 국외여행표준약관 제15조(여행출발 전 계약해제)의 여행계약 해제에 따라 손해액 기준도 이번 소비자분쟁해결기준이 적용된다.

한편, 숙박업의 경우 종전에는 성수기와 비수기만으로 구분했던 계절 분류를 성수기 주중 및 주말, 비수기 주중 및 주말로 세분화했다.

소비자분쟁해결기준은 소비자와 사업자 간에 발생하는 분쟁을 원활하게 해결하기 위해 시행되고 있는 권고이다. 분쟁 당사자 사이에 분쟁해결 방법에 관한 별도의 의사표시가 없는 경우에 한해 분쟁해결을 위한 합의 또는 권고의 기준이 된다.

자료 : 한국여행신문, 2012.1.9

제5장

여행의 형태

여 | 행 | 사 | 경 | 영 | 론

제5장 05 여행의 형태

1. 여행의 형태

여행의 형태는 매우 다양하지만 일반적으로 피스톤형, 스푼형, 안전핀형, 텀블린형 등으로 분류할 수 있으며 각각의 유형에 대한 설명은 다음과 같다.

1) 피스톤형(piston)

여행객이 출발지에서 여행목적지에 도착한 후 관광을 하고 동일 코스를 이용하여 되돌아오는 유형의 여행형태이다.

2) 스푼형(spoon)

여행객이 출발지를 출발하여 여행목적지에 도착한 후 목적지를 중심으로 주변 관광지를 여행하고 동일한 경로를 이용하여 돌아오는 여행형태를 말한다. 일반적으로 스푼형은 피스톤형에 비해서 여행활동이 많고 비용도 많이 지출된다.

3) 안전핀형(pin)

여행객이 출발지에서 목적지에 도착하여 주변관광지를 관광한 후 출발코스와는 다른 코스로 돌아오는 형태의 여행을 말한다.

4) 텀블린형(tumblin)

여행객이 출발지를 출발하여 다양한 여행목적지를 경유한 후 출발할 때와 다른 여행경로를 이용하여 돌아오는 여행형태이다. 일반적으로 다양한 목적지를 여행하기 때문에 상대적으로 다른 여행형태와 비교하여 체재기간이 비교적 긴 편이며, 비용도 많이 소요된다.

2 여행의 분류

여행을 분류하는 방법은 다양하지만 일반적으로 국경에 의한 분류, 여행목적에 의한 분류, 여행규모에 의한 분류, 여행기획자에 의한 분류, 판매형태에 의한 분류, 안내조건에 의한 분류, 등급에 의한 분류, 여행기간에 의한 분류, 출입국수속에 의한 분류 등으로 나누어볼 수 있으며 각각의 분류방법에 대한 설명은 다음과 같다.

1) 국경에 의한 분류

국내여행(domestic tour), 국외여행(outbound tour), 외국인여행(inbound tour)로 나눌 수 있으며 국내여행은 내국인의 국내여행을, 국외여행은 내국인의 외국여행을, 외국인여행은 외국인의 국내여행을 의미한다.

2) 여행목적에 의한 분류

위락여행, 상용여행, 겸목적여행으로 나눌 수 있다. 위락여행은 순수 관광목적으로 여행하는 것을, 상용여행은 비즈니스를 목적으로 여행하는 것을, 겸목적여행은 위락여행과 상용여행이 병행되는 것을 말한다.

3) 여행규모에 의한 분류

개인여행과 단체여행으로 분류할 수 있는데 개인여행은 개인 또는 소그룹의 여행으로 보통 10인 이하의 여행을 말하며, 단체여행은 10인 이상의 여행을 의미한다.

[표 5-1] 개인여행과 단체여행에 따른 장점 · 단점 비교

	개인여행	단체여행
여행객 측	-자유행동 가능 -여행일정 변경 용이 -여행기간 중 시간의 과다손실 -저수준의 할인혜택 -과다한 여행경비 -수배내용 복잡성과 수배과정의 번잡함 -초조, 불안감 고조	-통일된 의사에 따라 행동 -여행일정의 변경 곤란 -효과적인 시간 활용 -단체할인혜택 높음 -여행경비 절감 -안내자에 의한 수배와 안내 -초조함과 불안감의 최소화
여행사 측	-업무의 복잡성 -빈번한 여행일정의 변경으로 업무과중 -저조한 수익률 -계절변동에 의한 영향 적음 -안정, 계속적인 수입원	-예약 · 수배의 일괄 처리 -여행일정변경 최소화와 업무의 동질성에 의한 업무 단순화 -높은 수익률 -계절변동성의 영향 큼 -불안정한 수입원 -업무용이성

자료 : 정익준, 최신여행사경영론, 형설출판사, 2000 p. 56

4) 여행기획자에 의한 분류

주최여행, 공최여행, 주문여행, 초대여행으로 분류할 수 있다. 주최여행은 여행사가 주체가 되어 상품을 기획하고 판매 · 모집하여 실시하는 여행을 말하며, 공최여행은 여행사가 단체 또는 단체의 책임자와 협의하여 여정 · 여행조건 · 여행비용 등을 정하여 모집하는 여행을 말한다.

주문여행은 청부여행이라고도 하며 여행객이 요구하는 대로 여행상품을 기획하여 실시하는 여행이며, 초대여행은 여행공급업자나 여행도매업자가 판매 · 촉진활동의 일환으로 자사의 상품 판매경로에 있는 여행소매업자나 영향력 있는 고객들을 대상으로 자사의 비용을 들여 실시하는 여행이다.

5) 판매형태에 의한 분류

기획여행, 주문여행, 복합여행, 선택여행으로 분류할 수 있다. 기획여행(ready made tour)은 여행사의 독자적인 기획에 의하여 만들어진 여행형태로 보통 패키지투어(package tour)라고 한다. 기획여행은 소비자의 입장에서는 단독으로 참가할 수 있고 가격도 저렴하며 상품선택의 폭도 넓은 장점이 있고, 여행사의 입장에서는 대량구입으로 인한 비용 절감효과와 더불어 수배업무에 있어서도 효율적으로 운영할 수 있는 장점이 있다.

주문여행은 소비자의 주문에 의하여 여행상품을 생산하고 판매하는 형태로 상품기획 및 수배업무에 있어 어려움이 있다. 복합여행은 기획여행과 주문여행의 중간형으로 숙박이나 교통편 등 가장 기본적인 부분만 수배하고 나머지는 고객의 주문에 따르는 형태의 여행이다. 선택여행(optional tour)은 여행객이 여행일정 중 일정에 없는 별도의 상품을 요구하거나 현지여행사에서 여행객에게 여행상품을 추천하여 현지에서 판매하는 여행을 말한다.

6) 안내조건에 의한 분류

안내조건에 의한 분류는 IIT(Inclusive Independent tour)와 ICT(Inclusive Conducted Tour)로 나눌 수 있는데 IIT는 여행출발 시부터 안내자가 동행하지 않고 현지에서 현지 안내자가 관광안내만 수행하는 형태이며 ICT는 여행시작부터 끝까지 안내자가 동행하는 형태의 여행을 의미한다.

7) 등급에 의한 분류

여행상품의 등급에 따라 최고급(deluxe)여행, 고급(superior)여행, 보통(standard)여행, 일반(economy)여행으로 나누며 그 기준은 항공좌석의 등급, 호텔의 등급, 식사 수준에 따라서 결정된다.

8) 여행기간에 의한 분류

단기여행, 중기여행, 장기여행으로 분류할 수 있는데 일반적으로 국내여행의 경우 단기여행은 2일 이내, 중기여행은 2일에서 6일 이내, 장기여행은 7일 이상으로 분류하고 있다. 국외여행의 경우 단기여행은 5일 이내, 중기여행은 5일에서 15일 이내, 장기여행은 16일 이상으로 본다. 외래여행의 경우 단기여행은 2일 이내, 중기여행은 2일에서 6일 이내, 장기여행은 7일 이상으로 보고 있다. 한편, 숙박의 유무에 따라 당일여행과 숙박여행으로도 분류할 수 있다.

9) 출입국수속에 의한 분류

출입국수속에 의한 분류는 기항지 상륙여행, 통과상륙여행, 일반관광여행으로 나눌 수 있다. 기항지 상륙여행은 선박 또는 항공기가 항구와 공항에 도착한 후 그곳을 출발할 때까지의 기간을 이용하여 일시 상륙허가를 받아 근처의 관광지를 여행하는 것을 의미한다.

통과상륙여행은 항공기 또는 선박이 동일한 국가 내에서 이동 · 항해할 동안의 기간을 이용해서 통과상륙의 허가를 얻어 여행하는 것을 의미한다. 일반관광여행은 여행객이 관광목적 국가로부터 15일 이내의 체재허가를 받아 이루어지는 여행을 말한다.

10) 기타 분류

이밖에 기타 분류로는 특별흥미여행(special interest tour), 시리즈여행(series tour), 크루즈여행(cruise tour), 컨벤션여행(convention tour), 전세여행(charter tour), 염가여행(budget tour), 임의여행(optional tour) 등이 있다.

특별흥미여행은 기획 · 테마여행으로 특별한 목적을 가지고 여행지를 선택하여 여행하는 것을 말하며, 시리즈여행은 요금 · 기간 · 목적 등을 동일하게 하여 정기적으로 실시하는 여행을 말한다. 크루즈여행은 숙박이 가능한 선박을 이용하여 항해를 하면서 관광지에 하선하여 여행하는 것을 말하며, 컨벤션여행은 국제회의에 참석하는 참석자들을 대상으로 하는 여행을 말한다. 이밖에 전세여행은 교통기관을 전세내어 실시하는 여행을 말하며, 염가여행은 일반적인 여행요금보다 저렴한 가격에 실시되는 여행을 의미하며, 임의여행은 여행일정에 없었던 계획을 현지에서 선택상품으로 만들어 놓고 여행객에게 판매하는 여행을 말한다.

[표 5-2] 여행의 분류

분류기준	여행의 분류
국경	국내여행, 국외여행, 외국인여행
여행목적	위락여행, 상용여행, 겸목적여행
여행규모	개인여행, 단체여행
여행기획자	주최여행, 공최여행, 주문여행, 초대여행
판매형태	기획여행, 주문여행, 복합여행, 선택여행
안내조건	IIT, ICT
등급	최고급여행, 고급여행, 보통여행, 일반여행
여행기간	단기여행, 중기여행, 장기여행
출입국수속	기항지상륙여행, 통과상륙여행, 일반관광여행
기타	시리즈여행, 특별흥미여행, 크루즈여행, 전세여행, 포상여행, 컨벤션여행, 염가여행, 임의여행

사례

취미는 관광, 직업은 여행업, 일터는 전 세계

주5일제 확산으로 여행사 일자리 크게 늘어

"개방적 분위기"…독립회사 차릴 기회도 많아

여행업계에 몸담은 사람들의 일터는 세계의 관광지다. 하나투어에서 여행상품 개발업무를 하는 유윤주(27) 대리는 지난해 말 11일간 아프리카 케냐에 다녀왔다. 사자가 뛰노는 사파리에서도 여행상품 구상을 했다고 한다. 은퇴한 장년층이 주로 아프리카 여행을 하는데 아프리카를 가족 단위 체험학습의 장으로 만들 수 없을까 하는 생각이 떠올랐다는 것이다.

주5일근무제가 확산되고 원화가치가 치솟으면서 여행업계가 힘을 내고 있고 여행업 관련 일자리도 해마다 늘고 있다. 유 대리는 "여행 비즈니스는 일상에서 벗어나고 싶은 사람들에게 '환상'을 제공하는 일"이라며 "세계를 무대로 일하고 싶은 사람들은 도전해 볼만하다."고 말했다. '해외여행 500만 명 시대'를 이끄는 여행업 종사자들의 세계를 들여다봤다.

늘어난 여행업 일자리 = 얼마 전까지만 해도 매달 수십 개의 여행사가 생겼다가 사라져 여행업계의 일자리는 불안정했다. 그러나 최근 하나투어 · 모두투어 등 도매 여행사들이 자리를 잡으면서 여행업계의 일자리가 주목을 받고 있다.

1993년 문을 연 하나투어는 여행상품을 기획해 소매 여행사에 판매한다. 이 회사는 지난 해 57만여 명을 해외에 내보냈다. 1,110억 원의 매출액에 175억 원의 영업이익을 냈다.

의류업체에 다니다 여행업계에 뛰어든 하나투어 이희형(31)씨는 "분위기가 개방적이어서 일할 맛이 난다."고 말했다. 이 회사는 매출액이 늘어나자 최근 5년 동안 매년 150명 이상씩 사람을 뽑았고 올해는 200명 이상을 채용할 계획이다. 하나투어는 현재 21개소인 해외사무소를 2010년까지 50개로 늘릴 계획이다. 업계 2위인 모두투어는 지난해 60여 명을 채용한 데 이어 올해도 100여 명을 새로 뽑을 계획이다.

여행업계의 임금 수준은 대기업에 비해 낮은 편이다. 하나투어 · 모두투어의 대졸 신입 사원 연봉은 2,000만 원 안팎이다. 일부 여행사는 코스닥에 상장하면서 스톡옵션이나 우리 사주 형태로 직원에게 주식을 나눠 주기로 했다. 또 대부분의 여행사 직원은 가족끼리 해외여행을 갈 때 할인티켓을 활용할 수 있다.

한편 한국관광공사에 따르면 전국의 여행사는 9,500개에 달한다.

어떤 일을 하나 = 도매여행사의 업무는 크게 상품기획 · 수배담당 · 상품판매로 나뉜다.

상품기획자들은 세계 곳곳을 돌며 '가볼 만한 곳'을 찾아내는 일을 한다. '가볼 만한 곳'을 패키지나 자유여행 상품으로 내놓을 때까지 여러 가지를 고려한다. 기존 여행지와는 어떻게 연결이 가능한지, 가장 편리한 교통편은 무엇인지, 주변 위락시설들의 여건은 어떤지, 치안은 믿을만한지 등을 일일이 따져본다.

수배담당은 항공권, 호텔 · 교통편을 확보하는 일을 한다. 여권과 항공권에 쓰인 이름의 영문 표기가 조금만 달라도 비행기를 탈 수 없어 세심한 주의가 필요한 업무다. 때론 미리 확보해 뒀던 항공권을 항공사가 회수하면 난감한 경우를 겪기도 한다.

도매여행사의 영업은 소매여행사(일반여행사)들에 자사의 상품을 파는 일을 한다. 모두 투어 남수현(32) 대리는 "고객들은 여행이 완벽하기를 기대하지만 여행의 속성상 예기치 않은 상황이 많이 벌어진다"며 "고객들의 예민한 감정까지 세심하게 챙기는 서비스 정신이 몸에 배어 있어야 한다"고 말했다.

인터넷 여행업체인 넥스투어의 장준수 이사는 "활발하고 적극적인 사람이 여행 비즈니스를 잘한다"며 "여행업에 눈을 뜨면 어렵지 않게 독립회사를 차릴 수도 있다"고 말했다.

자료 : 중앙일보, 2006년 5월 4일

제6장

여행사 경영환경

06 제6장 | 여행사 경영환경

1. 거시환경분석

거시환경은 여행사의 전략과 직접적으로 관련이 있으며 고객, 경쟁자, 산업구조에까지 영향을 미치는 가장 근본적인 요인이라고 할 수 있다. 거시환경의 변화는 고객의 욕구를 변화시킬 수 있을 뿐만 아니라 산업의 구조를 변화시키고 경쟁자들의 대응전략까지 변화시킬 수 있는 매우 중요한 부분이라고 할 수 있다.

거시환경에서 경제적 환경은 전체시장 규모에 대한 직접적인 영향을 미치며, 사회 · 문화적인 환경은 새로운 수요로 인한 신규시장을 창출할 수 있다.

1) 인구통계적 환경(demographical environment)

인구와 이와 관련된 모든 특성에 관한 통계학적 연구를 말하며, 인종 · 직업 · 연령 · 성별 등이 여기에 속한다.

2) 경제적 환경(economical environment)

기업의 생산활동이나 소비자의 구매력과 관련된 다양한 요인들을 의미한다. 경제호황기(prosperity)와 침체기(recession) 등의 경제주기, 경제성장률, 1

인당 국민소득, 금리, 인플레이션, 환율, 주식시세 등에 따라서 기업들의 마케팅활동은 영향을 받게 된다.

3) 사회 · 문화적 환경(socio-cultural environment)

문화적 관습과 가치관, 소비자행동, 소비자의 신념이나 선호도 등으로 마케팅 활동에 있어서 매우 중요한 영향을 미치는 환경이다. 특히, 최근에는 사회 · 문화적 환경이 급변하기 때문에 기업의 입장에서는 마케팅 활동을 하는데 있어서 어려움이 많아지고 있다.

4) 기술적 환경(technological environment)

최근의 마케팅 환경 가운데 가장 빠르게 변화하고 있는 부분으로 기업은 기술혁신을 통해서 성장할 수 있으며 새로운 기술은 새로운 기업들에게 새로운 시장기회를 제공한다.

5) 정치 · 법률적 환경(political-legal environment)

정부의 정책과 법률이나 조세제도 및 정치단체나 시민단체와 관련된 환경을 의미한다. 특히, 정치 · 법률적 환경에서는 정부의 기능이 중요하게 작용하는데 정부는 정책이나 법을 통해서 기업활동을 지원하는 기능과 규제하는 기능을 수행하게 된다. 정부의 지원기능(supportive function)이란 정부가 기업이 단독으로 수행하기 어려운 일들을 정부의 고유권한이나 책임을 수행함으로써 기업을 도와주는 기능을 말한다. 또한, 정부의 규제기능이란 각종 조사 · 감독 기능과 독점방지 등을 의미한다.

2 여행업 경영환경

실질적으로 우리나라에서 여행업을 운영하는데 있어 하나투어, 모두투어 등과 같은 브랜드인지도와 자본력, 자본력을 기반으로 규모의 경제 등과 같은 경쟁우위를 가지고 여행사를 운영하는 대형여행사도 있지만 위에서 언급한 부분이 취약한 소규모 여행사의 경우에 있어서 중요한 부분 중 하나는 소규모 여행사끼리의 전략적 제휴라고 할 수 있다.

1) 여행업의 전략적 제휴

전략적 제휴(strategic alliance)란 경쟁관계에 있는 기업이 일부 사업 또는 기능별 활동부문에서 경쟁기업과 일시적인 협조관계를 갖는 것을 말한다. 전략적 제휴와 합작투자(joint venture)를 비교해보면 큰 틀에서 보면 합작투자도 전략적 제휴의 한 유형이라고 할 수 있다. 일반적으로 합작투자가 자본투자를 필요로 하고 여러 기능 분야에서 협조관계를 구축하는 것에 비하여 전략적 제휴는 일반적으로 자본투자 없이 사업의 일부분에서 일시적인 협조관계를 갖는 형태를 의미한다.

여행업에서의 전략적 제휴의 사례를 찾아보면 아래 사례에서와 같이 지방의 영세한 여행사들이 서울의 대형여행사와의 경쟁을 위해 일시적으로 연합체를 구성하는 사례 등을 들 수 있다.

사례

지방여행사, 연합체 결성하고 생존 모색중

–지방여행사 위기의식 고조
–경기 'G투어', 영남 '이패밀리투어' 출범

서울 대형여행사 및 간판여행사들의 영향력 확대에 따라 악화일로를 걸어온 지방여행사들이 연합체를 구성하고 연합법인을 공식 설립하는 등 본격적인 자구책 마련에 들어갔다.

이미 작년부터 서울의 대형패키지 회사에 경쟁할 수 있는 패키지 여행사 설립을 추진해온 경기도는 지난 6월 29일 경기도 내의 8개 여행사가 주축이 된 'G투어'를 공식 출범했다. G투어는 국외여행업 신고와 기획여행업 신고를 위한 보증보험 가입을 마무리하고 회원사들이 한데 모여 공식 출범식도 마쳤다. G투어 설립을 추진해온 리여행사 이성호 사장은 "주축이 된 8개 여행사 외에도 경기도 내 모든 여행사에 문호가 열려 있다"며 "연간 1,000억 원대에 이르는 것으로 추산되는 관내 인센티브 및 패키지 물량을 도내에서 자체 흡수한다면 지금과는 상황이 많이 달라질 것"이라고 말했다.

한편, 영남지역에서는 부산과 대구의 25개 랜드사들이 중심이 돼 '이-패밀리투어(e-family tour)를 출범시켰다. 이-패밀리투어는 신규개발한 공동전산망을 토대로 회원사 간 B2B사업을 통해 지방여행사들의 수익창출에 집중한다는 계획이다.

이-패밀리투어에는 경상남도 관광협회를 비롯해 부산, 울산, 경북, 대구관광협회의 회원사들이 직간접적으로 참여하고 지원하고 있어서, 영남권 여행사들 간의 긴밀한 관계를 통해 물량 확대에 나선다는 전략이다. 영남권은 과거 연합체 구성을 시도했으나 실패를 맛본 경험을 토대로 몇 개의 업체들이 출자는 했지만 경영에는 전체 회원사가 모두 공동 참여한다는 기본 전제를 갖고 있는 것으로 알려졌다.

이밖에도 충청, 광주, 대전 등에서도 지역별로 새로운 연합체가 구성되거나, 관광협회나 기존의 연합사가 중심이 돼 공동의 대응책을 활발하게 시도하고 있는 중이다. 연합구성을 시도하고 있는 관계자들은 하나 같이 입을 모아 "지방여행사들이 힘을 합치지 않고서는 다른 대안은 없는 상태"라며 "서울의 대형 패키지회사들이 초기에는 지방물량을 통해 성장했지만 이제 와서 지방에 등을 돌리는 것 같아 배신감을 느낀다"고 말했다.

> 한 지방여행사 대표는 "이대로 있다가는 결국 대형 패키지회사의 간판을 내걸든지, 아예 간판을 내릴 수 밖에 없는 상황"이라고 말했다. 그러나 또 다른 관계자는 "최근에는 지방에도 여러 개의 대리점들이 들어서면서 서로 간에 수수료를 깎아주고 있는 상황이라 대리점 간판을 내걸어도 과연 먹고 살 수 있을지는 미지수"라고 전했다. 대형여행사로의 집중화 현상이 가속화되는 여행업계에서 과연 지방여행사들이 연합구성을 통해 탈출로 모색에 성공할 수 있을지를 놓고 비상한 관심이 쏠리고 있다.
>
> 자료 : 여행신문, 2006년 7월 5일.

2) 전략적 제휴의 동기

기업들이 전략적 제휴를 하려고 하는 동기는 자원과 위험의 공유, 신제품 개발과 시장진입의 속도 단축, 기업의 유연성 확보 등을 들 수 있다.

3) 전략적 제휴에서의 파트너 선정

성공적인 전략적 제휴를 위해서 가장 중요한 부분은 파트너 선정의 문제인데, De la Sierra는 파트너 선정 시 고려해야 할 사항을 다음과 같이 강조하였다.

(1) 양립성(compatibility)

양립성이란 양 기업의 전략과 기업문화 및 경영관리 시스템 측면에서 서로 모순되거나 이해가 상반되지 않는가 하는 점을 의미한다. 전략의 양립성을 검증하기 위해서는 파트너의 현존하는 제휴 네트워크를 살펴보아야 한다. 예를 들어 파트너가 자사의 경쟁기업과 밀접한 네트워크를 형성하고 있다면 기술이나 정보유출의 가능성이 있으므로 제휴가 끝나는 것을 가정하여 파트너를 결정하여야 한다.

(2) 능력(capability)

전략적 제휴 시 파트너가 보유하고 있는 경영자원과 핵심역량(core competencies)을 파악하는 것을 의미한다. 전략적 제휴 시 파트너의 능력과 핵심역량을 평가하는 것은 자사가 가지고 있는 약점을 보완하고 강점을 강화하는 것이 중요하기 때문이다. 핵심역량의 관점에서 파트너끼리 각자 취약한 분야에서 상대방이 핵심역량을 보유하고 있는 것이 바람직하다고 할 수 있다.

(3) 몰입도(commitment)

제휴 파트너가 얼마만큼 시간과 에너지 및 경영자원을 열심히 투입하는지를 의미한다. 제휴 파트너가 아무리 핵심역량과 경영자원을 보유하고 있고, 양 기업의 경영관리 시스템과 기업문화의 양립성이 높더라도 제휴 파트너의 몰입도가 약하면 제휴의 성공 가능성은 낮아진다. 이를 위해서는 먼저 제휴 파트너의 전략적 제휴가 핵심사업 분야에서의 제휴인지 혹은 주변사업 분야에서의 제휴인지를 파악하는 것이 필요하다.

4) 여행업과 코스닥

(1) 코스닥의 이해

코스닥을 이해하기 위해서는 먼저 주식에 대한 이해가 선행되어야 하는데 간단히 설명하면, 주식이란 주식회사가 자본금을 마련하기 위해 발행하는 증권을 말한다. 주식회사의 자본금을 대는 사람들을 주주라고 부르며, 주주들은 각자 돈을 내고 주식을 사서 보유한다. 주식회사에서 주주들은 각자가 보유한 주식 금액에 비례하는 영향력과 책임을 갖고 회사경영에 참여하게 되며, 만약, 회사가 이익을 내게 되면 보유주식 금액에 비례해 배당 등의 형태로 이익을 분배받는다.

주식거래는 여러 경로로 이루어지는데, 일반적으로 거래자 사이에 공인된 거래중개자를 두고 일정한 거래원칙에 따라 운영되는 공개시장에서 경쟁 매매하는 방식이 채택되고 있다.

우리나라에서 주식을 사고 팔 수 있는 시장은 증권거래소, 코스닥시장, 제3시장 등 세 가지로 분류하고 있다. 먼저 제1시장격인 증권거래소는 우리나라에서 가장 먼저 세워졌으며 가장 많은 주식을 매매하는 증권시장이다. 일반적으로 증권거래소시장, 거래소시장이라고 부르며 증권사들이 출자해 운영하는 비영리 특수법인이다. 증권거래소에 주식을 내놓고 매매를 원하는 기업은 증권거래소가 정한 자격기준에 맞는 규모와 내용을 갖추어야 하는데, 그렇지 못한 기업들은 보통 코스닥시장에 먼저 주식을 유통시킨다.

제2시장격인 코스닥시장은 증권업협회가 출자해 설립한 주식회사로 코스닥시장에서도 증권업협회가 기업의 신청을 받아 거래 자격을 심사한 다음 등록여부를 결정하게 된다.

현재 우리나라 코스닥시장에 상장된 여행사로는 하나투어, 모두투어, 자유투어 등이 있으며 얼마 전 롯데관광은 코스닥시장이 아닌 증권거래소에 상장되었다. 이밖에도 몇몇 여행사들이 코스닥 상장을 준비하고 있다.

(2) 코스닥시장 상장 요건

[표 6-1] 코스닥시장 상장의 일반요건

상장요건	일반기업	벤처기업	성장형 벤처(*)
설립연도	3년 이상	–	–
자기자본	30억 원	15억 원 이상	15억 원 이상
자본잠식	없을 것	없을 것	없을 것
경영성과	경상이익시현	경상이익시현	–
자기자본이익률 (ROE)	최근 사업연도 말 10% 또는 당기순이익 20억 원 이상일 것	최근 사업연도 말 5% 또는 당기순이익 10억 원 이상일 것	–
부채비율(**)	–	–	–

(*) 성장업종으로써 기술평가 결과가 A등급 이상인 벤처기업

(**) 외형요건이었던 부채비율 요건은 재무안정성에 대한 질적 심사로 대체

가) 주식의 분산

소액주주가 소유하고 있는 주식의 총수는 100분의 30 이상이고, 소액주주의 수(우리사주조합은 주주1인으로 본다.)가 500인 이상일 것

나) 자본금 변경

- 잉여금의 자본전입 : 과거 2년간 전입 후 자본금에 대한 자기자본 비율이 200% 이상일 것
- 과거 2년간 유상증자 불가

다) 감사인의 감사의견

감사인의 감사의견이 적정일 것

라) 명의개서 대행계약

명의개서 대행회사와 명의개서 대행계약

마) 주권

통일규격 유가증권

바) 최대주주 등의 소유주식비율 변동제한

과거 1년간 현재 최대주주 등 및 그 이외의 주주 중 "5% 이상 주주"의 소유비율이 1년 이내 변동이 없었을 것

사) 질적 요건(질적 심사기준 : 상장예비심사)

❶ 상장요건을 심사함에 있어서 시장성, 수익성, 재무상태, 기술성, 경영성을 반영할 수 있음

(가) 시장성 : 시장의 규모 및 성장 잠재력, 시장 경쟁상황

(나) 수익성 : 비용의 우위성, 매출의 우량도

(다) 재무상태 : 재무 성장성, 재무 안정성, 재무자료의 신뢰성

(라) 기술성 : 기술의 완성도, 기술의 경쟁우위도, 기술인력의 수준, 기술의 상용화 경쟁력

(마) 경영성 : 경영진의 자질, 인력 및 조직경쟁력, 경영의 투명성, 경영의 독립성

❷ 수익성 요건(ROE, 경상이익)을 충족한 기업은 시장성 중 매출의 지속 여부, 재무상태, 경영성만을 심사함.

* 기업별 심사항목 우선순위 : 일반기업 : ① 수익성 ② 시장성 ③ 재무상태 ④ 경영성 ⑤ 기술성

5) 환율과 여행업

다른 산업도 마찬가지지만 환율이 여행업에 미치는 영향은 상당히 크다고 할 수 있다.

3. 여행사의 해외자회사 관리

빠르게 글로벌화가 진행되면서 여행사들도 해외에 지사를 많이 설립하고 있고 앞으로 이러한 추세는 더욱 가속화될 것으로 예측된다. 우리나라 최대 여행사 중 하나인 하나투어도 이미 해외사무소를 21개나 설립한 상태이다. 이렇게 해외사무소가 증가하면서 본사 입장에서는 해외자회사를 관리하는 것이 중요한 업무 중 하나가 될 것으로 예측된다.

또한, 우리나라의 본사뿐만 아니라 해외에서 운영되는 자회사의 역량이 우리나라에서 해외를 여행하는 국외여행업무에 있어서 경쟁력을 좌우하는 매우 중요한 부분이 되고 있다.

1) 본사와 해외자회사와의 관계

급변하는 글로벌환경에서 다국적기업들이 글로벌전략을 수립하는데 있어서 가장 고민하는 부분은 서로 상반된 개념인 현지화(localization)와 글로벌화(globalization)를 균형있게 조화시키는 것이다. 다국적기업은 조직의 특성상 지리적으로 멀리 떨어져 있어 여러 가지 환경이 다른 국가에서 운영되지만, 기업 전체를 하나의 조직이라고 할 수 있다.

2) 다국적기업의 전략과 통제메커니즘

(1) 현지화 전략(multidomestic strategy)

다국적기업들이 여러 나라에 자회사를 설치해 두고 자회사의 운영은 자회사에게 일임하는 형태의 전략을 말한다. 다국적기업들이 현지화 전략을 구사하는 이유는 최대한 현지화(localization)를 추구하기 위함이다. 국가별 전략을 추구하는 기업들은 자회사의 자율성(autonomy)이 높기 때문에 본사의 입장에서는 통제가 힘든 경우가 많다.

우리나라 여행사들의 경우도 규모가 큰 여행사들을 중심으로 세계 여러 지역에 해외지사를 두고 글로벌경영을 하고 있는데 여행업이라는 산업의 특성상 우리나라의 본사와 해외지사가 긴밀한 협조관계를 유지하고 있다.

따라서, 우리나라 여행업의 특성상 우리나라 여행사들이 현지화 전략을 구사하기는 어려운 상황이라고 할 수 있다.

(2) 글로벌 전략(global strategy)

다국적 기업의 본사가 전 세계적으로 주요한 몇 지역에 해외자회사를 설치해 두고 자회사들을 강력하게 통제하는 전략이라고 할 수 있다. 다국적기업들이 글로벌전략을 구사하게 되면 기업의 기능별로 여러 측면에서 규모의 경제(economies of scale)를 이용하여 비용을 절감할 수 있는 장점이 있지만, 현지화에 대한 압력이 강한 산업이나 시장에서는 적합하지 않은 전략이라고 할 수 있다.

(3) 초국적 전략(transnational strategy)

세계 여러 지역에 직접투자를 통하여 자회사를 설립한 후 강력한 통제로써 여러 자회사들을 하나의 기업으로 통합하는 전략을 말한다. 초국적기업은 지역적으로 멀리 퍼져 있으면서, 동시에 자회사 간에도 아주 긴밀하게 협조하고 조정(coordination)시스템이 잘 형성된 형태의 전략이다.

초국적 전략은 기업이 비용절감(cost reduction)과 더불어 동시에 현지화에 대한 대응(local responsiveness)에 대해서도 높은 압력을 받을 때 적합한 전략이다. 초국적 전략은 위에서 언급한대로 여러 가지 장점이 많지만, 기업의 입장에서는 비용절감과 현지화에 대한 대응을 동시에 추구하기는 매우 어렵다.

여 | 행 | 사 | 경 | 영 | 론

제7장

여행업의 주요업무

여 | 행 | 사 | 경 | 영 | 론

07 | 여행업의 주요업무
제7장

1 여행상품 기획 및 개발업무

여행상품을 기획하고 개발하여 상품화시키고, 여행소재 공급업자와 협조를 유지하고, 여행상품의 원가계산 및 여행일정표를 작성하는 업무를 말한다. 여행상품 기획 및 개발업무를 위해서는 시장조사가 선행되어야 하며 여러 가지 환경을 고려한 현실적인 상품개발이 중요하다고 할 수 있다. 특히, 최근 소비자들의 욕구가 다양해지고 소품종 대량생산시대에서 다품종 소량생산시대로 접어들면서 여행상품의 기획 및 개발의 비중 및 중요성은 더욱 증가할 것으로 예측된다.

2 카운터업무

일반적으로 카운터업무는 소비자가 여행사 카운터를 방문하는 형태로 발생하게 되는데 카운터업무란 여행상담의 요청, 여행상품의 구매, 예약 문의, 여권 및 비자신청 등을 받아 수행하는 업무를 말한다. 소비자의 입장에서 보면 카운터는 여행사의 이미지를 좌우하는 중요한 역할을 하는 부서로서 직원들은 자사의 상품, 가격, 일정, 조건 등에 대해서 확실하게 숙지하고 있어야 한다. 또한, 카운터을 직접 방문하지 않고 전화상담을 하는 고객들도 친절하게 대하여 자사의 이미지를 좋게 심어줄 수 있어야 한다.

인터넷을 기반으로 한 정보화의 영향으로 카운터업무의 비중은 점차 감소하고 있으며, 이러한 경향은 향후 더욱 가속화될 것으로 예측된다.

3 예약 및 수배업무

여행객의 요청에 의해 수배하여 예약을 하고 여행에 필요한 소재를 확보하고 이들을 결합시켜 여행상품을 구체화시키는 업무를 의미한다.

일반적으로 여행업자들은 예약 · 수배업무를 통해서 항공기, 전세버스, 기차, 선박 등과 같은 교통편, 호텔, 콘도 등과 같은 숙박시설, 레스토랑 등의 식당서비스 등을 확보하게 된다.

여행객이 단순히 항공좌석 예약이나 호텔예약을 의뢰할 경우는 비교적 간단하지만 패키지상품 등과 같은 것은 비교적 내용이 복잡하기 때문에 전문적인 예약 및 수배능력을 필요로 하게 된다. 특히, 성수기에는 여행수요가 집중되기 때문에 예약 · 수배업무가 쉽지 않아 다양한 채널을 통해서 예약 · 수배업무를 수행하는 것이 필요하다.

예약 · 수배업무를 수행하기 위해서 담당직원은 가장 먼저 고객이 원하는 것이 무엇인지를 정확하게 파악해야 하며, 업무수행 시에 지켜야 할 기본자세는 다음과 같다(황현철외, 2003, pp. 230-231).

첫째, 정확성을 필요로 한다. 수배 의뢰서의 기재 내용과 기재 사항 및 여행상품에 대한 고객의 희망 및 요구사항을 정확하게 이해하여 이에 대한 서비스를 제공해야 한다. 특히, 여행 관련 시설과 교통기관 등의 이용날짜, 시간 및 좌석의 등급을 정확하게 기록하고, 이를 고객이 다시 확인하도록 해야 한다.

둘째, 신속성을 필요로 한다. 고객의 요구사항을 항공사, 호텔 등에 신속하게 연락해야 한다. 이를 위해서는 사전에 수배순서를 정하고 수배 의뢰서를 접수한 다음 승차권, 탑승권, 숙박권 등의 구입에 착수해야 한다. 항공사나 호텔 또는 수배업자 등으로부터 수배사항에 대한 회신이 늦어질 경우에는 진행상황을 파악하여 즉시 고객에게 연락하여 고객의 불안감과 불평을 줄여 주어야 한다.

셋째, 신뢰성을 필요로 한다. 예약 · 수배에 관계되는 모든 업무처리는 담당자가 친절하게 예약상황을 알려줌으로써 고객에게 믿음을 주어 신뢰성을 확보할 수 있어야 한다.

넷째, 간결성을 필요로 한다. 수배사항의 기재는 필요한 사항을 간단하고 명료하게 해야 하며, 시간 낭비를 해서는 안 된다.

다섯째, 확인 및 재확인을 필요로 한다. 예약 · 수배업무를 담당하는 직원은 반드시 예약사항의 변경, 착오, 누락이 없는지를 수시로 확인해야 한다. 아무리 정확, 신속하고 적절하게 수배되었다 하더라도 이의 확인 및 재확인이 없다면 그 신뢰성이 떨어질 수 있다. 시각표와 요금표 등에 관해서 변경사항이 없는지를 수시로 확인할 필요가 있다.

4. 판매업무

모든 업종에 있어서 판매업무는 가장 중요한 업무라고 할 수 있는데, 여행사도 마찬가지로 아무리 좋은 상품을 생산하더라도 판매활동이 원활하지 않으면 아무 소용이 없다.

여행상품을 판매하는 방법은 크게 두 가지로 나누어볼 수 있는데 하나는 인적판매를 통한 판매방법이고 다른 한 가지는 다양한 매체를 통한 방법이 있다. 인적판매를 통한 방법은 여행사 직원과 잠재 고객이 직접 대면하여 여행상품 및 서비스에 대한 설명을 듣고 판매를 창출하는 방법으로 창구판매, 방문판매 등이 여기에 속한다고 할 수 있다. 다양한 매체를 통한 방법은 인터넷, 텔레비전, 신문, 라디오 등 여러 다양한 매체들을 통해서 여행상품을 판매하는 방법으로 단기간에 자사의 상품을 알리고 인지도를 높이는데 효과적이라고 할 수 있지만 아직까지는 많은 여행사들이 인적판매를 통한 판매방법을 많이 사용하고 있다.

5. 수속대행업무

수속대행업무 중 여권과 비자대행업무는 여행사의 업무 중 큰 비중을 차지하고 있다. 해외여행의 경우 여권 및 비자 발급은 필수적인 사항이기 때문에 고객들의 문의가 많기 때문에 기본적으로 알고 있어야 할 업무 중 하나라고 할 수 있다. 이밖에 기타 대행업무로는 보험관련업무와 환전수속업무 등이 있다.

6. 안내업무

다른 업무들과 마찬가지로 안내업무도 여행사의 이미지를 좌우할 수 있는 여행사의 가장 중요한 업무 중 하나라고 할 수 있다. 여행을 안내하는 인솔자는 크게 국외여행 시 내국인을 인솔하여 해외여행을 안내하는 TC(Tour Conductor)와 외국인의 국내여행을 안내하는 관광통역안내사인 TG(Tour Guide)로 나눌 수 있다. TC는 여행의 출발부터 종료까지 여행자들을 지휘, 관리하는 자로서 현지가이드와 함께 여행이 원활이 진행될 수 있도록 하는 역할을 하며 TC의 역할에 따라 고객들의 여행만족도가 많이 달라질 수 있기 때문에 TC들은 친절함, 판단력, 업무처리능력, 전문지식 등이 필요하다.

한편, 관광통역안내업무를 담당하는 TG들도 호텔의 예약, 수배사항의 재확인 등 사전에 충분한 준비를 해야만 여행객들이 만족할 만한 서비스를 제공할 수 있다.

7. 정산업무

여행종료 후 여행대금의 청구 · 지급 및 각 단체에 대한 손익계산을 위한 업무를 의미한다. 정산업무 시에는 계약된 여행조건에 따라 여행이 제대로 진행되었는지와 여행내용에서 추가된 사항과 제외된 사항이 없는지에 대해 전반적으로 점검해야 한다.

여 | 행 | 사 | 경 | 영 | 론

제8장

여행사의 조직구조

여 | 행 | 사 | 경 | 영 | 론

제8장 08 | 여행사의 조직구조

1. 여행사의 조직구조

1) 여행사 조직의 개념

조직이라는 집을 짓기 위해서는 우선 설계가 필요하다. 위치와 층수, 창의 방향과 크기, 현관과 각 방의 위치 등등을 미리 짜는 것이 조직설계(organization design)이고 다 짜 놓은 집의 모양이 조직구조(organization structure)이다.

그러므로 어떻게 설계하여 짓느냐에 따라 한옥, 양옥, 빌딩 등의 여러 가지 집 모양이 있을 수 있듯이 여러 가지의 조직유형(organization configuration)이 있다. 다 짓고 난 조직의 형태를 조직의 구조라고 부른다. 즉, 조직화의 동태적 측면이 조직설계이고 정태적 측면이 조직구조라고 할 수 있다.

집의 구조가 어떻게 생겼느냐에 따라 그 속에서 생활하는 사람들의 생각과 행동이 달라지며 조직구조도 이러한 영향력을 발휘한다. 즉 어느 한 기업의 조직구조는 그 기업 구성원들의 활동에 많은 영향을 미치게 된다. 조직은 과업을 맡고 있는 다양한 개인들로 구성되어 있으며 이들은 서로 연결되어야 제구실을 할 수 있다. 할 일을 우선 나누어 놓고 각 구성원에게 역할을 배정하며 일의 순서와 방식을 정해 놓으면 되는데 이것을 조직의 구조라고 한다(임창희, 2002 : 161-162).

여행사라는 조직도 다른 조직과 마찬가지로 이러한 개념이 적용되었으며 여기에다 업종의 특성상 혹은 기업마다 적합한 경영환경에 따라 조직유형이 형성되었다고 할 수 있다.

2) 여행사의 조직 유형

여행사는 규모, 매출액, 업무내용, 정보기술 활용 정도, 해외자회사 현황 등에 따라 다양한 조직구조를 가질 수 있다. 여행사의 조직구조는 크게 부문별 조직구조와 계층별 조직으로 구분할 수 있다(김영규, 2003 : pp. 91~95).

[그림 8-1] 여행사 경영조직의 일반적 형태

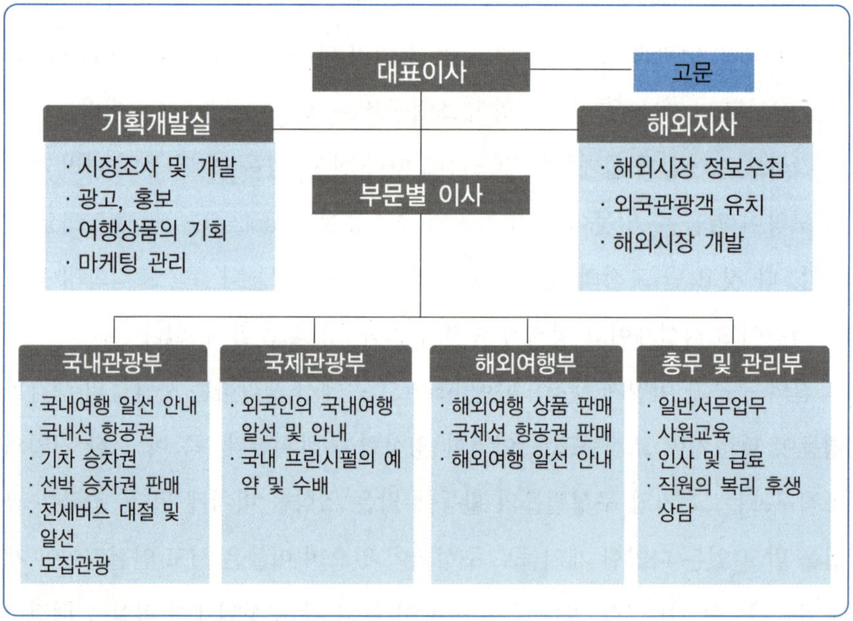

(1) 부문별 조직구조

기능을 별도로 분할한 조직구조를 말하며, 부문별로 특정기능에 전문화되어 있어 능률은 높지만 부문 간 협조가 잘 이루어지지 않을 수 있는 단점이 있다. 부문별 조직은 기능별 조직, 라인 조직, 고객 별조직, 사업부 조직, 매트릭스 조직 등으로 구분할 수 있다.

가) 기능별 조직구조

조직을 업무의 기능별로 분류시킨 형태로써 조직구성원들은 자기가 맡은 업무만 수행하기 때문에 전문성과 효율성을 극대화시킬 수 있는 장점이 있는 반면 다른 부서와의 협조문제에서 문제가 생길 수 있는 단점이 있다.

[그림 8-2] 기능별 조직

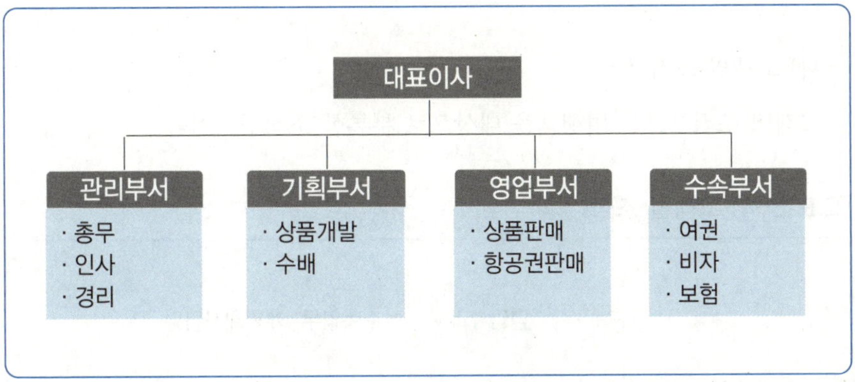

나) 라인 조직구조

전통적인 여행사의 경영조직으로 중 · 대형 여행사가 아닌 소규모 여행사에 적합한 경영조직 구조이다. 명령계통이 일원화되는 장점이 있지만 기능을 분화하기 어렵고 폭넓은 업무처리 기회가 제공되기 어렵기 때문에 여행사 종사원의 전문지식 습득이 어려운 단점이 있다.

[그림 8-3] 라인조직

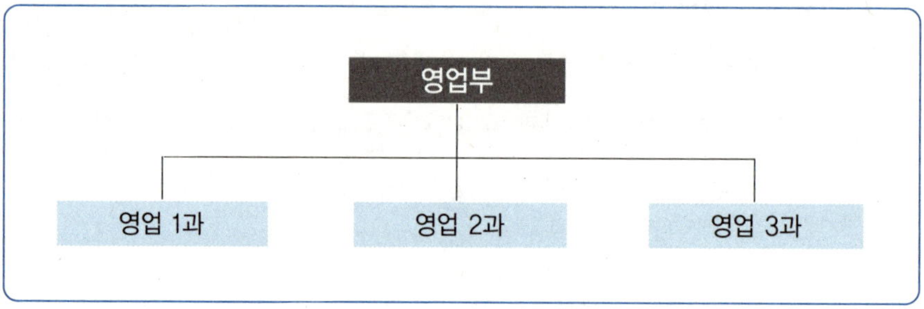

다) 고객별 조직구조

고객별 조직구조는 여행객을 대상으로 분류한 조직형태이다.

[도표 8-4] 고객별 조직

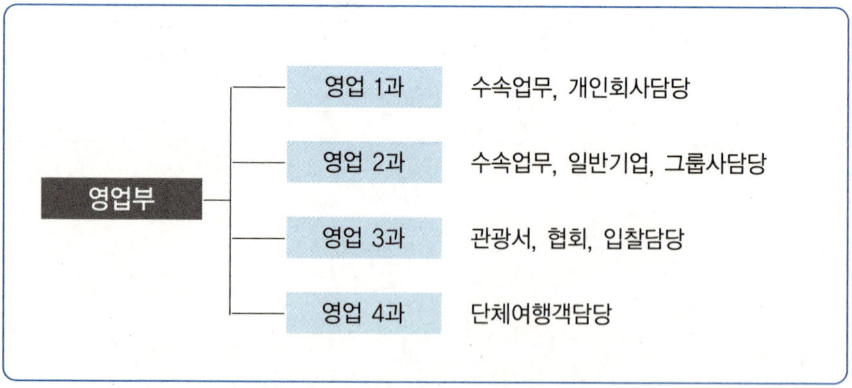

라) 사업부 조직구조

최고경영자의 조정기능이 각 사업부 관리자에게 위임되어 어느 정도 분권화가 가능하며, 각 사업단위가 독립적이므로 사업부 관리자는 시장별 특성을 고려할 수 있어 적응성과 유연성을 높일 수 있다. 사업부 조직은 지역별과 상품별 조직구조로 나눌 수 있는데, 지역별 조직구조는 지역별로 관리자가 있는 조직구조로 해외여행부 · 국제여행부 · 국내여행부로 사업부를 나누고 사업부별로 관리시스템을 운영하는 형태이다. 한편, 상품별 조직구조는 여행상품의 종류에 따라 구성되는 조직형태를 말한다.

[그림 8-5] 지역별 조직

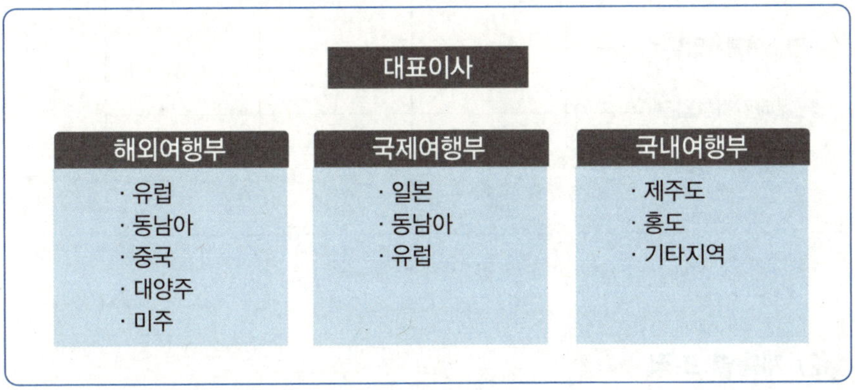

[그림 8-6] 상품별 조직

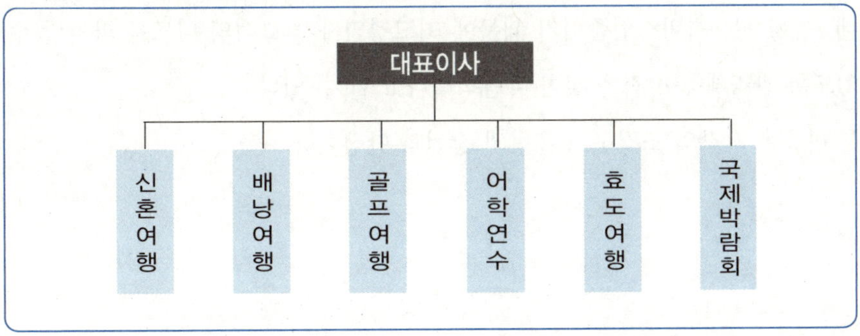

마) 매트릭스 조직구조

기능별 조직구조의 효율성과 사업부 조직구조의 시장 적응성의 장점을 살리고 단점을 보완하기 위한 혼합형 조직구조를 의미한다.

[그림 8-7] 매트릭스 조직

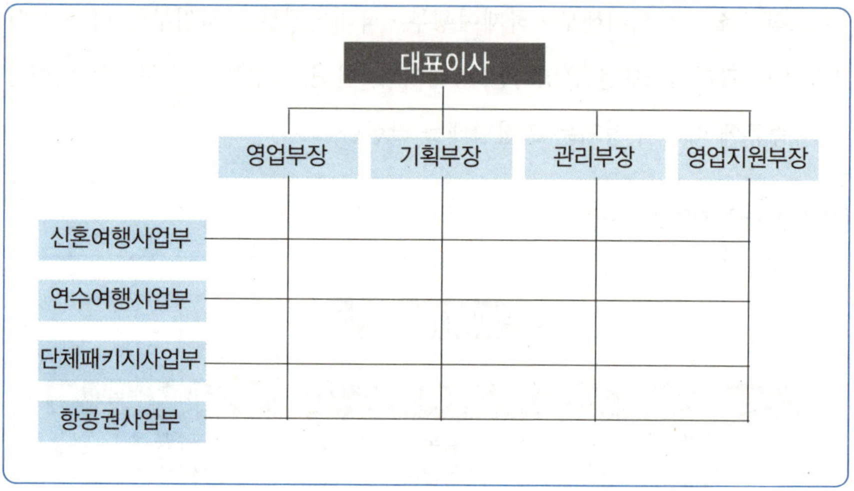

(2) 계층별 조직

수직적인 구성으로 계층마다 상하 관계를 가지고 역할 및 지위에 차이를 두고 있다. 계층은 상하의 의사소통이 가능하면 적을수록 좋다고 할 수 있는데, 여행사는 서비스업종이기 때문에 최고경영자가 고객의 니즈를 파악할 수 있도록 관리계층이 적은 것이 바람직하다고 할 수 있다.

다음은 각각의 조직구조 유형의 장점과 단점이다.

[표 8-1] 기능별 조직의 장점 및 단점

장　　점	단　　점
· 기계, 설비 등 자원의 효율적 사용 · 기능별 전문성을 살린다. · 전문기능의 훈련, 기술전수가 쉽다. · 부서 내의 조정필요성이 적다.	· 부서 간 협조가 어렵다. · 결재, 교류, 의사소통 시간 지연 · 최종 결과의 책임소재가 불분명 · 총괄적 전문가 양성이 어렵다.

[표 8-2] 사업부 조직의 장점 및 단점

장　　점	단　　점
· 변화 적응성 · 사업부 내의 상호협조 · 권한과 책임소재 분명 · 사업부별 특수성 반영 · 총괄전문가 양성 가능	· 자원배분 시 사업부 간 갈등 · 사업부 간 경쟁, 비협조 · 전체보다 사업부 이익에 치중

[표 8-3] 매트릭스 조직의 장점 및 단점

장　　점	단　　점
· 기능별 협력 가능 · 변화에 융통성 · 인재의 적재적소 배치 가능 · 부서별 책임감, 주인의식 · 정확, 신속한 의사결정	· 구성원의 대인관계 기술 필요 · 명령일원화의 원칙에 위배 · 실천보다 토론이 길다. · 구성원의 이동, 재배치가 많다.

자료 : 임창희, 경영학, 학현사, 2002, pp.185-187.

사례

호텔·항공업 아우르는 종합그룹 야심
여행업계 국내1위 하나투어

부도업체가 속출하는 여행업계에서 하나투어는 차별화한 경영전략으로 '업계 1위'를 고수하고 있다. 여행사로선 유일하게 코스닥에 상장됐고, 매년 30%의 성장률을 기록 중이다. 다양한 상품기획력, 방대한 여행정보, 현지 네트워크 강화 등이 그 배경이다. 하나투어는 2001년 1월 15일 여행업계 최초로 코스닥시장에 등록했다. 하루에도 서너 곳의 여행사가 문을 열고, 대여섯 곳의 여행사가 문을 닫는 국내여행업계에서 하나투어는 분명 독보적인 존재다. 여행사로서는 유일하게 코스닥에 등록된 업체일 뿐만 아니라 해마다 매출액이 30% 안팎으로 꾸준하게 성장하고 있기 때문이다. 하나투어의 지난해 매출액은 528억 원. 업계 최고의 실적이다. 최근에는 관광전문 포털 사이트를 출범시키면서 온라인 여행시장에서도 선두주자로 부상하고 있다.

하나투어는 설립 초기부터 종업원 지주제를 도입했다. 직원 모두가 주주로 참여하면 경영의 투명성을 높일 수 있을 뿐더러 직원들도 회사 업무를 자기 일처럼 여기리라는 판단에서다. 다만 급여체계는 철저한 연봉제와 성과급제다. 능력에 따라 연봉을 정하고 보너스를 준다. 보너스도 주식으로 주는 경우가 대부분이다.

하나투어의 현재 주가는 1주당 1만 5,000원선. 거래소, 코스닥할 것 없이 증시가 휘청거리고 있는 요즘에도 하나투어는 많은 애널리스트들이 투자 추천종목으로 꼽을 만큼 안정된 면모를 보여준다. 하나투어는 1993년 국일여행사의 자회사인 국진여행사로 출발했다. 그 후 여행 도매시장의 성장 가능성을 확신하고 1995년 국일여행사로부터 자본을 완전히 분리해 하나투어로 독립했다. 설립 당시부터 여행도매업(wholesale)을 표방했다.

하나투어가 자체적으로 개발한 패키지 여행상품은 업계에서 가장 구색이 다양하고 여행객들에게 인지도가 높은 것으로 정평이 나 있다. 여행도매업이란 여행상품을 기획해서 소매여행사와 대리점, 카드회사, 홈쇼핑 채널 등에 판매하는 방식을 말한다. 도매여행사는 소매여행사에 비해 장점이 많다. 무엇보다 소매여행사나 대리점을 통해 고객을 모집하므로 인건비와 광고비 부담이 훨씬 적다. 경기에 상대적으로 덜 민감하다는 것도 빼놓을 수 없는 장점. 일반 여행업체의 경우 하루에도 몇

곳씩 도산할 만큼 경기의 흐름을 심하게 탄다. 불황이나 비수기에는 단체 여행객 모집이 어려워지게 마련이다. 따라서 소매여행사는 경기가 좋지 않을 때 위험부담을 줄이기 위해 자체 기획상품보다는 도매여행사에서 상품을 공급받아 관광객을 모집하는 경우가 많다. 지난해 월드컵 축구대회가 열리던 시기에 해외로 떠난 국내 여행객은 평소보다 줄었지만, 하나투어 상품을 이용한 여행객은 오히려 10% 정도 늘었다.

미국의 9.11 테러나 인도네시아 발리 폭탄테러 사건이 터졌을 때 소매여행사들은 그야말로 '바람 앞의 등불' 신세였다. 그러나 여행도매업을 전문으로 하는 하나투어는 이런 시기에도 매출액이 늘었다고 한다.

하나투어는 지난 5년 내내 여행업계 중 최고의 매출액을 올렸다. 성장률도 매년 30%에 이른다. 해외시장은 물론 국내시장도 석권할 만큼 높은 시장점유율을 자랑하고 있지만, 한때는 전직원이 허리띠를 졸라매고 눈물겨운 나날을 보낸 적도 있다. 외환위기 여파로 회사의 주식 가치가 폭락하자 분을 삭이지 못하고 회사를 떠난 직원도 있다. 하나투어는 시장점유율을 높여가는 한편으로 서비스 개선에도 힘썼다. 그 대표적인 사례가 여행업계 최초로 해외에 현지법인을 설립한 것. 여행업은 다른 어떤 산업보다도 해외 현지법인을 통한 현지 네트워크 궁축이 중요한 점을 감안해 1999년 태국법인을 설립했고, 이어 사이판, 괌 등을 비롯한 동남아시아, 미주, 호주 등 모두 12곳에 현지법인을 만들었다. 올해 안에 중국 베이징과 상하이에도 현지법인을 두고, 2010년까지는 세계 각국에 60여 개의 현지법인을 세울 계획이다.

이처럼 세계 곳곳에 현지법인 중심의 네트워크를 거미줄처럼 촘촘하게 마련하려는 것은 일본의 JTB나 미국의 아메리칸 익스프레스 같은 매머드급 경쟁자들과 맞설 수 있는 튼튼한 발판을 마련하기 위함이다. 또한 해외여행업은 양질의 서비스에 승부가 달린 만큼 현지법인을 통해 숙박이나 여행 가이드 알선, 여행 스케줄 조정 등에서 보다 발빠른 현지대응으로 고객의 만족감을 높이기 위함이다.

하나투어는 하나투어와 해외법인 간, 해외법인과 해외법인 간의 시너지 효과를 높이기 위해 투어토털닷컴(www.tourtotal.com)을 설립했다. 인터넷 시대에 대비한 온라인 여행포털 사이트다. 하나투어는 이 비즈니스 모델로 벤처인증을 받기도 했다. 투어토털닷컴은 하나투어가 확대한 방대한 여행정보를 전국 소매여행사들의 홈페이지에 연결시켜 공유 환경을 구축하고 있다. 온라인에서 예약이 가능하기 때문에 하나투어로서는 대리점과 영업인력을 줄일 수 있고, 대신 여행상품을 기획하고 개발하는 데 더 많은 투자를 할 수 있게 된다.

앞으로 여행상품은 '다품종 소량생산'으로 다양한 선택이 가능하도록 발전해야 하기 때문에 온라인 판매를 통해 절감된 비용과 수익금을 상품기획과 개발에 더 투자할 생각이다. 하나투어는 2010년까지 세계 10대 여행사로 성장하고 시장점유율을 50%로 끌어올린다는 목표를 세웠다.

향후 호텔과 항공 비즈니스 등에도 진출할 계획인데, 특히 항공산업을 통해 새로운 관광지를 개척, 하나투어를 종합 여행그룹으로 키운다는 야심을 갖고 있다. 매출 목표도 지금보다 10배나 늘려 잡았다. 과당경쟁으로 몸살을 앓고 있는 여행업계는 하나투어가 어떻게 최강의 자리를 지켜갈지 주목된다.

자료 : 신동아 2003. 4월 1일

제9장

여행상품의 이해

여 | 행 | 사 | 경 | 영 | 론

09 제9장 | "여행상품의 이해"

1. 여행상품

1) 여행상품의 정의

관광상품이란 관광기업이 관광자의 욕구를 유발시키고 충족시켜줄 관광대상을 바탕으로 각종 서비스를 제공하는 유·무형의 상품을 말한다. 즉, 관광기업이 제공하는 재화·서비스·정보를 관광(고객·소비자)에게 판매하는 것을 말한다(윤대순, 2000 : 355). 이러한 관광상품을 다시 분류하면 호텔상품, 여행상품, 음식관광상품, 기타관광상품 등으로 나누어볼 수 있다. 여행상품이란 이러한 관광상품 중에서 여행사에 판매하는 상품을 의미하는데 여행사에서 생산하고 판매하는 모든 상품과 여행사에서 판매하는 관광관련업체의 사용권으로서 여행사의 아이디어에 의하여 사전에 관광객의 욕구나 경제성 등을 고려하여 숙박시설과 교통기관·관광대상 등을 구매하여 상품화한 것을 뜻한다(황현철외, 2003 : 135).

한편, WTO(World Tourism Organization : 세계관광기구)는 여행상품을 "여행목적지, 숙박, 교통수단, 보조서비스와 매력을 결합시킨 것"으로 정의하고 있다(김천중 외, 백산출판사, p169, 관광상품론).

여행업에서는 운수기관과 숙박시설 등 각각의 판매는 있지만 이들을 소재로 하고 더욱이 견학시설 등도 편성하여 사전에 상품화한 것을 일반적으로 기획상품이라고 한다. 따라서 관광소재 그 자체로 타사와의 차별화가 어렵고, 지적소유권도 얻을 수 없는 어려움이 있다. 여행은 무형으로 재고가 없는 상품인 만큼, 구입하고 싶은 매력적인 팜플렛의 작성과 함께 여행의 실시율을 높이는 것이 중요하다.

2) 여행상품의 특성

(1) 무형성

여행상품은 무형적이기 때문에 여행사는 고객들에게 미리 견본을 제공하는 것이 불가능하다. 따라서 소비자들은 자신이 직접 여행을 다녀오기 전에는 제품의 품질을 평가할 수 없다. 여행사들은 이러한 여행상품의 특성 중 무형성의 속성을 최대한 유형화하기 위하여 팜플렛이나 브로셔를 제작하여 잠재 고객들에게 최대한 자사의 상품들을 홍보하기 위해 노력한다.

(2) 모방의 용이성

여행상품은 여행사가 직접 상품을 생산하기보다는 여행관련 제조업자로부터 단일 여행소재를 제공받은 후, 여기에 인적서비스를 제공하여 상품을 조립하여 생산하기 때문에 상대적으로 다른 상품에 비해서 모방이 용이하다고 할 수 있다.

(3) 생산과 소비의 동시성

일반 상품들은 생산에서 소비까지 시간적 · 공간적 거리가 있지만 여행상품은 먼저 판매되고 생산과 소비가 같은 장소에서 동시에 발생된다.

(4) 이질성

생산과 소비의 동시성으로 인해 나타나는 특성으로 무형적인 상품을 아무리 표준화하더라도 서비스를 제공하는 인적자원과 소비자의 상태에 따라 여행상품의 품질은 다르게 나타나게 된다. 즉, 서비스제공자의 기분이나 소비자의 기대 및 욕구 정도에 따라 품질은 다르게 받아들여질 수 밖에 없다.

(5) 소멸성

여행상품은 일반상품과 달리 여행기간을 정해서 이용하기 때문에 해당시간이 경과하면 자연적으로 상품가치가 소멸된다. 예를 들어 항공기 좌석이나 호텔 객실의 경우 당일 판매가 되지 않으면 재고로 관리가 되는 것이 아니라 그대로 소멸된다.

(6) 수요의 계절성

여행수요는 계절적 · 요일적 · 시간적 요인으로 집중현상이 심하여 성수기와 비수기로 구분되는데 평일보다는 주말, 겨울보다는 봄 · 가을에 편중되는 정도가 심하다.

3) 여행상품 구성요소

여행상품의 구성요소에 관한 학자들의 견해는 다양한데, 여러 학자들의 다양한 견해는 아래와 같다.

[표 9-1] 여행상품 구성요소에 관한 학자들의 견해

학자	구성요소
Medlik and Middleton(1973)	전체적인 여행 경험의 구성인 활동, 서비스 그리고 편익의 묶음으로 여행상품 개념을 강조하였다. 5개의 구성인자의 묶음은 관광자원, 시설, 접근성, 이미지, 그리고 가격이다.
Sasser and Olson and Wyckoff(1978)	서비스 상품은 3가지로 구성된다고 주장하여, 핵심상품, 명백한 무형성 그리고 암시적인 무형성, 즉 "여행지 레스토랑에서 핵심상품은 음식인 반면, 명백한 무형성은 음식의 제공에 의한 영양이며, 그리고 암시적 무형성은 서비스, 사회화, 환경(분위기) 그리고 긴장완화와 같은 편익이다"라고 주장하였다.
Normann(1984)	가장 단순한 모델인 핵심 서비스와 부수적 서비스로 구성된다고 주장하였다. 항공산업에서 출발지에서 목적지까지 비행은 항공서비스의 핵심인 반면, 예약, 체크인 기내식사, 수하물 접수, 비행기의 청결과 서빙, 안락성 등은 부수적인 서비스이다.
Middleton(1989)	여행상품이란 용어를 두 가지 차원에서 정의하였는데, 하나는 특별한 수준으로 여행이나 항공좌석과 같은 단일사업에 의해 제공되는 별개(불연속적)의 상품을 말하며, 다른 하나는 전체적인 수준으로 집을 떠나 되돌아오는 시간까지의 여행객이 완전히 경험하는 것이다. 전체적인 수준은 구성요소 모델과 동의어이다.
Lewis and Chamber(1989)	여행상품은 재화와 환경 그리고 서비스로 구성된다. 나아가 상품은 3가지 다른 차원으로 볼 수 있다는 견해를 주장하였다. 즉, 여행객들이 사람들이 구매하는 것을 믿는 상품인 유형상품과 여행객들이 실질적으로 구매하는 상품인 핵심상품 그리고 핵심상품에서 또 다른 부가된 가치의 상품 특성과 공급자에 의해 제공되는 편익을 합한 확장상품으로 규정하였다.
Stephen(1994)	여행상품은 5가지 요소로 구성된다고 보고, 물리적 환경, 서비스 시설, 환대성, 여행지 활동, 편익으로 설명하였다.
한국관광공사(1979)	여행상품을 관광지, 숙박시설, 교통수단, 서비스와 매력의 결합 공급물로 정의하고, 여행상품은 9가지의 구성요소로서 운송기관, 숙박업체, 음식점, 관광편의점, 관광지, 관광정보, 기념품과 특산품, 출입국수속 서비스로 구성된다고 하였다.
조송빈(1991)	여행상품의 구성요소를 교통수단, 숙박시설, 편의시설 그리고 관광대상 목적물, 지원시설(미디어), 기념품, 여행서비스, 여행용품 취급업체까지도 포함하였다.

[표 9-1] 표 계속

학자	구성요소
정익준(1994)	여행상품 구성요소를 교통수단, 숙박시설, 요식시설, 관광대상 목적물, 지원시설(미디어), 기념품, 여행서비스가 포함된다고 하였다.
정찬종(1994)	여행상품 구성요소를 교통수단, 숙박시설, 음식, 쇼핑, 목적지 매력물, 편의시설, 하부구조, 여행안내원, 여행보험, 연결체제(마케팅믹스상의 모든 연결체계)를 포함하였다.

자료 : 노정철, 여행사경영론, 한올출판사, 2005, p. 171을 참조하여 재구성하였음.

여행수속 · 여행안내원 · 지원재 · 연결체계 등의 여러 가지 요소들의 조합으로 이루어져 있다.

[표 9-2] 여행상품 구성요소와 경성적 · 연성적 측면

구분	내용
여행상품 구성요소	· 교통기관(항공기 · 선박 · 철도 · 버스 및 각종 교통기관) · 숙박기관(호텔 · 콘도미니엄 등 각종 숙박시설) · 음식(여행 중 맛보게 되는 모든 음식) · 쇼핑(여행 중 구매가능한 모든 물품) · 여행목적물(자연자원, 인문자원, 매력물, 편의시설, 환대) · 여행용품(여행 시 필요한 장비 및 가방. 카메라 등) · 인솔자(여행과 관련된 모든 인솔자) · 여행수속(여행과 관련된 제반수속) · 연결체계(여행책자, TV, 인터넷)
경성적 측면 (hardware)	· 교통기관 : 항공기 · 선박 · 자동차 · 케이블카 · 마차 등 · 숙박시설 : 호텔 · 모텔 등 각종 숙박시설 · 관광시설 : 유원지 · 박물관 · 명승지 · 식당 · 운동시설 등 편의시설
연성적 측면 (software)	· 교통기관 : 기내의 좌석과 차내의 서비스 · 숙박시설 : 단순숙박기능뿐 아니라 마음의 휴식처로서의 기능, 호텔의 객실 · 관광시설 : 관광욕구의 만족도, 사전학습, 가격, 분위기, 주위의 환경, 칵테일 라운지

자료 : 김영규, 2001: 149

4) 여행상품의 종류

여행상품은 종류가 매우 다양한데 일반패키지 상품, 전시 · 박람회 상품, 특수목적성 이벤트 상품, 항공권만 판매하는 상품, 호텔만 판매하는 상품, 배낭여행 상품, 허니문 상품, 에어텔 상품 등으로 분류할 수 있으며 각각의 상품에 대한 간단한 설명은 다음과 같다.

(1) 일반패키지 상품

여행 희망자가 각각 모여 한 팀을 이루어 행사하는 상품으로 가장 까다로운 상품이기 때문에 관심을 갖지 않으면 안 되는 상품이다. 보통, 광고를 통해 소비자들에게 알려지며 출발일, 가격, 여행 조건 등이 명시되어 있다. 패키지상품 기획 시 주의할 점은 인원구성, 연령별 체크, 호텔 룸, 숙박관계 등을 정확하게 체크해야 한다.

[표 9-3] 패키지투어 상품 가격결정요소

구분	내용
기본구성비용	항공료 등 교통운송비, 숙박비, 지상비
마케팅비용	광고 및 선전비, 시장조사비 및 대리점직원교육비
운영비	종사원 급료, 임대료, 광열비, 통신비
비상예산	판매과정 및 선전과정에서 예기치 않게 발생할 사항에 대비한 예비비
대리점수수료	보통 소매판매가격의 10% 수준

자료: 정익준, 최신여행사경영론, 2000, p. 230

(2) 전시, 박람회 상품

세계 국가에서 주최하는 각종 아이템에 대한 박람회 참관형태의 상품으로써 그 대상은 주로 기업경영주, 임원 또는 실무책임자가 선진기술과 세계시장 동향을 파악하기 위해 떠나는 상품이다. 호텔과 전시장 간의 소요시간 및 거리체크,

호텔 부대시설체크, 박람회의 특성 및 품목체크 등 확인할 부분이 많이 있다. 항공일정에 따라 관광일정을 포함시켜 진행하는 경우가 대부분인 일정 관계로 단체로 송출했다 하더라도 리턴 시에는 항공스케줄이 분리되는 경우가 많다.

(3) 특수 목적성 이벤트 상품

전시박람회 상품에 해당 취급품목에 대한 관련 상품 제조공장 견학, 세미나 경청, 산업 시찰 등의 목적으로 진행되는 특수한 목적성을 둔다. 리턴 항공일정에 따라 관광상품을 묶어서 진행하는 경우도 많은 편이다.

(4) 항공권 Only

여행업계의 영세성으로 많은 직원을 확보하지 못하는 여행사에서 여행상품으로 항공권만 취급하는 상품으로 최근에는 항공권 발권서비스를 주 수입원으로 하여 경영하는 여행사가 증가하고 있는 추세이다.

(5) 호텔 Only

세계 각국의 유명 호텔 측과 계약 형식으로 협정하여 전산화하며 단말기상으로 예약접수를 대행하여 그 대가로 일정의 수수료(commission)를 받고 대행하는 형태이다. 주로 특정 국가에 출장을 자주 나가는 특정 계층의 고객들이 많다.

(6) 배낭여행 상품

최소의 경비로 여러 국가 또는 단일 국가로 여행하여 되도록 많은 것을 보고, 듣고, 느끼고, 경험하기 위한 수단의 상품으로 대학생들이 대부분을 차지한다.

(7) 허니문 상품

주로 신혼여행객을 대상으로 분위기, 안락함, 고품질을 추구하고 평생 한

번 밖에 없는 기회를 짧은 기간에 추억을 남기기 위해 떠나는 신혼여행자들을 대상으로 만든 상품이다. 다른 상품보다 가격이 비싸고, 호텔, 식사 등도 차별화된 상품이다.

(8) 에어텔 상품

항공과 호텔이 더해진 상품으로 여행경비를 최소화하고 현지 지리를 잘 알고 의사소통도 가능해야 떠날 수 있는 상품이다. 주로 여행업자 또는 현지에 지사가 있거나 둘 만의 여행분위기를 연출하길 원하는 층이 선호하는 상품이다(장병수, 2002, pp.104-106).

5) 여행상품 개발 과정

여행상품의 개발은 새로운 여행상품을 개발하는 과정을 의미하는데, 그 과정은 아이디어연구, 채택, 선발평가, 개발 및 테스트, 최종적 상품화 등의 과정으로 진행된다. 아이디어 연구에 있어서는 고객들의 선호도와 시장의 트렌드를 참조하여 시장에서 성공할 수 있는 여행아이디어를 내놓는 것이 가장 중요한 부부분이라고 할 수 있으며, 채택 단계에서는 현실적으로 상품화하는데 어려움이 없는 상품을 채택하는 것이 필수적인 부분이라고 할 수 있다.

선발평가는 채택된 내용 중에서도 가장 시장에서 필요하고 여행사에서도 집중할 상품을 엄선하는 과정이 필요하며, 개발 및 테스트단계에서는 구체적이고 실용화를 위한 단계이기 때문에 여행상품의 요소를 구체적으로 맞추고 내용과 형식을 완성해 나가는 것에 초점을 맞추어야 한다. 즉, 이 과정에서는 세부적으로 상품 내용을 완성해 나가는 것이 필요하다고 할 수 있다. 테스트 단계에서는 전문가와 소비자들의 평가를 통해 철저하게 테스트하는 것이 필요한 단계라고 할 수 있다. 최종적으로 상품화 단계에서는 시장에서 여행상품으로 출시해서 시장반응을 지켜보는 단계라고 할 수 있다(고종원 외, 2014 pp.94-96 참조).

제10장

여행관련 기구 및 단체

여 | 행 | 사 | 경 | 영 | 론

10 제10장 여행관련 기구 및 단체

1. 국제관광 관련기관 및 단체

1) WTO(World Tourism Organization : 세계관광기구)

WTO는 관광을 통한 경제발전, 국가 간 이해증진, 국제평화와 인류번영 및 인권존중에 기여하고 관광분야에 있어서 개발도상국의 이익을 배려하여 관광객의 여행 장애요소를 제거하기 위해 각국의 정부차원에서의 협의체가 요구되어 이 요구에 부응하여 세계관광정책 수립 및 조정과 이에 따른 연구, 조사, 출판사업 및 관광인력양성과 기술개발을 목적으로 설립된 UN계열의 정부 간 국제관광기구이다.

(1) 연혁

WTO의 모체는 1925년 설립된 IUOTO 국제관설관광기구연합회로서 1975년 스페인 마드리드에서 발족되었으며, 1979년 세계관광의 날을 제정하고, 1980년에는 필리핀의 마닐라에서 세계관광에 관한 마닐라 헌장을 채택함으로써 세계관광의 좌표를 정립할 뿐만 아니라 정부의 역할을 규명하고 하였으며, 1982년의 멕시코 아카풀코에서 아카풀코 선언문을 채택함으로써 마닐라 선언의 실행방안을 제시하였다.

회원 수는 1993년 12월 현재 정회원이 109개 국가, 준회원은 4개, 영역위원회는 172개 기관으로 구성되어 있으며, 본부는 스페인 마드리드에 있다. 한국관광협회는 1992년 찬조회원으로 가입하였다.

(2) 설립목적

❶ 관광을 통한 경제발전, 국가 간 이해증진, 국제평화와 인권존중에 기여

❷ 관광분야에 있어서 개발도상국의 이익을 특별히 배려

❸ UN 및 국제관광기구와의 효과적인 협력 유지 및 활동에 참가

(3) 주요활동

❶ 관광에 관한 연구, 조사, 출판사업

❷ 관광진흥을 위한 각종 기술회의 세미나, 워크숍 개최

❸ 관광인력 양성사업(세계 관광연수원 설치 운영)

❹ UNDP와의 협력사업 추진

❺ 관련전문기구와 협조하에 관광객의 여행 장애 요소 제거

2) ASTA(American Society of Travel Agents Association : 미주여행협회)

(1) 연혁

1931년 설립되어 정회원은 여행알선업체, 준회원은 항공, 선박, 철도, 버스, 렌터카, 호텔, 유원지, 정부관광기구 및 관광개발업체, 국제부회원은 미국, 캐나다 이외 지역의 회원업체(120여 개국)들로 구성되어 있다.

ASTA는 세계 최대의 여행업자 단체로 미국여행업자들로 시작되었던 것이 이같이 급성장한 것은 미국이 세계최대 관광시장이라는 점이 크게 작용한 것이다. 본부는 미국 버지니아주 알렉산드리아에 있으며 워싱턴 D.C와 샌디에고 지역사무소가 총괄업무를 하고 있다.

(2) 설립목적 및 활동

모든 국민의 여행편의 제공, 여행업계의 발전 및 권익보호, 업자로부터 항공사, 선박회사, 정부관계기관의 상호이해와 협조촉진, 여행업계를 대표하여 각국 정부 및 관계기관에 관광시책 건의 등 여행업자가 집결하여 회원의 공통 이익을 옹호하고 상도덕을 고취하여 ASTA 윤리규정을 존중케 하며 업자 상호 간의 과다경쟁을 방지하여 일반의 여행의욕을 촉진 장려하여 관광사업을 발전시키는데 그 목적이 있다.

❶ 항공사 요금 및 여행목적지에 관한 협의 조정

❷ 여행사의 기호조사 연구 및 여행자에 대한 서비스 개선

❸ 지방행정 단위 및 정부기관과 여행문제에 대한 긴밀한 협조

❹ 정기간행물 발간(ASTA Travel News)

3) UFTAA(Universal Federation of Travel Agents Association : 세계여행협회연맹)

(1) 연혁

1966년에 설립된 각국 여행업자의 국제조직기관으로 120여 개국의 1,000여 개 업체가 회원으로 가입되어 있고, 본부는 벨기에 브뤼셀에 있으며, 한국에서도 관광협회 및 대한여행사 등이 가입하여 활동하고 있다.

(2) 설립목적 및 활동

관광진흥과 여행업자의 이익을 위해 각 정부관계기관이나 준정부관광기관과 교섭하는 역할을 행하며, 현재 회원과 여행업자협회를 통해 국제관광산업의 중추적 역할을 하고 또한 정통적 지위를 확보하기 위해서 단결하자는데 그 목적이 있고 주요활동내용은 다음과 같다.

❶ 세계 각국 여행자협회의 결속을 강화한다.

❷ 국가마다 한 개의 여행업자 협회를 인정토록 하여 국가차원에서 관광산업을 집중 도모한다.

❸ 여행업자협회가 없는 국가에 대해서는 국가차원에서 협조가 조직되도록 지원한다.

❹ 여행업자협회가 국제적 수준에 도달하도록 공적인 국제회의와 연결되도록 하고 여행업자협회가 국가적으로 영향력 있는 수준이 되도록 오리엔테이션을 촉진한다.

❺ 여행자협회에 적용될 수 있는 규칙을 제정한다.

❻ UFTAA의 회원인 여행업자협회 사이에서 발생하는 전문적 사항이나 문제를 해결한다.

❼ 여행업자협회 입장에서 흥미와 관심이 될 관광정보자료를 제공한다.

❽ 관광업의 건전한 발전을 촉진하기 위해 정부관광기관이나 준정부기관의 항구적인 협약을 체결한다.

4) WATA(World Association of Travel Agency : 세계여행업협회)

(1) 연혁

1948년 설립되어 현재 100여 개국의 260여 개 여행사가 회원으로 가입되어 있으며 본부는 스위스 제네바에 위치해 있고, 한국에서도 몇몇 여행사들이 가입되어 있다.

(2) 설립목적 및 활동

회원 여행업자의 보호 및 회원의 상업적 이익을 극대화 하기 위해 상호단결의 강화 및 세계 관광객의 왕래촉진을 목적으로 한다.

WATA의 주요활동은 다음과 같다.

❶ 회원인 여행자의 권리, 자격의 침해가 없도록 보증하는 일

❷ 회원 상호 간의 결속으로 개개업자에게 발생할 위험을 경감시키는 일

❸ 회원업자의 합동광고로 회원업자의 경비를 절감시키는 일

❹ 정기간행물의 발간, 특히 "Master-key"는 세계관광자료로서 귀중한 자료이다.

5) PATA(Pacific Asia Travel Association : 태평양 아시아 관광협회)

(1) 연혁

1951년 Hawaii Visitors Bureau 제창으로 태평양지역 공동관광기구인 비영리단체로서 설립되어 정부관광기관, 항공, 선박, 철도 등의 운수업자, 여행업자, 호텔업자, 출판, 광고, PR업자, 조사업자, 자문회사, 투자금융업자 등으로 회원이 구성되어 있다. 현재 회원 수는 본부회원이 69개국 2,137개 업체, 지부회원이 16,000개 업체에 이르고 있으며 본부는 미국의 샌프란시스코에 있다. 1979년 한국에서도 총회가 개최되기도 했다.

(2) 설립목적 및 활동

태평양 아시아 전 지역에 걸쳐 관광산업의 발전을 촉진, 장려하고 관광자원 및 시설을 개발, 확충하며 또 교육훈련 사업의 지원과 자문을 위하여 공동노력을 기함에 있다.

태평양지역 관광협회는 회원들의 권익증진을 위한 활동과 함께 태평양지역 전체의 관광산업발전을 위한 각종 마케팅, 조사, 연구사업 등을 하고 있다. 그리고 연차총회는 PATA의 중대사업의 하나로 매년 4월경 주요 회원국에서 개최하며 관광관련 회의와 세미나를 주최하고 있다.

6) EATA(East Asia Travel Association : 동아시아 관광협회)

(1) 연혁

1967년 일본국제관광진흥회의의 제의를 계기로 동남아 7개국의 관광기관이 모여 창설되었으며 관광공사가 EATA 창립회원으로 활동하고 있으며, 대만, 일본, 홍콩, 한국, 마카오, 태국, 필리핀 등 7개국 정부 정회원 6개의 항공사 정회원과 1개의 찬조회원 등으로 구성되어 있고 본부는 동경에 위치하고 있다.

(2) 설립목적 및 활동

회원국의 외래관광객 유치와 회원국 간의 왕래촉진을 도모하고, 회원국의 관광사업을 진흥시킬 것을 목적으로 하며 주요활동은 다음과 같다.

① 회원국 내의 관광관련업체의 상호협조활동과 공동조사, 선전사업을 실시

② 연차총회 및 위원회 지부활동

③ 구미공동선전

④ 선전영화 및 공동포스터 제작

⑤ 회원국 간의 출입국 수속 간소화를 위한 활동 등이다.

7) ICAO(International Civil Aviation Organization : 국제민간항공기구)

(1) 연혁

1944년 미국 정부는 전후 항공운송의 제 문제를 토의하기 위하여 연합국 및 중립국 55개국을 시카고에 초청하여 개최한 시카고 회의에서는 52개국이 참가하였으며, 국제민간항공조약(시카고조약)을 채택하였다.

이 조약은 국제민간항공의 안전과 발전을 모색하고 국제항공 운송업무가 기회균등주의로 기초가 확립되었으며, 건전하고 경제적으로 운영하도록 일정한 원칙을 확정짓고 26개국이 이의 추진을 완료하고 1947년 4월 4일에 발효했다. 기구는 3년마다 개최되는 총회와 이사회 법률 위원회, 항공위원회, 항공운송위원회, 불법행위 방지위원회로 구성된다.

우리나라는 1952년에, 북한은 1977년에 각각 가입하였으며, 본부는 캐나다 몬트리올에 위치하고 있다.

(2) 설립목적 및 활동

ICAO는 다음 사항의 준수로 국제항공의 원칙 및 기술을 발달시킴으로써 국제항공운송의 계획과 발전을 조장시키는 것을 목적으로 한다.

❶ 세계를 통하여 국제민간항공의 안전 및 발전을 확보할 것

❷ 평화적인 목적으로 항공기의 설계 및 운항의 기술을 개발할 것

❸ 국제민간항공을 위한 항공로, 공항 및 항공보안시설을 발전시킬 것

❹ 안전, 정확, 능률적이고 경제적인 항공에 응할 것

❺ 불합리한 경쟁으로 생기는 경제적 낭비 방지, 회원국의 권리가 충분히 존중되고 공정한 기회 제공, 체결국이 국제항공기업을 운영할 것

❻ 체결국의 차별대우를 피할 것

❼ 국제민간항공의 모든 면에서 전반적인 발달을 촉진할 것

8) IATA(International Air Transport Association : 국제항공운송협회)

(1) 연혁

1944년 11월 미국의 시카고에서 미국과 영국, 프랑스 등 연합국 중심의 54개국이 모여 ICAO의 설립 기초가 되는 시카고협약을 채택하였으나 국제항공 운임과 수송력을 규제하는 등 항공운송 사업의 권익이 충분히 보장되지 않자 이듬해인 1945년 4월 41개 연합국 및 중립국의 항공사 대표들이 쿠바의 하바나에서 회의를 개최하고 같은 달 19일자로 정관을 채택함으로써 정식으로 IATA가 설립되었다.

IATA는 세계의 정기항공수송을 행하고 있는 수백개의 회사의 집합체인 동시에 각 항공회사, 정부 및 일반대중에의 봉사기관이라고 할 수 있다. 본부는 스위스 제네바에 있으며 우리나라 42개의 국내여행사가 가입해 있다.

(2) 설립목적 및 활동

각 항공사가 가진 개개의 노선과 업무를 제휴하여 세계적인 공공서비스 조직을 가지고 있으며 IATA의 설립 목적은 다음과 같다.

❶ 인류의 공동이익을 위해 안전하고 경제적인 항공운송사업을 육성함과 동시에 이와 관련하는 제반 문제를 연구한다.

❷ 국제항공운송업무에 직·간접으로 종사하고 있는 항공운송기업 간의 협조를 위해서 가능한 한 모든 수단을 제공한다.

❸ ICAO를 포함한 여타의 항공관련기구와 협조를 유지하며 이를 더욱 강화시켜 나간다.

한편, IATA의 활동내용을 살펴보면,

❹ 항공사가 당면하고 있는 제반 문제점에 대해 공동으로 해결책을 모색하고 각 항공사의 경험과 지식 그리고 정보를 상호 교환한다.

❺ 각국의 정부가 국제선 항공운임과 요율을 정할 때 정부 간 조정협상의 매체를 제공한다.

❻ 일반 대중을 위해 고수준의 효율적인 항공운송(안전성과 편의성)을 제공하고 경제성이 있는 최저운임을 보장하며, 통일된 체제를 통하여 손쉽게 해외여행이 이루어지도록 한다.

2. 국내관광관련기관 및 단체

1) 한국관광공사

(1) 연혁

한국관광공사(KNTO : Korea National Tourism Organization)는 국제관광공사법에 의해 1962년 6월 한국관광사업의 발전을 위하여 국가관광기구

(national tourism organization)의 역할로 국제관광공사로 설립되었으나, 1982년 11월 관광공사법의 개정에 따라 한국관광공사로 명칭이 변경되었다.

(2) 설립목적

관광산업을 통한 국가경제발전과 관광진흥을 통한 국민복지증진 또한 한국관광산업의 발전에 이바지함을 목적으로 설립되었다.

(3) 업무활동

❶ 국제관광진흥사업

❷ 국민관광진흥사업

❸ 관광자원개발사업

❹ 관광산업의 연구 및 개발

❺ 관광요원의 훈련 및 양성

❻ 관광산업 발전을 위한 부대사업

2) 한국관광협회중앙회

(1) 연혁

한국관광협회(KTA: Korea Tourism Association)는 1963년 3월에 관광사업진흥법 제 31조에 의하여 특수법인 대한관광협회라는 명칭으로 설립되었고, 1972년 6월에는 대한관광협회 중앙회로 개편되어 1973년 4월 현재의 이름으로 명칭이 변경되었다.

(2) 설립목적

관광업계를 대표하여 업계 전반의 의견을 종합 · 조정하고 국내외 관련기관과 상호 협조함으로써 산업의 진흥과 회원의 권익 및 복리증진에 이바지함을 목적으로 하고 있다.

(3) 업무활동

❶ 관광업계 전반의 건전한 발전과 권익증진을 위한 사업

❷ 관광업계의 대표기능과 관련된 업무

❸ 업종별 · 지역별 관광협회 등 관광업계의 지도 · 조정업무

❹ 관광진흥과 관련정책의 제안 및 대정부건의 업무

❺ 관광사업진흥을 위한 관광관련정보의 수집 · 조사 · 통계업무

❻ 관광진흥을 위한 대국민 홍보활동

❼ 관광진흥을 위한 국제관광기구에의 참여 등 대외활동

❽ 관광복권의 발행, 관광종사원 자격시험 관리 등 정부로부터 위탁받은 사업

❾ 관광진흥을 위한 국내 관련기관 · 단체와의 제휴 및 유대강화

❿ 회원의 관광공제사업과 관광안내소 운영

⓫ 자산임대사업

⓬ 기타 협회의 목적사업을 수행함에 있어 필요한 경비를 충당하기 위한 사업

3) 한국일반여행업협회

(1) 연혁

한국일반여행업협회(KATA : Korea Association of Travel Agents)는 1991년 12월21일 관광진흥법 제46조와 문화관광부령 제437호의 규정에 의하여 설립된 관광사업자단체이다.

(2) 설립 목적

한국일반여행업협회는 내 · 외국인여행자에 대한 여행업무의 개선 및 서비스의 향상을 도모하고, 회원 상호 간의 연대 · 협조를 공고히 하며, 활발한 조

사 · 연구 · 홍보활동을 전개함으로써 여행업의 건전한 발달과 회원의 권익을 증진 · 보호함을 목적으로 하고 있다.

(3) 업무활동

❶ 관광사업의 건전한 발전과 회원 및 여행종사원의 권익증진을 위한 사업
❷ 여행업무에 필요한 조사 · 연구 · 홍보활동 및 통계업무
❸ 여행업무 종사자에 대한 지도 및 연수
❹ 여행자 및 여행업체로부터 회원이 취급한 여행업무에 대한 진정 처리
❺ 여행업무의 적정한 운영을 위한 지도
❻ 여행업에 대한 정보의 수집 제공
❼ 관광사업에 관한 국내외단체 등과의 연계 협조
❽ 관련기관에 대한 건의 및 의견전달

4) 한국여행수배업협회

(1) 설립목적

건전한 해외문화를 선도하고, 회원 상호 간의 정보교환 및 친선도모를 통하여 동반자적 경쟁관계를 지향하며, 여행업체와의 균형적 · 협력적 마케팅을 통하여 여행업계 발전에 기여 및 회원권익 보호 · 증진을 도모함을 목적으로 하고 있다. 한국여행수배업협회(KOTA: Korea Overseas Tour Operator Association)는 현지 여행상품의 소개와 현지 여행정보 등을 통하여 여행업체에 용역을 제공하거나 여행업체의 의뢰에 의하여 현지의 여행일정에 따른 지상수배중계를 주업으로 하는 업체들로서 일반소비자와 직접 거래하지 않는 사업자들의 단체이다.

(2) 업무활동

❶ 회원 및 종사원의 권익증진을 위한 비영리적 제반사업

❷ 여행업체로부터 회원이 취급한 여행수배업무에 대한 직 · 간접 민원처리

❸ 여행수배업무의 적정한 운영을 위한 지도

❹ 여행수배업에 대한 정보수집 및 제공

❺ 관광업계에 관한 국내외단체 등과의 연계 협조

❻ 회원 권익보호를 위해 관계기관에 건의 및 의견 조달

❼ 기타 본 협회의 목적을 달성하기 위하여 필요한 사업

5) 한국항공진흥협회

(1) 연혁

한국항공진흥협회(KCADA : Korea Civil Aviation Development Association)는 1991년 12월 항공법 제143조의 설립근거에 의하여 입법되었고, 1992년 8월에 설립 발기, 1992년 10월에 창립총회, 1992년 11월에 한국항공진흥협회가 설립되었다.

(2) 설립목적

항공진흥을 위한 조사 · 연구 · 교육 및 홍보활동 등을 통하여 항공운송업계의 육성 · 발전을 위한 사업시행과 공동이익을 증진할 목적으로 설립되었다.

(3) 주요활동

❶ 항공운송사업 등의 발전을 위한 업무

❷ 항공진흥을 위한 조사연구 및 홍보

❸ 공항시설의 운영개선에 관한 사항

❹ 항공통계 및 자료의 발간

5. 외국의 항공제도 조사 · 연구
6. 외국항공기관과의 국제협력 촉진에 관한 업무
7. 항공진흥을 위한 정책대안 개발 및 대정부건의
8. 항공진흥을 위한 연구용역사업
9. 항공안전에 관한 조사연구
10. 건설교통부장관 및 회원사가 위탁하는 업무의 수행

여 | 행 | 사 | 경 | 영 | 론

제11장

여행업 인적자원관리

여 | 행 | 사 | 경 | 영 | 론

제11장 11 | 여행업 인적자원관리

1. 인적자원관리의 이해

인적자원관리의 내용을 크게 나누면 인적자원의 채용, 교육훈련, 인사고과와 승진, 보상, 유지관리, 방출과 이직관리 등으로 구분할 수 있다.

학자마다 인적자원관리에 관한 범위가 다르기 때문에 인적자원관리에 관한 학문적 정의를 명확하게 내리기는 매우 어렵다. 원래 기업의 인적자원을 관리하는 모든 기능과 과정을 의미하는 것은 인사관리(personnel management)라는 용어로 통칭되었는데, 인사관리 학문의 발전 초기에는 인적자원을 육체적 노동력이라는 생산요소의 효율적인 관리라는 관점에서 노무관리라고 명명된 적도 있었다. 이는 기업이 인적자원을 확보, 훈련, 평가, 보상, 유지하는 모든 경영과정을 의미하는 것이다.

또한, 여기서 노사관계(labor relations)관리를 포함시킬 것인가의 문제를 놓고 학자에 따라 약간 의견이 다르지만 일반적으로 기업의 미시적인 노사관계관리도 포함시킨다. 그 후 인적자원의 교육훈련과 개발의 측면이 강조되어 인적자원관리(human resources management : HRM)란 용어가 새로이 등장하여 사용되었는데 전통적인 용어인 인사관리와 큰 차이점은 없지만, 인적자원관리라고 할 때에는 인적자원의 활용 측면보다는 그 개발과 전략적 중요성 그리고 관리자로서의 기능이 더 강조되는 말이다. 그 후 최근에는 기업 전반의 전략적 관점에서 전략적 인적자원관리(strategic human resources management)로 발전하고 있다(임창희, 2005, p11).

즉, 인적자원관리(human resources management)란 조직목적을 달성하기 위하여 인적자원을 효율적으로 관리하기 위한 통합적 의사결정시스템이라고 할 수 있다. 위에서 인적자원관리의 용어에 관한 발전과정을 설명하였으며, 본 교재에서는 인적자원관리라는 용어를 사용하였다.

[표 11-1] 인적자원관리 용어의 변화 과정

• 노동관리 = 생산관리
• 노무관리(labor management) = 공장노동자관리
• 노무관리 = 생산관리 + 사무관리
• 인사관리(personnel management) = 사무직원관리
• 인사관리 = 노무관리 = 노사관계관리
• 인적자원관리(human resources management : HRM)
• 전략적 인적자원관리(Strategic HRM) = 인사 + 노사 + 전략

자료 : 임창희, 신인적자원관리, 2005, p11.

기업의 경영기능은 생산관리, 마케팅, 재무관리, 경영정보관리, 경영전략, 인적자원관리 기능 등으로 분류할 수 있는 중에서 인적자원관리가 다른 경영기능에 비해서 상대적으로 가장 중요한 기능 중 하나라고 할 수 있다. 그 이유는 첫째, 생산, 재무, 회계, 판매, 마케팅 등 모든 기업의 경영기능을 수행하는 것이 인적자원이기 때문이다. 둘째, 산업의 구조가 기계가 업무를 수행하는 업무중심에서 정보 · 지식기반사회로 변화하면서 인적자원에 대한 의존도가 예전에 비해 훨씬더 증가했다고 할 수 있다. 셋째, 인적자원관리는 기업의 성과뿐만 아니라 직원들의 삶의 질과도 밀접한 관계를 가지고 있기 때문에 인적자원관리가 잘못됐을 경우에 그 영향은 기업에게만 미치는 것이 아니라 그 기업의 모든 구성원들에게 미치게 된다.

이러한 환경하에서 최근 여행업의 인적자원관리에 있어서 영향을 미치는 주요한 변화는 무엇인지 생각해보고 이러한 환경의 변화가 여행업의 인적자원관리에 어떠한 영향을 미치며 이에 대한 기업의 대응방안을 생각해보고 대비하는 것이 중요하다고 할 수 있다.

[표 11-2] 인적자원관리의 활동내용

구분	채용	개발	보상	유지	방출
계획	-채용인원 책정 -인력공급 추이 관찰 -노동시간 책정	-교육내용 -보완할 점 점검	-공정성 점검 -보상정도 점검 -임금기준 점검	-욕구와 태도 확인 -직장만족수준 확인	-이직이유분석 -미래생산량 분석 -해고규모 책정
실행	-모집홍보 -선발면접 -배치	-인사평가 -교육진행 -경력개발	-임금책정 -복지후생	-사기유발 -갈등해결 -노사분규관리	-이직관리 -징계 -권고퇴직통제
통제	-모집효과분석 -선발분석	-교육효과 분석 -경력개발결과분석 -투입비용계산	-배분의 적정성 분석 -보상태도 분석 -승급체계문제 분석	-사기향상정도 확인 -불만감소량 확인 -생산공헌도 확인	-이직률 -징계율감소 분석

자료 : 임창희, 2005

1) 인사담당자의 역할

기업에서 인사담당자 혹은 인사부서의 역할은 크게 주도자 역할, 지원자 역할, 보호자 역할, 혁신가 역할로 분류할 수 있다. 호텔기업에 있어서 인사시스템은 적합한 종업원의 채용에서부터 채용된 종업원들에게 교육 및 훈련을 실시하고 이렇게 훈련된 인적자원들을 적재적소에 배치하여 활용하는 것이다. 또한, 종업원들에게 임파워먼트와 같은 권한을 위임하고 업무에 관한 인사고과를 평가한다.

(1) 주도자 역할

일반적으로 기업들은 인사부서에서 직원의 채용, 배치, 승진, 보상, 유지, 방출에 이르기까지 모든 인사업무를 담당한다.

(2) 지원자 역할

일선 관리자들이 자기 부서 직원을 평가하기 위해 인사고과표를 만들려고 해도 평가요소는 무엇인지, 요소들 간의 가중치는 어떻게 해야 하는지에 관한 지식이 풍부하지 못하다. 직원을 채용하려고 해도 어느 방법으로 공고를 해야 하는지, 선발기준은 무엇인지 등에 관한 지식이 많지 않다. 이러한 상황에서 인사담당자들은 일선 관리자들이 인사활동을 잘할 수 있도록 서비스 역할을 대행해줄 수 있다. 또한, 인사담당자들은 훈련프로그램을 어떻게 해야 하는가 등과 같은 인적자원관리와 관련된 전문지식을 제공해 준다.

(3) 보호자 역할

일선 관리자가 자기 부서의 직원에 대한 평가를 잘못해서 불이익을 받는 경우가 생긴다든지, 직원들의 불만이 고조된다든지 하는 경우에는 직원들의 사기를 저하시키고 이직률을 증가시킨다. 이러한 상황에서 인사부서는 공정한 관리와 처우로 직원들을 보호하여 사기를 진작시키고 기업에 대한 업무에 대해서 동기를 부여시킨다.

(4) 혁신가 역할

기업의 조직구조의 변화와 사업부제, 팀제, 연봉제, 인원감축 등과 같은 경영환경변화에 대해서 혁신적인 사안들을 인사부서에서 처리하는데 이러한 업무를 통해서 인사부서는 혁신가의 역할을 수행하게 된다.

2) 서비스기업의 인적자원관리

(1) 내부마케팅(internal marketing)

서비스기업에게 가장 중요한 점은 고객만족이라고 할 수 있다. 이러한 목표를 달성하기 위해서는 다른 산업도 마찬가지지만 특히 서비스기업에 있어서의 인적자원은 기업에게 가장 중요한 자원이라고 할 수 있다. 서비스기업들에게 고객은 가장 중요한 사람들이기 때문에 이렇게 중요한 사람들에게 서비스를 제공하는 내부고객인 직원들도 매우 중요하다고 할 수 있다. 이것이 바로 내부마케팅의 중요성이다. 서비스기업이 성공적으로 운영되려면 고객과 종업원 모두를 잘 관리해야만 하는데 이것이 바로 서비스기업의 인적자원관리라고 할 수 있다.

서비스기업의 인적자원관리에서 중요한 점은 내부마케팅인데, 한 마디로 요약하면 기업이 내부고객인 종업원에게 하는 마케팅을 의미한다. 성공적인 내부마케팅을 위해서는 내부마케팅이 전략적 관리의 주요한 부분으로 인식되어야 하고, 내부마케팅 과정이 조직구조나 경영층 지원의 부족으로 방해받지 않아야 하며, 최고경영층이 내부마케팅에 대해 지속적으로 적극적인 지원을 해야 한다. 또한, 이러한 내부마케팅의 목표는 종업원 만족의 향상이라고 할 수 있다. 이러한 종업원의 만족 향상을 위해서는 동기부여(motivation)가 중요하며, 훌륭한 종업원을 유치하고 보유할 수 있는 직무나 환경도 매우 중요하다고 할 수 있다. 또한, 관리방법, 인사정책, 직무 자체의 성격, 계획 및 실행 과정 등도 중요한 요인이라고 할 수 있다.

[표 11-3] 종업원 만족의 유형

구분	내용
1. 일에 대한 만족도	-지금 하는 일이 자신을 성장시켜 주는가? -자유재량의 폭이 넓은가? -고객이나 타부서의 사람에게 공헌하고 있는가?
2. 직장에 대한 만족도	-상사와의 커뮤니케이션은 잘 이루어지고 있는가? -동료들과의 커뮤니케이션은 잘 이루어지고 있는가? -결정된 일은 모두 수행하려는 결속력이 있나?
3. 인사에 대한 만족도	-인사평가와 처우는 공정하다고 생각하는가? -실패를 비난하지 않고 재도전하게 해주는가? -개인의 성장을 지원해주는가?
4. 근로조건에 대한 만족도	-복리후생은 잘 되어 있는가? -소득수준은 일에 비해 합당한가? -근무조건은 납득할 만한가?
5. 회사에 대한 만족도	-경영자세에 공감할 수 있는가? -이 기업에 근무하는 것에 대해 자부심을 가지고 있는가? -지역사회에의 공헌 등 좋은 이미지를 가지고 있는가?

자료 : 이유재, 서비스마케팅, 2004, p.296

또한, 서비스업은 제조업보다 노동집약적인 경향이 강하기 때문에 같은 조직 내에서 사람들끼리의 갈등(conflict)이 제조업보다 더 많이 발생할 수 있기 때문에 서비스를 제공하는 종업원의 만족도는 서비스 품질의 결정요인이 되기 때문에 종업원들의 갈등관리가 중요한 점이라고 할 수 있다.

종업원이 겪는 갈등의 유형은 4가지로 분류할 수 있는데 종업원과 역할의 갈등, 종업원과 조직의 갈등, 종업원과 종업원의 갈등, 종업원과 고객의 갈등이 있다. 갈등의 유형별 원인과 관리방법은 아래와 같다.

[표 11-4] 갈등의 유형별 원인과 관리방법

유형	원인	처방
종업원과 역할의 갈등	-직무의 부적합 -의복 규정	-채용 시 지원자 선별에 신중을 기한다. -지도와 훈련을 한다. -종업원의 불평토로 절차를 만든다.
종업원과 조직의 갈등	-두 명의 상사에 대한 어려움	-종업원에게 기업의 정책과 목표를 확실하게 이해시킨다. -종업원에게 권한을 부여한다. -종업원의 의사결정을 지원한다.
종업원과 종업원의 갈등	-명쾌한 커뮤니케이션의 부족 -명령체계의 부족 -성격 간의 갈등 -고객에 대한 경쟁 -업무량에 대한 차이 인식	-갈등의 원인을 결정한다. -다른 곳에서 정보를 구한다. -가능한 해결책을 탐색한다. -종업원 양측을 갈등해결 계획에 포함시킨다. -후속조치를 취한다.
종업원과 고객의 갈등	-고객의 역할 수행 부족 -소유권 -다양한 고객의 행동	-고객과 종업원 양측이 제 역할을 충분히 이해해야 한다. -새로운 고객을 지도한다. -여러 유형의 고객들에 대한 응대 태도를 교육한다.

자료 : 이유재, 서비스마케팅, 2004, p.297

(2) 임파워먼트(empowerment)

종업원에게 상황에 따른 의사결정권한을 부여하는 것을 의미한다. 고객의 만족을 위해서는 종업원에게 상황에 따른 의사결정권한을 부여하는 것이 필요하다. 이러한 임파워먼트를 통해서 고객만족을 증대시킬 수 있으며, 내부 마케팅 측면에서는 종업원들의 직무만족을 가져올 수 있다. 임파워먼트의 장점으로는 서비스 전달 시 고객에게 즉각적인 대응을 할 수 있으며, 서비스 회복시 불만족고객에게 즉각적인 대응을 할 수 있다. 또한, 종업원의 직무만족과 자기만족을 높일 수 있으며, 종업원들에게 동기를 부여할 수 있다. 하지만 종업원의 선발과 훈련에 많은 비용이 소요되며, 종업원마다 상황에 대한 인식이 다르므로 일관되지 못한 서비스가 전달될 우려가 있다. 또한, 종업원이 잘못된 의사결정을 할 경우 이에 대한 대비책이 없는 것이 단점이라고 할 수 있다.

3) 인력수요의 예측

인력수요예측은 판매액, 생산량, 생산성 등에 의해서 영향을 받게 되는데, 인력수요를 예측하기 위해서 다양한 방법이 활용될 수 있다. 가장 일반적인 인력수요의 예측방법은 통계적 기법과 판단적 기법이 사용된다.

(1) 통계적 기법

인적자원의 수요를 예측하는 통계기법으로는 회귀분석, 비율분석, 시계열분석 등 여러 통계분석기법이 사용될 수 있는데, 이러한 통계기법에 의한 인력수요예측의 문제점은 항상 과거의 추세가 미래에도 적용되지 않는다는 데 있다. 특히, 호텔관광산업과 같이 여러 가지 다양한 외부환경에 민감한 산업일수록 이러한 통계기법을 활용한 인력수요를 예측하는 방법이 문제가 있을 수 있다.

(2) 판단적 기법

판단적 기법에 의한 인적자원의 수요 예측은 통계적인 기법과 달리 인적자원요소를 예측하는데 있어서 관리자의 의사결정에 의존하는 방법이다. 이 방법은 의사결정권자가 주관적으로 정보를 수집하여 인적자원 수요를 예측하게 된다.

4) 디지털시대의 인적자원관리의 이해

정보통신기술의 급속한 발전은 디지털경제라는 새로운 패러다임의 경제 시스템을 활성화시켰다. 예전의 경제가 대량생산, 수확체감 등에 초점을 맞추었다면 디지털경제는 상품의 다양성과 규모의 경제에 초점을 맞추고 있다. 따라서, 과거에 중요시되었던 물적자본의 축적에서 인적자본과 지식기반 등이 중요하게 되었다. 특히, 정보통신기술의 발달로 산업구조, 고용구조, 직무형태 등이 변화하고 있다.

전통적인 경제와 디지털경제를 비교해서 구조적인 변화를 들자면 경제활동의 중심이 물적생산에서 지식, 정보 등 서비스의 생산으로 넘어감에 따라 서비스산업의 비중이 증대되었다. 또한, 기업조직의 소규모화 및 유연화, 임금격차의 확대 등을 들수 있다. 특히, 정보통신기술의 발달로 제조업 및 서비스산업의 지식기반화가 촉진되면서 산업구조 전반에 걸쳐서 큰 변화가 일어나고 있다. 정보통신기술의 발달은 특히 제조업의 지식기반화를 촉진하고 있다. 정보통신기술이 마케팅, 유통, 생산, 연구개발 등에 활용되는 것이 일반화되면서 생산비용을 줄이고 고비용구조를 개선함으로써 기업의 경쟁력 제고에 큰 영향을 미치고 있다.

이러한 경영환경의 변화로 인하여 기업의 인적자원관리에 대한 관점과 특히, 비중이 증가되고 있는 서비스산업 분야에서 가장 규모가 큰 산업 중 하나인 호텔관광산업의 인적자원관리에 관한 관점을 최근 변화하는 경영 패러다임과 연결시켜서 생각해보는 부분이 필요하다고 할 수 있다. 최근 경제구조의 변화 중 인적자원관리와 관련된 요인들을 살펴보면 고용구조의 변화, 직종의 변화, 임금의 변화, 생산성의 변화 등을 들 수 있다.

(1) 고용구조의 변화

정보통신기술의 발달은 고용을 창출하는 효과와 고용을 절감하는 효과 모두를 가지고 있다. 최근 일반화된 전자상거래 역시 고용을 창출하는 동시에 고용을 절감하는 효과를 가지고 있다. 전자상거래의 확산은 특히 산업의 가치사슬에 변화를 가져와서 그에 따른 고용구조의 변화를 촉진하고 있다. 전자상거래의 도입이 가져온 가장 큰 변화는 상품을 사고 파는 방식이 변화한다는 점인데 이 부분은 지금까지 전통적인 경제활동에 있어서 핵심적인 역할을 해온 중간매개체의 기능이 변화한다는 점이다.

전자상거래와 인터넷의 일반화는 기업 내에서 중간관리자를 담당하는 인원들의 기능을 자동화시킴으로써 이들의 전통적인 중개기능을 소멸시켰다. 그러나, 전자상거래의 발전으로 생산자와 소비자 간의 직접적으로 거래할 수 있는 환경이 만들어지고 소비자가 생산자로부터 직접 물품을 구입할 수 있게 되면서 물리적인 시장에서 소매업자가 가지고 있던 기능은 유명무실하게 되었다.

미국을 비롯한 주요 선진국들의 고용구조의 변화 추이 중에서 가장 눈에 띄는 부분은 정보통신산업의 발전과 더불어 서비스부문의 성장을 들 수 있다. 이러한 현상은 제조업에 대한 비중이 줄어드는 데서 그 원인을 찾을 수 있다. 또한, 지식과 정보와 같은 무형의 재화가 중요시되면서 무형재화의 고유한 특성, 즉 판매자가 소비자에게 무형의 재화를 판매하고 나서도 여전히 판매자에게는 이를 다른 사람에게 재판매할 수 있고 생산에 따른 추가비용이 발행하지 않는다는 특성 때문에 제조업을 대신하여 많은 인력을 수용하였고 이에 따른 새로운 서비스 직종들이 증가하고 있는 추세이다.

한편, 최근에는 기업이나 조직의 고용형태도 다양해지고 있다. 이것은 기업이나 조직들이 유연한 고용제도를 유지함으로써 급변하고 있는 외부환경에 대처하고 필요로 하는 인재확보를 용이하게 하는 효율적인 방안으로 인식되고 있다. 이러한 고용제도는 인터넷의 일반화와 지역 간 네트워크화, 정보통신기술의 발달로 다양한 근로형태를 출현시키고 있는 추세이다. 다양한 근로형태의 대표적인 사례로는 자율노동시간제, 집중근로제, 원격근로제 등이 있는데 그 중에서도 인터넷의 일반화와 정보통신기술의 발달로 효율적인 근무형태로 자리 잡아 가고 있는 것이 원격근로제이다.

1970년대에 등장하기 시작한 원격근로는 근로자가 회사가 아닌 다른 장소에서 인터넷과 같은 정보통신기술을 활용하여 업무를 수행하는 근로형태를 말한다. 여기서 중요한 것은 원격근로라는 개념 안에는 모든 근로자들이 한 자리에 모여서 같은 시간대에 주어진 업무를 수행하는 것이 아니라 근로자 개개인의 업무의 특성에 맞추어 시간대나 장소를 달리하여 인터넷이나 정보통신기술을 활용하여 업무를 수행한다는 의미가 내포되어 있다.

원격근로가 가져다주는 효과는 개인과 기업의 측면으로 나누어서 분석할 수 있다. 원격근로가 개인에게 가져다주는 이점을 살펴보면 업무와 가정일이 같은 장소에서 이루어지는 재택근무의 경우 출퇴근이 자유롭기 때문에 근로자들이 보다 안정된 상태에서 업무를 수행할 수 있다는 점이다. 또한, 작업시간을 융통성 있게 조절할 수 있다는 장점도 있다.

기업의 측면에서는, 근로자들의 근무장소가 한 장소에 한정되어 있지 않기 때문에 사무실 임대 및 관리비용이 절감된다는 있다. 한편, 기업의 입장에서는 책임감과 자기 통제력이 요구되는 근로형태에 적합한 근로자들의 선발이나 교육 등에 기업의 비용이 증가하며 동기부여와 보상프로그램에 대한 연구도 필요하다고 할 수 있다. 따라서 이러한 측면에서 고용구조의 변화는 인적자원관리에 대한 관점에서도 시사하는 바가 크다고 할 수 있다.

(2) 직종의 변화

전 세계적으로 나타나는 고용구조 변화상의 특징이라 할 수 있는 현상은 직종에 상관없이 정보통신기기들을 이용하여 업무를 수행하는 근로환경이 조성되면서 모든 산업에 걸쳐 요구되는 근로자들의 업무에 대한 숙련도가 높아졌다는 것이다.

즉, 디지털경제환경에서는 고숙련도 위주의 고용구조를 형성시키고 있다는 것인데 여러 나라의 고용성장률을 살펴보면 공통적으로 지식과 정보, 전문적 기술 등을 업무에 활용하는 전문직이나 고위 기술직 그리고 서비스직의 고용성장률이 높게 나타나고 있다. 따라서 이러한 시장환경에서 서비스업의 대표적인 업종 중 하나이면서, 인적자원에 대한 의존도가 가장 높은 산업 중 하나인 호텔관광산업의 향후 전망을 살펴보면, 전체적인 산업구조에서 차지하는 비중이 계속 증가할 것으로 예상된다.

산업 간 고용구조 변화 이외에도 산업 내 숙련도 향상도 디지털경제에서 나타나는 큰 변화 중 하나라고 할 수 있다. 디지털경제로 전환됨에 따라서 단순인력보다는 전문성을 겸비한 고급인력에 대한 수요가 크게 증가하였다.

디지털경제에서 가장 중요한 요소는 정보와 지식인데 정보와 지식은 창출속도가 빨라지면서 수명주기가 짧아지기 때문에 한 번 습득한 것으로 끝나는 것이 아니라 새로운 정보를 계속 창출하고 활용함으로써 부가가치를 창출할 수 있어야 한다. 또한, 기술의 융합화, 조직의 네트워크화가 진점됨에 따라 작업의 범위가 넓어지고 다양한 업무들을 수행해야 한다.

(3) 임금의 변화

인적자원관리 부분에서 다루어지는 가장 중요한 부분 중 하나가 종업원들의 임금관리에 관한 부분인데, 디지털경제의 가속화와 함께 나타나는 중요한 변화 중 하나가 임금의 변화라고 할 수 있다. 특히, 호텔관광산업은 인적자원에 대한 의존도가 큰 산업이기 때문에 기업의 입장에서는 임금의 변화가 상당히 중요한 부분이라고 할 수 있다.

정보통신기술의 발전과 디지털경제로의 전환은 노동시장에서 중요한 변화를 야기하였는데 이는 근로자 간의 임금격차에 관한 부분으로 전문성을 겸비한 고급인력과 그렇지 못한 종업원들 사이에 임금격차가 점점 커진다는 점이다. 이렇게 같은 기업 내에서 종업원들끼리 임금의 격차가 일어나는 원인 중 하나는 디지털경제환경의 가속화와 더불어 기업 간의 경쟁이 심화되면서 기업에서는 내부인력에 대한 재교육이나 재배치를 통해 인재를 육성하기보다는 일단, 모든 지식과, 기술 그리고 노하우를 갖춘 인재를 외부 노동시장에서 비싼 임금을 주고 채용하기 때문에 근로자들 간의 임금격차가 더욱 가속화되는 상황이다.

(4) 생산성 향상

디지털경제에서는 인터넷을 통해 정보의 흐름이 자유롭게 이루어지기 때문에 정보가 신속하고 효율적으로 사용된다. 전통적인 생산요소인 노동과 자본이 부가가치를 창출하는 것과 마찬가지로, 이제는 정보도 부가가치를 창출하는 중요한 요소로 작용하고 있다. 정보는 하나의 독립된 생산요소로서 기존의 노동과 자본을 보다 효율적으로 결합하는 역할을 함으로써 경제의 생산성을 향상시키고 있다.

디지털경제의 환경으로 전환되면서 호텔관광기업들도 정보통신기술 및 시설의 업그레이드를 통해 고객들에게 보다 좋은 품질의 서비스를 제공할 수 있게 된다.

2 채용관리

직무가 설계되고 어떤 직무에 어떤 사람이 어느 정도 필요한가가 정해지면 거기에 알맞은 인적자원을 구해서 배치하면 되는 이러한 과정을 인력의 채용 혹은 충원(staffing)이라고 한다. 구체적으로 인력을 모집(recruitment)한 후에 여러 가지 도구를 가지고 각각의 지원자를 평가하여 적합한 인력을 선발(selection)하고 그들을 필요한 직무에 배치(placement)하기까지 채용관리의 대상이 된다.

미국의 인사관리협회(Society for Human Resources Management)의 조사에 의하면 대부분의 기업들은 인적자원관리와 관련한 활동 중 인력 채용관리 활동에 가장 많은 시간과 비용을 들이는 걸로 나타났다.

기업의 채용전략은 개인은 물론 기업과 사회에도 많은 영향을 미친다고 할 수 있는데 기업 입장에서는 기업의 장기적인 전략을 수립하고 목표를 달성하기 위해서 채용전략이 꼭 필요한 부분이고 개인적으로도 기업인 인적자원들을 채용하지 않으면 일자리를 얻지 못하게 된다. 또한, 기업의 채용전략은 사회적으로도 많은 영향을 미치게 되는데 기업의 채용전략이 제대로 실행되지 못하면 노동시장에 인력이 남아돌아 실업률이 상승하게 되고 사회적으로도 여러 가지 문제점이 발생하게 된다. 기업의 채용관리는 크게 모집과 선발과정으로 나누어서 생각해볼 수 있다.

1) 모집(recruitment)

(1) 모집의 개념

모집은 기업이 인적자원의 선발을 전제로 지원자를 모으는 과정으로 정의할 수 있는데 이러한 모집활동은 기업이 인적자원을 기업 외부에서 모으는 방법인 외부모집과 기업 내부의 직원들을 대상으로 지원자를 모으는 내부모집으로 구분할 수 있다. 이러한 모집은 상당히 중요한 과정이라고 할 수 있는데 모집방법에 따라 지원자의 자격요건이 달라지며 궁극적으로는 신입 직원의 자격수준에 영향을 미치게 된다.

모집을 잘못하여 지원자의 수가 적으면 선발수준을 낮출 수 밖에 없고 향후 신규 종업원을 교육시키고 훈련하는데 초과비용을 지불해야 한다. 또한, 모집 시기에 우수한 인력이 지원을 하지 않으며 인력채용을 하기 위해 많은 선발노력을 해야 하며 이에 따른 비용과 시간이 더 투자되어 결국 기업 전체적으로 보면 많은 희생을 감수해야 한다. 따라서 우수한 인력을 선발하려면 효율적인 모집이 선행되어야 하는데 이를 위해서는 모집방법과 모집절차가 적절하게 이루어져야 한다.

먼저, 내부모집을 할 것인지 외부모집을 할 것인지를 결정해야 하고 모집대상의 능력이나 자격을 고려해야 한다. 많은 지원자를 확보하려면 어떤 광고매체를 활용할 것인지도 중요한 변수가 되며, 모집시기에도 관심을 기울여야 한다. 모집시기와 관련해서, 조직 외부로부터 인원을 충원하는 과정은 일반적으로 어느 정도 시간이 필요하다고 할 수 있다. 따라서, 기업들은 상당한 시간적 여유를 가지고 모집활동을 하는 것이 일반적이라고 할 수 있다. 언제 모집활동을 시작하는 것이 적절한가를 판단하기 위해서는 시간경과자료(time lapse data)를 사용하는 것이 효율적이라고 할 수 있다. 시간경과자료란 외부 충원과정상 발생하는 주요 의사결정단계 사이에 소요되는 평균시간을 의미한다.

한편, 이러한 조건에서도 모집인원이 많지 않으면 모집전략을 다시 한 번 점검해보고 전반적인 인적자원관리 전략도 확인해볼 필요가 있다고 할 수 있다. 위에서 언급된 모집방법 중 내부모집과 외부모집에 따른 장점과 단점은 다음과 같다.

(2) 모집방법

가) 모집방법의 선택

기업이 모집방법을 선택할 때는 어떠한 방법이 합리적인 기간과 비용한계에서 조직에 필요한 인력의 숫자와 수준 높은 인적자원을 창출할 가능성이 있는지를 고려해야 한다.

(가) 노동력의 공급량

모집방법에 따라 창출되는 지원자의 수가 달라질 수 있는데, 광고 같은 모집방법은 다수의 지원자가 생긴다. 만약, 기업이 다수의 인력을 필요로 할 경우에는 광고와 같은 광범위한 매체가 적절하다.

(나) 노동력의 질

모집과정에 있어서 양질의 지원자 확보에 관심이 큰 조직은 특정기능을 집중적으로 훈련시키고 개발하는 학교에서 집중적으로 모집활동을 하는 것이 바람직하다고 할 수 있다.

(다) 모집방법의 가용성 여부

기업의 모집방법에 영향을 주는 요인으로 모집방법의 가용성이 있는데, 기업은 모집방법으로 항상 모든 모집방법을 사용하는 데는 어려움이 따른다. 따라서 상황에 맞게 가장 적당한 모집방법을 사용하게 된다.

(라) 예산

모집방법에 따라 소요되는 비용도 차이가 크다고 할 수 있는데, 이러한 예산의 제약으로 인해서 기업은 상황에 맞는 적당한 모집방법을 사용하게 된다.

나) 모집 유형

(가) 내부모집

내부 노동시장에서 지원자를 모집하는 방법으로 사내에 모집공고(job posting system)를 내고 기존의 사원들이 응모하면 선발, 이동, 승진, 배치하는 모집방법이다. 호텔기업에서도 프런트 부서에 근무하다가 식음료 부서로 이동된다거나 벨업무를 수행하다 프런트 부서로 이동하는 등 내부모집이 일어날 수 있다. 내부모집은 기업과 종업원 모두 서로를 잘 알고 충분한 검토를 통해서 지원자들을 적재적소에 배치할 수 있는 장점이 있다고 할 수 있다. 또한 기업의 입장에서는 내부모집을 통해서 외부모집 비용을 절감할 수 있고, 내부적으로 조직의 문화를 잘 이해하고 있는 내부인을 채용함으로써 교육훈련비용도 절감할 수 있다.

(나) 외부모집

지원자를 외부에서 모으는 모집방법을 말하며 모집방법으로는 모집광고를 통한 방법, 기업을 대신하여 헤드헌터 등 외부기관을 통해서 모집하는 방법, 대학교 등의 교육기관과 연계하여 모집하는 방법, 일정 기간 동안의 인턴십 등을 통한 후 모집하는 방법 등이 있을 수 있다.

내부모집과 외부모집을 비교하여 장점과 단점을 분석하면 다음 표와 같다.

[표 11-5] 모집방법의 장점과 단점 비교

모집방법	내부모집	외부모집
장점	- 사기가 높아짐 - 능력개발 - 모집비용 절감	- 새로운 분위기 유발 -인재채용의 폭이 넓어짐 -교육 및 훈련비 절감
단점	-모집범위의 제한성 -탈락자들의 불만이 고조될 수 있음 - 경쟁이 과다해질 수 있음 - 전환배치(transfer) 시 교육비 상승	- 적응기간이 필요함 - 내부직원들의 사기가 저하됨 - 잘못된 평가가 있을 수 있음

2) 선발(selection)

(1) 선발의 개념

모집된 지원자들에 관한 정보를 수집하며 자격심사를 하고 최적격자를 확정하는 과정이라고 할 수 있다. 따라서, 직원들의 선발절차를 살펴보면 모집에서 시작하여 서류 및 자격심사 과정을 거쳐 면접을 거쳐 선발하고 선발된 인적자원들을 교육하는 과정을 거치게 된다. 선발은 경제적인 관점과 전략적인 관점에서 기업에 많은 영향을 미치므로 기업의 입장에서는 선발의 의사결정에 신중을 기해야 한다.

이렇게, 새로운 인력을 선발할 때는 효율성, 형평성, 적합성 등을 고려해서 선발해야 하는데 효율성이란 선발된 인원들이 기업에 입사해서 공헌도가 최소한 기업에서 보상하는 비용보다는 커야 한다는 의미이다. 형평성이란 모든 지원자들에게 동등한 기회를 부여해야 한다는 의미이고, 적합성이란 기업의 전략이나 목표에 적합한 인력을 선발해야 한다는 의미이다. 기업은 직무분석을 통하여 직무를 수행하는데 필요한 지식(knowledge), 스킬(skill), 능력(ability)을 식별할 수 있는데, 이러한 자료를 분석함으로써 지원자를 측정하고, 평가하여 조직의 개인과 직무의 적합도(job fit)의 상승을 달성할 수 있다. 기업들은 조직요건에 맞는 인적자원을 선발하고자 하는데, 기업에 따라 차이는 있을 수 있지만, 일반적으로 기업들은 자사의 가치관이나 문화에 적합한 인적자원을 선발하려는 경향이 강하다고 할 수 있다. Marriott Corporation은 자사에서는 종업원들에게 어떠한 직무든지 수행할 수 있도록 훈련시킬 수 있지만 친절한 태도를 갖게 하기 위해서는 채용 및 선발에서부터 시작되어야 한다고 하는데 이를 통해 신입사원의 선발의 중요성을 알 수 있다.

(2) 선발 도구

기업에서는 인력을 선발하는 선발도구로서 서류전형, 시험, 면접 등의 방법을 사용한다.

가) 서류전형

일반적으로 기업들은 새로운 인력확보를 위한 선발도구로 서류전형을 실시하는데 서류전형이란 기업들이 지원자들로부터 확보하는 이력서, 자기소개서, 졸업증명서, 자격증, 추천서 등을 기초로 인력을 선발하는 도구 중 하나이다.

나) 시험

기업에서 많이 실시하는 선발시험 유형으로는 성격검사, 능력검사, 지능검사, 적성검사 등이 있다. 성격검사를 통해서 기업들은 지원자의 성격과 맡은 직무와의 관계를 파악하며, 능력검사를 통해서 지원자의 일반적인 능력과 과업과 관련된 전문적인 능력을 파악하게 된다. 지능검사를 통해서 지원자의 지적능력을 파악하며, 적성검사를 통해서 선발 후 지원자들을 배치할 때 적성을 최대한 고려하게 된다.

다) 면접(interview)

면접을 통해서 지원자의 성격, 외모, 지원동기 등 지원서나 선발시험을 통해서 잘 파악하지 못한 지원자의 특성을 파악하는 과정이라고 할 수 있다.

면접의 유형은 구조적 면접과 비구조적 면접으로 나눌 수 있는데, 구조적 면접이란 직무에 관한 전문능력 파악을 위해 질문사항을 미리 준비하여 하기 때문에 비전문가도 면접관으로 역할을 할 수 있다. 비구조적 면접이라 질문 내용이 준비되지 않은 상황에서 면접이 진행되기 때문에 면접 후 평가에 관한 부분에 신경을 많이 써야 하는 부분을 고려해야 한다.

면접의 유형으로는 집단 면접, 위원회 면접, 스트레스 면접, 상황 면접 등이 있으며 각각의 설명은 다음과 같다.

(가) 집단 면접

복수의 지원자들을 면접하는 방법으로 다수의 지원자들을 비교평가하면서 진행되며, 시간이 절약되지만, 개인의 특성을 자세하게 파악하기는 힘든 단점이 있다.

(나) 위원회 면접

여러 명의 면접관이 한 명의 지원자를 대상으로 집중적인 질문을 하고 평가 시에도 면접관 전원이 토론을 하면서 평가한다.

(다) 스트레스 면접

면접관들이 지원자의 약점 등 스트레스를 주고 그 상황에서 지원자의 반응을 살피는 형태의 면접이다.

(라) 상황 면접

기업에 취업 후 일어날 수 있는 상황을 설정한 후 지원자의 대응능력을 살피는 형태의 면접을 말한다.

이밖에도 최근에는 여러 형태의 면접들이 진행되고 있다.

(마) 면접관이 주의해야 할 점

- 부정적인 측면에 과도하게 집착하지 말아야 한다.
- 앞, 뒤의 사람과 비교하는 대조 오류를 범하지 말아야 한다.
- 첫 인상이나 초반 면접에서 성급하게 판단하지 말아야 한다.
- 직무와 무관한 사항들에 집착하지 말아야 한다.
- 몸가짐이나 옷차림 등 비언어적 단서에 치우치지 말아야 한다.

(바) 응시자가 주의해야 할 점

- 기업에 대한 사전지식을 입수해야 한다.
- 자신의 표현에 대한 준비와 훈련이 필요하다.
- 복장과 예의를 갖추어야 한다.
- 어투와 대화법을 신경 써야 한다.
- 본인의 질문과 요구사항을 정확하게 제시한다.

일반적인 면접의 단계는 아래 표와 같다.

[표 11-6] 전형적인 선발면접 단계

단계	지원자	면접자
1. 사전단계	복장 검토 현장 도착 대기 중 면접 준비물 검토	이력서 검토 면접지침 검토 질문사항 준비
2. 인사 및 분위기 형성	인사 요청 시 착석 좋은 인상	인사 착석요구 적절한 화제로 분위기 이완
3. 직무관련 질문	교육배경 제시 작업경험 제시 개인적 스킬과 능력 설명 직무에 대한 적적한 동기 제공	교육배경 요청 근무경험에 대한 관련된 세부사항 요청 특수한 스킬과 능력 논의 지원자의 근무동기 파악
4. 지원자 질문에 대한 답변	임금 및 복지후생 질문 승진기회 및 조직문화 등 질문	조직입장에서 지원자 질문 응답 조직에 대한 긍정적 인상을 주기 위한 시도
5. 마무리	면접자로부터 종료되었다는 신호를 기다림 다음 단계 논의	면접이 거의 종료되어간다는 것을 보여줌 다음단계는 무엇이 될지 설명 일어서서 인사

자료 : Tullar, 1989, 황규대, 2008, p.204에서 재인용

3) 채용형태의 변화

최근 경영환경의 변화로 채용형태의 변화가 여러 부분에 걸쳐서 일어나고 있는데, 이러한 변화 중에서 가장 두드러진 부분이 아웃소싱(outsourcing)과 비정규직의 증가라고 할 수 있다(임창희, 2005, p.141 참조).

(1) 아웃소싱(outsourcing)

기업이 수행하는 여러 가지 다양한 활동 중 전략적으로 중요하면서도 가장 잘할 수 있는 분야나 핵심역량에 모든 자원을 집중시키고, 나머지 업무에 대

해서는 그 업무 분야에 전문적인 외부의 우수 기업에게 맡기거나 조달하는 것을 의미한다. 이러한 아웃소싱은 기업의 핵심역량을 핵심 부분에 집중하면서 외부의 전문 분야의 도움을 얻어 자사의 경쟁력을 높이기 위한 경영혁신운동의 일환이라고 할 수 있다. 아웃소싱은 흔히 외부조달, 외부화란 용어로도 사용되고 있으며 최근 많은 기업들이 실시하고 있는 상황이며, 아웃소싱의 유사개념으로는 하청, 외주, 인력파견, 업무대행 등이 있다. 하청이란, 업무의 일부를 외부에 위임하는 것으로 부품과 기능의 일부를 외부 기업에 발주하는 것이 포함된다. 하청은 넓은 의미에서 아웃소싱의 일부라고 할 수 있지만, 기획 등 업무의 핵심적인 부분은 발주한 기업에 있다는 점에서는 아웃소싱과는 약간의 차이가 있다고 할 수 있다.

외주란, 기업의 외부자원 활용이라는 점에서 아웃소싱 개념에 일치하기는 하나 외주는 하청과 업무 대행 등을 포함하는 포괄적인 개념이다. 인력파견이란, 업무를 지원할 목적으로 인력을 지원하는 것인데 인력의 공급업체는 업무의 운영과 설계를 하지 않으며 업무의 수행과 관리만을 책임지는 것을 말한다. 아웃소싱의 장점과 단점은 다음과 같다.

가) 아웃소싱의 장점

(가) 핵심사업에 주력

핵심사업은 자사가 다른 기업보다 상대적인 우위에 있으므로 내부 인력을 활용하는 것이 외부 인력을 사용하는 것보다 효율성이 더 크지만, 비핵심사업은 부가가치가 낮아서 인건비를 감당하는 것도 어려울 때가 있으므로 이러한 핵심사업을 더 잘하는 기업에 위탁하여 성과만을 활용하면 더 경제적일 수 있다. 간단히 말하면, 아웃소싱을 하는 이유는 주력업무에 경영자원을 집중하여 핵심역량을 강화하기 위해서이며, 아웃소싱은 인력과 자금이라는 관리의 기초자원을 재분배하며, 결과적으로 보다 적절한 자원배분이 가능하도록 한다.

(나) 인력관리의 유연성

최근에는 급속한 경영환경의 변화로 인하여 정규인력만 채용하여 기업을 운영하는데 매우 어려움이 많이 따른다고 할 수 있다. 그런데, 아웃소싱은 일반적으로 한시적으로 계약을 하기 때문에 기업이 인적자원관리정책을 유지하는데 유연성을 제공한다. 하지만, 아웃소싱 인력 근로자의 입장에서 보면, 미래를 예측하기 어렵고, 고용에 대한 안정성이 떨어지기 때문에 아웃소싱이 결코 바람직한 방법은 아닐 수 있다.

(다) 노동자 요구 감소

최근 들어 근로자의 요구가 다양해지고 있어서 기업이 많은 부담을 안게 되는데 그 결과 많은 기업들이 아웃소싱으로 그러한 부담에서 벗어나려는 경향을 보이고 있다. 그 이유는 아웃소싱을 제공해주는 인력기관들은 노동자를 임시직 혹은 비정규직으로 고용하는 경우가 많아서 정규직보다 사용자에 대한 요구가 한정되어 있기 때문이다.

(라) 신규 사업 진출

경영환경의 변화로 사업분야가 다양해지기 때문에 기업은 경험과 전문적인 지식이 없는 사업에 투자 시에 종업원을 자사의 인원들로만 확충하기보다는 위험관리의 차원에서 그 사업분야에서 경쟁력 있는 기업의 인적자원들로 구성하려는 경향이 나타날 수 있는데, 이러한 이유로 아웃소싱이 활성화된다고 할 수 있다.

(마) 조직활성화

아웃소싱을 조직적인 관점에서 살펴보면, 단순하고 반복적인 업무를 외부에 맡기기 때문에 기업조직이 슬림화되는 장점이 있다. 따라서 아웃소싱을 통해서 의사결정의 속도가 빨라지고 커뮤니케이션이 활발해지기 때문에 조직이 활성화된다. 또한, 유연성 있는 고용형태와 직무급 등의 급여체제도 실현 가능하게 된다.

(바) 비용 절감

비용적인 측면에서도 아웃소싱은 고정비가 변동비가 되어 매출변동에 따라 비용절감이 가능해지도록 운영할 수 있기 때문에 사업 초기 진입 시에 투자되는 막대한 초기투자비용을 절감할 수 있는 장점이 있다.

나) 아웃소싱의 단점

(가) 관리적 요소

아웃소싱의 단점 중 관리적인 요소와 관련된 부분은 첫째, 통제와 유연성의 문제를 들 수 있는데, 기업의 관리자의 관점에서 아웃소싱은 자사의 직원들이 아니기 때문에 인적자원들의 통제와 유연성에 문제가 생길 수 있다. 둘째, 장기적인 관점에서 발주기업의 관리자들은 자신들의 경력진로를 외부의 아웃소싱 인력에 의해 위협받을 수 있다는 점이다. 셋째, 근로자들로부터, 고용안정, 몰입도 감소 및 정규직 근로자들과의 갈등요소가 존재한다고 할 수 있다.

(나) 비용적인 요소

아웃소싱 업자와의 의사소통과 의견조정을 하기 위한 조정시간이 증가함에 따라 조정비용의 증가와 잠재비용의 발생 문제가 생겨날 수 있다.

(다) 갈등 요소

발주기업의 목표와 아웃소싱업체의 목표가 서로 다르기 때문에 발생할 수 있는 문제가 발생할 수 있는데, 이런 경우에 두 번째 요소인 조정기간과 조정비용이 증가할 수 있고, 아웃소싱업체와 발주기업 간의 보안과 기밀에 대한 문제가 발생되어 서로 상호보완적인 관계에 좋지 않은 영향을 미칠 수 있다.

(2) 비정규직

최근 가장 이슈가 되고 있는 부분이 비정규직 문제라고 할 수 있는데, 비정규직 고용의 증가이유는 정규직에 비해 낮은 임금수준과 해고와 선발의 용이성 때문이라고 분석할 수 있다. 또한, 갈수록 심화되는 취업난과 구직난 등으로 인하여 비정규직이라도 취업하려고 하는 근로자들이 증가하는 것도 비정규직이 증가하는 주된 이유 중 하나라고 할 수 있다.

비정규직의 근로유형으로는 파트타임사원, 파견근로자, 계약직 사원, 도급근로자 등을 들 수 있는데, 파트타임사원은 정규직보다 근로시간이 적으므로, 파견근로자는 인력파견업체에서 채용하여 요구하는 기업에 일정 기간 파견 근무토록 한다. 계약직 사원은 채용 시에 고용기간을 보통 1년에서 3년 정도 정해 놓고 근무를 하게 된다. 도급 근로자는 계약 당사자 일방이 어느 한 가지 단위의 일을 완성해 줄 것을 약속하고 그 일이 완성되면 사원에게 보수를 지급하는 동시에 계약이 완료되는 형태의 비정규직이라고 할 수 있다.

3. 교육 · 훈련관리

1) 교육 · 훈련 및 개발 관리의 개념

기업에 따라 차이가 있을 수 있지만 일반적으로 기업의 전략에 대해서 이해를 하지 못하는 종업원들이 있을 수 있는데 이러한 상황에서는 이러한 종업원들에 대한 교육이 필요하다.

최근 급속한 경영환경의 변화로 많은 기업에서 인적자원에 대한 의존도가 증가하고 있는 상황인데, 이러한 상황에서 기업에서 가장 중요한 자원인 인적자원에 대한 교육, 훈련 및 개발관리는 매우 중요한 부분이라고 할 수 있다. 이러한 인적자원에 대한 교육. 개발은 인성개발, 급속한 기술적 환경의 변화, 조직원들 사이의 커뮤니케이션 등의 필요성에 의해서 진행된다고 할 수 있다. 특히, 정보통신기술을 기반으로 한 지식기반사회로의 전환이 가속화되면서 호텔관광산업에서도 정보통신기술 기반으로한 예약 및 관리시스템 등의 활용이 일반화되면서 이에 따른 교육·훈련 및 개발의 필요성이 커지고 있는 상황이다.

인적자원개발(human resources development)은 훈련과 개발을 통하여 조직목표에 대한 조직 구성원의 공헌을 높이기 위하여 계획된 학습과정이라고 정의할 수 있는데, 인적자원개발의 목적은 기존의 혹은 앞으로 기대되는 직무요건에 맞추어 개인의 능력을 향상시키는 것이라고 할 수 있다.

미국의 맥도날드 햄버거 모의대학이나 KFC 모의대학은 종업원 교육훈련 사례로 유명하다. 호텔신라는 1980년대 서비스 교육센터를 개장하여 매기 6개월간의 교육기간을 통해 많은 졸업생을 배출하였는데 초기의 과감한 투자가 상당한 효과를 거두고 있다는 내부평가를 받았다. 규모가 크고 우수한 훈련 프로그램은 조직을 고객지향적으로 바꾸는 데 유효한 방법이라고 할 수 있다.

스칸디나비아 항공은 조직 재활성화 노력의 일환으로 2만 명 이상의 종업원 훈련을 실시하고, 영국항공도 3만7천 명 이상의 종업원 훈련을 실시했다. 이러한 인적자원개발에 대한 대규모 투자의 배후에는 종업원들의 마인드와 능력을 개발하는 것이 중요하다는 확신이 숨어있는데, 대부분의 초우량 서비스 기업들은 효과적인 종업원 훈련에 대한 프로그램을 가지고 있다. 교육훈련에서 중요한 것은 그것이 지속적인 훈련이 되어야 한다는 점과 상사도 함께 그 훈련을 받아야 한다는 것이다. 상사와 함께 훈련을 받을 때 직원들은 훈련의 중요성을 더욱 절실하게 느끼게 되고 공동의 목표를 갖게 된다. 교육 시 정중한 태도, 응답성, 감정이 이입된 서비스, 경청, 문제해결방법, 커뮤니케이션, 대인적 기술 등을 포함시키는 것은 필수적이다(이유재, 2006. p.299).

4 내부마케팅(internal marketing)

1) 내부마케팅의 정의

기업들은 두 종류의 고객들을 소유하고 있는데 한 가지는 외부고객이고, 다른 한가지는 기업의 내부고객인 종업원들이다. 한 마디로 내부마케팅을 정의하면 종업원을 최초로 고객으로 보고 그들에게 서비스 마인드나 고객지향적 사고를 심어주며, 더 좋은 성과를 낼 수 있도록 동기부여하는 활동이라고 정의할 수 있다(이유재, 2004: 292).

한편 Berry는 내부마케팅은 외부고객에게 서비스를 제공하는 사람들이 최고의 사람들로 고용되고 유지되며, 또 그들이 가능한 한 최선의 일을 할 수 있도록 마케팅을 실천하는 철학적 적용이라고 하였다(Berry, 1984: 271~278). 외부고객만족을 위해서는 좋은 제품이나 서비스가 필요하듯이 내부고객을 만족시키기 위해서도 좋은 제품과 서비스가 필요하다.

내부고객을 만족시키기 위한 좋은 제품이나 서비스란 종업원에게 동기를 부여시키는 작업환경 · 관리방법 · 인사정책 등을 의미한다.

[표 11-7] 외부마케팅과 내부마케팅의 비교

구 분	외부마케팅	내부마케팅
대 상	소비자	종업원
제공물	상품	직무 및 작업환경
가 격	상품의 대가	직무의 대가
목 표	소비자만족	종업원만족

2) 내부마케팅의 목적

내부마케팅은 내부고객인 종업원들에게 동기를 부여시키는 것에 초점을 맞추고 있다. 기업이 내부고객인 종업원들의 욕구를 만족시키는 것이 곧 외부고객의 욕구를 만족시키는 것이라고 가정하는 것이다. 성공적인 내부마케팅을 위해서는 종업원의 역할과 중요성을 인식하고 좋은 내부마케팅의 상품개발도 중요하다.

3) 효율적인 인적자원관리

(1) 채용

기업이 우수한 종업원을 채용하는 것은 매우 중요한 일이다. 특히 서비스기업은 서비스능력(service competencies)뿐만 아니라 서비스성향(service inclination)을 고려해야 한다. 서비스능력이란 기술이나 지식 또는 신체적 조건이나 학위 등을 의미하지만, 서비스성향이란 가치관 · 태도 등을 의미하는 것으로서 남을 기꺼이 도우려는 성향과 사려깊음 및 사교성 등이 이에 속한다.

(2) 교육과 훈련

내부마케팅에 있어서 가장 중요한 부분 중 하나는 종업원들의 교육과 훈련이다. 고객중심의 종업원을 양성하기 위해서는 종업원들의 사고와 기능을 개발하는 교육훈련이 필요하며, 이는 크게 세 가지 형태의 훈련으로 나눌 수 있다(이유재, 2004 : 397~407; 신혜숙, 2004 : 227~228 재인용).

첫째, 서비스전략이 어떻게 작용하는가, 다른 종사원 및 부서와 고객과의 관계에 있어서 자신의 역할은 무엇인가에 대한 전체적인 이해를 제공한다.

둘째, 서비스전략과 마케팅지향적 성과에 대한 호의적 태도를 개발하고 향상시킨다.

셋째, 종사원들의 커뮤니케이션과 판매 및 서비스기술을 개발시키고 향상시킨다.

(3) 임파워먼트(impowerment)

종업원에게 상황에 따른 의사결정권한을 부여하는 것을 의미한다. 고객의 만족을 위해서는 종업원에게 상황에 따른 의사결정권한을 부여하는 것이 필요하다. 이러한 임파워먼트를 통해서 고객만족을 증대시킬 수 있으며, 내부 마케팅 측면에서서는 종업원들의 직무만족을 가져올 수 있다.

[표 11-5] 임파워먼트의 장 · 단점

장 점	단 점
서비스전달 시 고객에게 즉각적인 대응	종업원 선발과 훈련에 많은 투자 필요
서비스회복 시 불만족고객에 즉각적인 대응	노무비의 상승
종업원의 직무만족과 자기만족 상승	비일관적이고 느린 서비스전달이 우려됨
종업원이 온정과 열의로 고객을 대함	Fair Play에 대한 고객기대의 파괴 우려
권한부여된 종업원은 아이디어의 원천	종업원의 잘못된 의사결정 가능성
고객으로부터 좋은 구전광고효과 창출	

자료 : 이유재, 2004 : 301.

제12장

여행업 마케팅

여 | 행 | 사 | 경 | 영 | 론

12 여행업 마케팅

제12장

1. 마케팅의 개념

현재 우리가 살아가고 있는 시대를 마케팅의 시대라고 할 만큼 모든 분야에 있어서 마케팅의 중요성은 점점 증가하고 있다.

우리의 일상생활에서도 감성마케팅, 귀족마케팅, 체험마케팅, 문화마케팅, 날씨마케팅 등 우리의 일상생활과 관련된 모든 분야에서 새로운 개념의 마케팅들이 생겨나고 있다.

1) 마케팅 관련 기본개념

[그림 12-1] 마케팅의 핵심개념

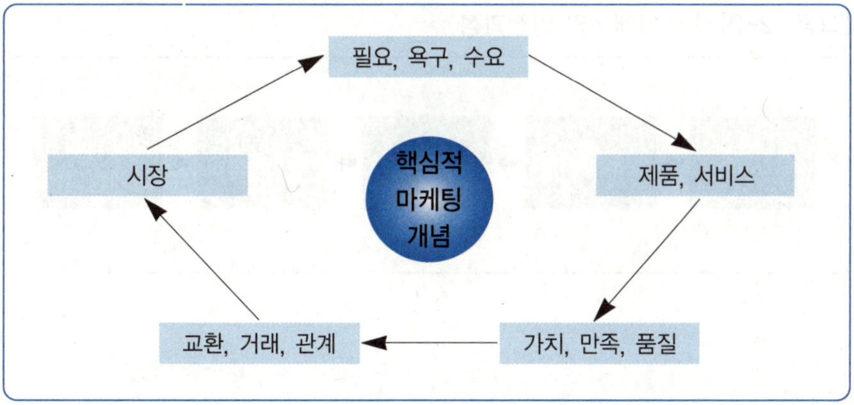

자료 : Philip Kotler and Gary Armsrong, Principles of Marketing, 9th ed., Prentic-Hall, Inc

2) 마케팅의 정의

마케팅에 대한 정의는 1960년 미국마케팅협회(AMA : American Marketing Association)에서 처음 공식적으로 제기되었으며 여러 가지 환경의 변화와 학문적으로 마케팅이 발전하는 과정에서 마케팅에 대한 정의도 변화를 가져왔다. 현재, 가장 일반적으로 사용되고 있는 마케팅에 대한 정의는 1985년 미국마케팅협회에서 발표한 아래와 같은 정의이다.

마케팅이란 개인과 조직의 목표를 만족시켜주는 교환을 창조하기 위하여 아이디어, 재화, 서비스에 대한 개념, 가격, 촉진, 유통을 계획하고 집행하는 과정이다(Marketing is the process of planning and executing the conception, pricing, promotion, and distribution of idea, goods, and services to create exchange that satisfy individual and organization objectives).

2 마케팅개념의 발전과정

마케팅개념의 발전과정은 생산개념, 제품개념, 판매개념, 마케팅개념, 사회적 마케팅개념의 다섯 단계의 발전과정을 보이고 있다.

[그림 12-2] 마케팅개념의 발전과정

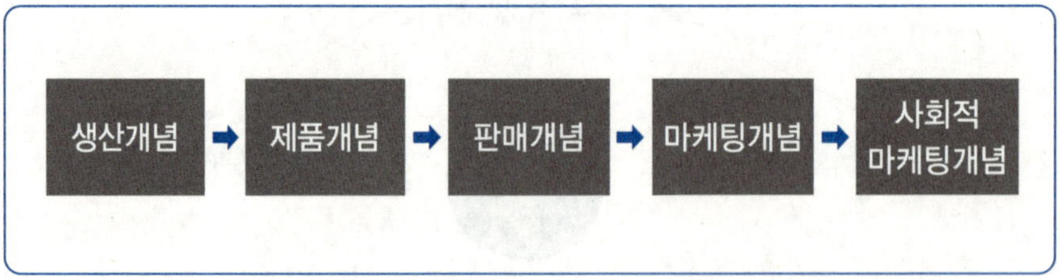

1) 생산개념

제품의 공급이 수요에 비해 부족한 시장환경 하에서는 제품은 만들기만 하면 판매가 된다거나 소비자들에게 저렴한 가격으로 원하는 만큼 구매할 수 있게 해주는 것이 마케팅의 중요한 기능 중 하나라고 생각하는 견해가 나타나게 된다.

이처럼 소비자들의 수요와 욕구충족을 위해 생산성의 향상과 원가절감에 초점을 맞추어야 한다는 생산지향적인 마케팅 이념을 생산개념(production concept)이라고 한다. 이러한 상황에서는 기업들이 우선적으로 생산을 증가시킬 수 있는 방법을 찾는데 주력하게 된다.

2) 제품개념(product concept)

소비자들이 우수한 품질의 제품을 선호할 것으로 보고 최고 품질의 제품생산에 주력하는 제품지향적 마케팅 이념을 의미한다.

제품개념에 입각한 기업의 시장활동은 기본적으로 잘 만들어진 우수한 제품은 소비자들의 만족도가 상당히 높을 것이라는 가정에 이루어지며, 그렇기 때문에 이러한 기업의 마케팅활동은 기업의 연구개발부서에서 제품을 개발하고 생산부서에서 생산된 제품을 시장에 판매만 하는 것이다.

3) 판매개념(selling concept)

판매기능을 가장 중요시하는 기업의 이념으로 이러한 기업은 어떤 제품이든 충분한 판매노력을 기울이면 판매량을 늘릴 수 있고, 소비자들은 기업이 많은 판매와 촉진활동을 하지 않으면 많은 구매를 하지 않는다고 가정한다. 따라서 판매개념을 중요시하는 기업들은 판매와 촉진활동에 초점을 맞추게 되는데 이 개념이 주장하는 근거는 소비자들에게 판매 및 촉진활동을 하지 않으면 제품의 존재를 알지 못하며 많이 구입하지 않는다는 것이다. 이처럼 소비자 중심이 아닌 판매자 중심의 시장개념에 따라 활동하는 기업은 판매 자체가 목적이기 때문에 소비자의 구매 후 만족 여부에는 관심을 가지는 것이 어렵다.

4) 마케팅 개념(marketing concept)

판매개념 다음에 나타난 개념으로서 기업의 목표달성 여부는 시장에 있는 소비자의 욕구를 파악하고 이들에게 만족을 전달해 주는 활동을 얼마나 경쟁자보다 효율적으로 수행할 수 있느냐에 달렸다고 보는 이념을 의미한다. 판매개념과 마케팅개념의 차이점은 판매개념은 판매자의 욕구에 초점이 맞추어져 있지만 마케팅개념은 구매자의 필요와 욕구에 초점을 맞춘다는 점이다.

다시 말하면, 판매지향적 기업은 제품을 현금으로 바꾸려는 판매자의 욕구에 초점이 맞추어져 있는 반면, 마케팅 개념에 입각한 기업은 제품의 생산, 유통, 소비와 관련된 모든 활동에 있어서 소비자의 필요와 욕구를 만족시키는데 초점을 두고 있다는 것이다. 또한, 마케팅개념은 제품생산에서부터 유통, 판매 후 관리까지 통합적 마케팅을 통해 소비자들의 필요와 욕구를 최대한 충족시키는 것을 마케팅 활동에 있어서 가장 중요한 과제로 본다.

5) 사회적 마케팅 개념(societal marketing concept)

소비자들의 단기적인 욕구와 만족을 충족시키는 것도 중요하지만 사회 전체적인 이익과 복지의 증진도 매우 중요하다고 보는 마케팅이념을 의미한다. 최근, 기업들은 기업을 둘러싸고 있는 여러 가지 환경의 변화들로 인하여 마케팅활동의 의사결정 시 사회의 관심사를 함께 고려해야 할 필요가 있게 되었는데, 이렇게 사회적 마케팅개념에 입각한 기업은 기업의 이윤추구, 소비자의 필요 및 욕구충족과 더불어 사회전체의 이익과 복지도 조화롭게 고려해야 할 것이다. 최근, 자연환경문제를 고려해서 공해를 줄이는 제품생산과 기업의 공해방지시설 설치 등을 강조하는 그린마케팅(green marketing) 등도 사회적 마케팅개념의 한 예라고 할 수 있다.

3. 마케팅믹스(marketing mix)

마케팅 프로그램과 전략개발을 위해 사용할 수 있는 통제가능한 마케팅 도구들의 집합을 말하며, 마케팅믹스의 결과로 얻어진 최종의사결정의 내용을 마케팅 프로그램(marketing program)이라고 한다.

고객의 욕구를 충족시켜주는 교환을 창출하기 위해서는 마케팅전략을 수립하고 그에 따라 마케팅활동을 수행해야 하는데, 마케팅 전략의 핵심은 표적시장을 선정하고 그 시장의 고객욕구를 충족시키는 마케팅믹스를 개발하는 것이다. 마케팅믹스는 제품(product), 가격(price), 유통(place), 촉진(promotion) 등 네 가지 요소로 구성되어지며 모두 영어 알파벳 'P'로 시작되기 때문에 4P's라고도 한다.

마케팅믹스의 구성요소들 상호 간에는 서로 영향을 미치게 되며 이들 4개의 요소를 어떻게 조합하느냐에 따라서 마케팅 성과는 많은 차이를 나타낼 수 있다.

1) 제품(product)

교환을 위해 시장에 제공되는 제품, 서비스, 아이디어, 장소 등 교환제공물로서 품질, 기능, 디자인, 브랜드 등 제품의 구성요소들이 마케팅믹스 전략의 도구로 사용된다.

2) 가격(price)

제품의 거래조건을 구성하는 것으로 제품과 서비스의 효용 및 가치를 금액으로 표시한 것이라고 할 수 있다.

3) 유통(place)

생산된 제품이나 서비스를 소비자에게 이전하는 과정을 의미하며, 유통경로(channel of distribution)란 제품이나 서비스를 생산자로부터 소비자에게 이전되어 가는 과정에 거치게 되는 경로를 의미하는 것으로, 이 과정에 참여하는 모든 개인 및 조직의 집합체로 구성되어진다.

유통은 유통기관, 유통경로, 유통방식 등이 전략수단으로 사용된다.

4) 촉진(promotion)

소비자와 커뮤니케이션을 하기 위해 사용하는 수단들인 광고, 판매촉진, 인적판매, 홍보 등이 마케팅믹스 전략의 수단으로 작용된다.

[표 12-1] 전통적 마케팅믹스

제품	유통	촉진	가격
· 물리적 제품특성 · 품질수준 · 액세서리 · 포장 · 품질보장 · 제품계열 · 브랜드	· 유통경로 형태 · 노출 · 중간상 · 유통점포업자 · 운송 · 보관 · 유통관리	· 인적판매(숫자, 선발, 훈련, 인센티브) · 광고(표적시장, 매체선정, 광고형태, 카피)	· 유연성 · 가격수준 · 기간 · 차별화 · 할인 · 무료

자료원 : Zeithmal, Valarie A. and Mary Jo Bitner(1996), Services Marketing, New York : The McGrow-Hill Co., p.25

4. 시장분석

일반적으로 시장분석을 실시하게 되는 목적 중 하나는 현재의 경쟁자 및 잠재적 진입자가 특정산업에 대해 느끼는 매력도를 측정하는 것인데, 시장분석은 아래 표와 같은 요소들로 구성되며 특정시장에 참가한 기업의 장기적 투자수익률로 측정될 수 있는 시장의 이익 잠재력이 바로 시장의 매력도를 의미한다.

[표 12-2] 시장매력도 구성요소

시장의 외형적 요인	시장구조 요인	환경적 요인
시장규모	잠재적 진입자의 위험	인구통계적 요인
시장성장률	구매자의 교섭력	경제적 요인
제품수명주기단계	공급자의 교섭력	기술적 요인
수익성	현재 산업 내 경쟁	법적 요인
판매의 주기성	대체품의 위협	정치적 요인
	정부의 역할	

1) 시장규모

자사제품의 판매가 얼마나 될 수 있을 것인가를 결정짓는 가장 기본적인 요소로, 일반적으로 큰 규모의 시장은 작은 규모의 시장에 비해 더 많은 이윤 창출의 기회를 제공하기 때문에 그 만큼 시장에 대한 매력도가 높다고 할 수 있다. 그러나 큰 규모의 매력도를 지닌 시장일수록 그만큼 더 경쟁을 치열하게 된다.

2) 시장성장률

시장성장률이 높은 시장은 잠재적으로 기업들이 이윤 창출의 기회가 더 많기 때문에 매력적으로 느끼지만 많은 기업의 시장진입으로 인하여 그 만큼 경쟁은 더욱 치열하게 된다.

3) 제품수명주기 단계

일반적으로 제품수명주기(product life cycle)는 도입기, 성장기, 성숙기, 쇠퇴기로 나누어지는데 도입기는 초기단계로서 판매가 낮은 속도로 증가하는 단계이며, 성장기는 제품의 판매가 급속히 증가하는 단계이며, 성숙기는 제품의 판매증가가 둔화되지만 판매가 최고조에 달하며, 쇠퇴기에는 판매가 감소하는 시기이다. 일반적으로 기업들에게는 성장기에 해당하는 시장이 매력적이지만 반드시 그렇지 만은 않다고 할 수 있다.

그러므로 각 제품수명주기의 단계별로 시장의 매력도가 고정되어진 것은 아니며, 같은 단계에 있는 시장이라도 그 세부상황과 기업의 사정에 따라 매력도는 달라질 수 있기 때문에 각 기업은 현재 시장이 제품수명주기상에 속한 단계와 현재 자사가 보유한 기술 및 제품의 특징을 함께 고려하여 시장의 매력도를 평가해야 한다.

4) 수익성(profitability)

수익성은 시장마다 차이가 있는데 시장에 따른 수익성의 차이는 그 산업의 생산방식이 노동집약적인지, 자본집약적인지, 경쟁 강도, 제조기술 등에 의해서 유발된다. 위의 요소들을 평가해서 수익성이 높은 시장은 매력도가 높은 시장이라고 할 수 있다.

5) 판매의 주기성

관광시장의 경우 성수기와 비수기가 뚜렷하게 구별되어 매출액이 규칙적인 주기를 보이면서 오르락 내리락 하게 된다. 이렇게 판매의 주기성이 다른 산업보다 높은 시장은 일반적으로 다른 산업에 비해 매력도가 떨어지게 된다. 물론, 기업은 이러한 시장의 주기성을 먼저 파악한 후 자사의 능력이 환경과 맞는지 평가해 보아야 한다.

5. 자사분석

1) 자사분석 내용

(1) 성과분석

일반적으로 자사분석은 성과분석을 기초로 하게 되며 이러한 분석을 통해서 기존의 사용하고 있는 전략을 검토하고 전략의 수정 여부를 결정하게 된다. 성과분석은 기업의 장기적 혹은 단기적 사업목표를 고려해서 분석되어야 하며 그 목표에 따라서 성과측정의 해석이 달라져야 한다.

(2) 원가분석

기업이 시장에서 경쟁우위를 확보하는데 가장 중요한 요인 중 하나가 원가상의 우위를 확보하는 것이기 때문에 자사분석에 있어서 원가분석을 하는 것은 매우 중요하다.

원가분석에는 현재의 원가구조와 원가수준을 파악하고, 미래의 원가구조와 원가수준 파악, 경쟁자가 비교한 현재 및 미래의 원가우위 지속 여부 등을 파악하는 것이 포함된다.

(3) 강점과 약점

자사의 강점과 약점을 분석할 때 주요 경쟁자를 비교대상으로 하여 시장전략을 위한 자사의 강점과 약점이 평가되고 분석될 수 있다. 이러한 기업의 강점과 약점에 대한 분석은 현재는 물론 앞으로 다가올 미래의 상황까지도 분석되어져야 하며 현실적으로 마케팅, 재무, 인사, 생산 등의 경영기능을 중심으로 접근하는 것이 효과적이다.

(4) 기업 내부능력의 분석

기업은 원활한 마케팅활동의 수행을 위해 기업 내부의 생산, 인사, 연구개발, 관리 등 많은 다른 부서들과 긴밀한 관계를 유지해야 한다. 이처럼 마케팅활동은 독립적인 기능이 아니라 기업 내의 다양한 부서들의 의사결정에 영향을 미치기 때문에 기업 내 여러 부서의 내부능력을 분석하는 것이 중요하다.

(5) 과거와 현재의 전략

기업의 강점과 약점을 결정하기 위해서는 과거와 현재의 전략을 검토해야 하는데 기업의 기본전략이 무엇인지를 이해하게 되면 조직의 강점과 약점이 무엇인지를 제대로 이해하는데 도움이 될 수 있다.

2) SWOT 분석

전략수립은 기회를 활용하고 위협을 회피하거나 새로운 기회로 변화시키기 위한 것이며, 환경변화에 따라 기회와 위협이 교차한다면 바람직한 전략대안을 어떻게 선택할 것인가 하는 문제가 제기되는데, 이러한 문제해결을 위하여 조직능력의 관점에서 일정시점의 주요 환경요인을 기회와 위협으로 분류하고 이들을 전략적 관점에서 자사의 강 · 약점과 결합시켜 효과적인 전략을 수립하는 과정이 SWOT분석이다.

다시 말하면 SWOT 분석은 강점(Strengths), 약점(Weaknesses), 기회(Opportunities), 위협(Threats)의 매트릭스를 통해서 바람직한 전략을 수립하는 과정을 의미한다.

[표 12-3] SWOT 분석 시 고려해야 할 사항

강점(내부적)	약점(내부적)
-탁월한 능력 -적절한 재무적 자원 -좋은 경쟁적 기술수준 -구매자들이 자사에 대하여 가지고 있는 호의적인 생각 -인정받고 있는 시장선도자 -잘 수행되고 있는 기능별 전략 -규모의 경제 활용 -비밀기술 -원가상의 유리점 -경쟁상의 유리점 -제품혁신능력 -입증된 경영능력	-불분명한 전략적 방향 -쇠퇴해 가고 있는 경쟁적 지위 -낙후된 시설 -평균 이하의 수익성 -관리적 깊이와 재질의 결여 -주요 기술이나 능력의 결여 -빈약한 전략수행 -미해결중인 내부운영상의 문제 -연구개발투자에서의 열등 -열등한 제품의 품질 -경쟁상 불리점 -평균 이하의 마케팅 기술 -전략변경에 필요한 자금동원능력의 부족 -기타
기회(외부적)	**위협(외부적)**
-새로운 시장과 세분시장에의 진입 -제품계열의 추가 -관련제품으로의 다각화 -보완제품의 추가 -수직적 통합 -보다 좋은 전략적 집단으로의 이행력 -경쟁사간의 화목 -빠른 시장성장 -기타	-새로운 경쟁자의 진입가능성 -대체제품의 판매량 증가 -느린 시장성장 -역행하는 정부의 방침 -증대되는 경쟁적 압력 -경기후퇴와 경기변동에의 가변성 -증대되는 고객이나 공급자의 교섭력 -역으로 바뀌고 있는 인구통계 -기타

자료 : 채서일, 마케팅, 2004, 학현사 p. 152

6. 제품전략

1) 제품의 이해

(1) 제품의 개념

제품(product)이란 소비자의 필요(needs)와 욕구(wants)를 충족시켜줄 수 있는 모든 것을 의미하는 것으로, 유형적인 제품, 무형적인 서비스, 사람, 관광지와 같은 장소 등을 모두 포함한다. 제품이 소비자의 욕구를 충족시켜줄 수 있는 것은 그 제품이 지니고 있는 속성(attribute) 때문인데, 이러한 제품의 속성들은 핵심제품(core product), 유형제품(tangible product), 확장제품(augmented product)의 세 가지 차원들로 구성된다.

[그림 12-3] 제품의 구성차원

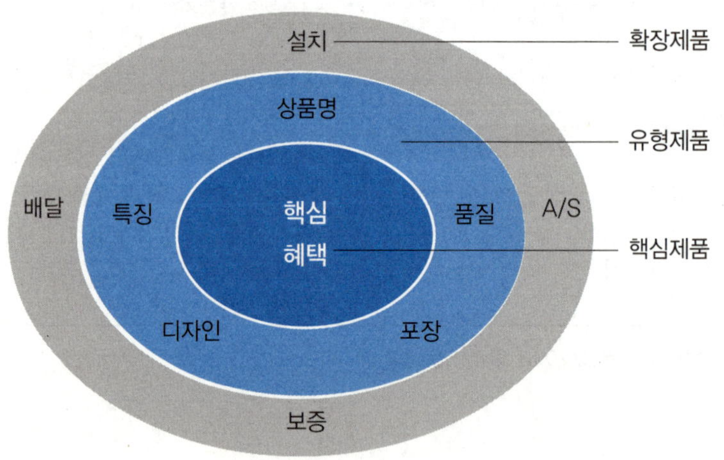

자료 : Philip Kotler and Gary Armstiong, Principles of Marketing., Prentice-Hall International, INC., 1999, p. 237

(2) 제품의 구성요소

소비자들은 자신의 욕구를 충족시키기 위하여 제품을 구입하게 되는데 실제로 소비자들이 원하는 것은 구매하는 제품으로부터 얻게 되는 혜택의 조합이라고 할 수 있다.

동일한 제품에 대해서도 소비자들마다 얻는 혜택이 다르기 때문에 마케팅 관리자들은 제품을 구성하는 요소들을 효과적으로 통합하여야 한다. 제품을 구성하는 요소들은 품질, 디자인, 상표, 포장으로 분류할 수 있다.

가) 품질

특정제품이 그 기능을 수행할 수 있는 능력을 말하는 것으로 품질의 측정에 사용되는 구성요소로는 다음과 같은 것들이 있다(David A. Garvin, "Competing on the Eight Dimensions of Quality", Harvard Business Review, November/December 1987, pp. 101-109).

성능(performance) 특정 제품 또는 서비스가 정해진 디자인 요건과 작동요건을 충족시키는 정도를 말한다. 예를 들어 오디오의 음질과 같이 고객이 그 제품으로부터 추구하는 주요 혜택에 의하여 측정된다.

부속기능(features) 2차적인 혜택을 제공하는 보조적인 기능들을 말한다. 예를 들어 900MHZ 무선전화기에는 상표에 따라 수화기를 들지 않고도 통화할 수 있는 "자동통화기능"이 있는가 하면, 수화기를 잘못 놓아도 1분이 지나면 통화기능 상태로 전화되는 "안심기능"도 있다.

신뢰성(reliability) 일반적으로 시초 고장까지의 평균시간, 고장 간의 평균 시간 및 단위기간 동안의 고장률 등으로 측정된다.

내구성(durability) 제품의 수명과 견고성을 말한다.

서비스 용이성(serviceability) 제공되는 서비스의 속도, 고객우대, 적합성 및 고장 시 수선 용이성 등을 말한다.

심미성(aesthetics) 주로 제품의 감각적 가치로 외관과 느낌 등을 포괄하는 것이다.

명성(reputation) 기업명 또는 상표명에 의한 인기도를 말한다.

적합성(conformance) 특정 제품 또는 서비스가 표준으로부터 벗어나는 빈도와 정도를 말한다.

기업의 입장에서 품질을 관리한다는 의미는 소비자들이 불편해하는 결함을 줄이는 것뿐만 아니라 소비자들의 품질에 대한 욕구와 선호를 더욱 잘 충족시켜줄 수 있는 제품을 제공함으로써 경쟁기업보다 경쟁우위를 확보하는 것을 말한다.

나) 디자인

제품 디자인은 자사의 제품을 차별화할 수 있는 하나의 수단이 될 수 있을 뿐만 아니라 탁월하고 우수한 디자인은 소비자에게 더 많은 구매의 유인을 제공할 수 있다.

제품 디자인에는 색, 크기, 형태, 재료, 무게 등이 포함되며 제품사용의 편리성과 유용성도 제고해야 한다. 최근, 디자인의 중요성은 더욱 부각되고 있으며 소비자의 편리성을 높은 디자인을 가진 제품의 성공확률은 더욱 높아진다고 할 수 있다.

다) 상표(brand)

특정 판매업자의 제품이나 서비스를 다른 판매업자들로부터 식별하고 차별화시키기 위하여 사용되는 명칭, 말, 상징, 기호, 디자인, 로고와 이들의 결합체라고 정의할 수 있다. 또한, 상표의 개념으로는 상표명, 상표마크, 등록상표 등이 있다.

상표명(brand name)은 코카콜라, 폴로 등과 같이 상표 중에 말로 발음하고 나타낼 수 있는 문자, 단어, 숫자부분을 말하며, 상표마크(brand mark)는 폴로의 말과 같이 상표 중에 상징, 디자인, 독특한 색상이나, 문자와 같이 인식은 되지만 말로 표현할 수 없는 부분을 말한다. 등록상표(trade mark)는 그 상표의 독점적 사용이 법적으로 보장되어 보호받을 수 있는 상표를 의미한다.

라) 포장

일반적인 포장의 기능에는 제품의 소비가 완료될 때까지 내용물을 보호하는 보호기능과 보관기능, 사용의 편리성을 높여주는 기능, 촉진기능 그리고 제품폐기를 용이하게 해주는 기능 등이 있다. 이렇게 포장은 여러 가지 기능을 가지고 있지만 최근에는 포장이 마케팅 수단으로서 수행하는 기능이 보다 중시되고 있는 경향을 보이고 있다.

(3) 제품의 분류

제품은 크게 소비재와 산업재로 구분되는데, 소비재는 소비자가 최종소비를 위해 구매하는 제품이며, 산업재는 다른 제품의 생산이나 사업을 위해 구매되는 제품을 의미한다. 소비재는 소비자의 쇼핑습관에 따라 편의품 · 선매품 · 전문품 · 미탐색품 등으로 분류할 수 있다. 편의품(convenience goods)은 소비자가 최소의 노력으로 자주 구매하는 제품을 의미하며, 다시 필수품(staple goods), 긴급품(emergency goods), 충동품(impulse goods)으로 분류할 수 있다.

선매품(shopping goods)이란 소비자가 가격 · 품질 · 디자인 등을 평가해서

탐색한 후 구매되는 제품을 말한다. 선매품은 편의품보다 구매빈도는 낮지만 가격이 높은 편이다.

전문품(specialty goods)은 소비자가 제품을 구매할 때 많은 탐색노력을 기울이는 제품을 말한다. 전문품은 일반적으로 상표인지도와 상표충성도가 높으며, 대표적인 전문품으로는 고가의 자동차와 시계들을 예로 들 수 있다.

미탐색품(unsought goods)이란 소비자들이 평소에 거의 제품탐색 의도를 보이지 않는 제품을 말한다.

(4) 관광상품의 분류

관광상품은 관광기업이 현재 및 잠재고객을 대상으로 제공하는 유형적 상품과 서비스, 아이디어, 정보 등을 포함하는 개념으로, 유형적 요소보다 무형적 요소가 더 많은 서비스 상품이라고 할 수 있다.

서비스는 핵심서비스(core service)와 부가서비스(supplementary service)로 구분되는데 핵심서비스란 서비스상품의 판매에 있어 주된 요소가 되는 서비스를 말하며, 부가서비스는 핵심서비스를 판매하기 위하여 보조적인 역할을 하는 서비스를 말한다.

예를 들어 호텔에서 제공하는 핵심서비스는 숙박 및 식음료 판매와 관련된 서비스이며, 부가서비스란 종사원의 친절, 호텔 내외의 정보제공, 비즈니스와 관련된 편의제공 등이라 할 수 있다. 하지만, 관광기업의 핵심서비스는 거의 비슷하기 때문에 핵심 서비스만으로는 경쟁기업과 차별화하기 어려운 것이 사실이다. 따라서 부가 서비스측면의 차별화를 시도하는 것이 보다 유용하다고 할 수 있다(신혜숙, 2004 : 128–129).

관광상품은 숙박상품 · 식음료상품 · 교통상품 · 관광편의품 · 쇼핑상품 · 관광명소상품 · 관광활동상품 · 관광이벤트상품 등으로 분류할 수 있다(이정학, 2003 : 133–135).

❶ 숙박상품 : 관광호텔 · 수상관광호텔 · 가족호텔 · 한국전통호텔 · 콘도미니엄 · 모텔 · 여관 · 유스호스텔 · 방갈로 · 펜션 등의 객실상품을 말한다.

❷ 식음료상품 : 호텔 레스토랑 및 주장 · 관광식당 · 일반음식점 · 유흥음식점 · 간이음식점 등에서 제공하는 음식과 음료 등의 상품을 말한다.

❸ 교통상품 : 항공기 · 선박 · 유람선 · 버스 · 기차 등의 객석 및 렌터카 등의 상품을 말한다.

❹ 관광편의품 : 관광활동에 필요한 물품, 즉 모자 · 의복 · 선글라스 등의 상품을 말한다.

❺ 쇼핑상품 : 기념품 · 토산품 · 특산품 등의 상품을 말한다.

❻ 관광명소상품 : 박물관, 전시관, 기념관, 문화유적지, 명승지, 휴양지, 민속촌, 주제공원, 생태관광지, 재래시장, 건축물, 자연 그 자체 및 형상물 등을 이용한 상품을 말한다.

❼ 관광활동상품 : 온천, 스포츠활동, 전통체험(김치, 도자기 등), 카지노 등의 체험상품을 말한다.

❽ 관광이벤트상품 : 축제 · 공연 · 스포츠경기 · 박람회 등의 이벤트적 상품을 말한다.

❾ 기타 : 기후 · 친절성 · 이미지 · 민족성 · 신기성 등을 관광상품화한 것을 말한다.

2) 제품수명주기

(1) 제품수명주기의 개념

제품수명주기(product life cycle)란 새로운 제품이 개발되어 시장에 출시된 이후 성장하다가 일정 기간을 경과한 후에 쇠퇴되어 시장에서 사라지기까지의 과정을 의미한다. 다시 말하면 특정제품이 개발되어 시장에서 출시된 이후 시간이 경과함에 따라 매출액과 이익이 변화해 가는 과정을 나타낸 것이다.

(2) 제품수명주기의 단계별 특성 및 전략

제품수명주기는 도입기 · 성장기 · 성숙기 · 쇠퇴기로 나누어볼 수 있는데, 단계별 특성은 다음과 같다.

가) 도입기(introduction stage)

도입기는 특정제품이 처음으로 시장에 출시되어 소비자가 구매하게 되는 단계로 기업은 시장개척자로서 계획된 제품 포지셔닝전략에 따라 마케팅믹스 전략 등을 실행한다.

나) 성장기(growth stage)

성장기에는 매출액이 증대되어 이익이 증가하지만 높은 시장점유율을 유지하기 위해 촉진 및 유통에 많은 자금이 투입되는 시기이기도 하다.

다) 성숙기(maturity stage)

성숙기에 들어서면 매출액이 감소하기 시작하기 때문에 기업은 시장과 제품 및 마케팅믹스 등에 변화를 주어 확보한 시장을 방어하게 된다.

라) 쇠퇴기(decline stage)

쇠퇴기에는 기술혁신 · 경쟁심화 등으로 매출액이 감소한다. 제품수명주기의 단계별 특징 및 전략은 〈표 12-6〉과 같다.

[표 12-6] 제품수명주기의 단계별 특징 · 목표 · 전략

내용	도입기	성장기	성숙기	쇠퇴기
판매량	적음	증가율이 매우 높음	최대	급격히 감소
비 용	높음	계속 낮아짐	낮음	낮음
이 익	낮음	계속 높아짐	최대	계속 낮아짐
경 쟁	거의 없음	계속 증가	최대수준에서 안정됨	감소
마케팅목표	제품인지 및 구매유도	시장점유율 극대화	이익극대화	비용 절감 및 브랜드 축소
제품전략	기본제품 제공	제품계열, 서비스 확대	브랜드 다양화	비인기 브랜드 제거
가격전략	원가에 근거	시장침투가격	경쟁사와의 조화 및 할인	가격인하
광고전략	제품소개 및 인지	대중시장에 대한 제품인지 제고	브랜드 차별화 및 혜택 강조	고충성도 브랜드 외 광고비 인하
판매촉진 전략	구매유도를 위한 적극적 예산투입	수요확대를 고려한 예산인하	브랜드 다양화에 조화된 적극적 예산투입	최소의 예산
유통전략	선별적 유통채널	유통채널의 확대	유통채널의 최대화	유통채널의 최소화

자료 : 정규엽, 2004: 384.

(3) 관광지의 수명주기

Burtler는 1980년 상품수명주기와 유사한 관광지수명주기를 제시하였는데, 상품수명주기에서의 상품판매량은 관광자수로, 시장의 진화과정은 관광지의 물리적 시설이나 행정조직과 같은 관광지의 개발과정으로 대치된 것이다. 이러한 관광지의 수명주기는 관광지의 질과 양이라는 시장진화와도 관련시켜 설명할 수 있는데, 관광지의 수명주기는 탐색기 · 몰입기 · 강화기 · 정체기 · 쇠퇴기로 구분할 수 있다(신혜숙, 2004: 141~144).

단계별 특징을 살펴보면 다음과 같다.

가) 탐색기

관광수명주기의 첫 번째 단계인 탐색기는 단체관광을 싫어하는 소수의 모험적 관광자들이 지역을 방문하고, 접근방법과 편의시설의 부족으로 관광자 수가 제한되는 시기이다.

나) 몰입기

관광자를 위한 시설이 일부 개발되고 광고도 함에 따라 관광자 수가 증가하는 시기로, 성수기와 주요관광자 밀집지역이 형성되며, 공공부문은 기반시설을 제공해야 할 책임을 느끼게 되는 시기이다.

다) 개발기

관광자가 대량으로 유입되며, 관광지에 대한 통제가 지역주민의 손을 벗어나고, 외부기업이 현대적 시설을 개발하기 시작하면서 관광조직이 변화하는 시기이다.

라) 강화기

관광자 수가 증가하나 증가율이 저하되기 시작하는 시기이다. 관광지는 완전히 성숙한 관광사업의 일부로 존재한다.

마) 정체기

정체기에 오면 관광자 수가 최고치에 도달하고, 이제 지역은 더 이상 인기가 없어진다. 보수적 여행자들 중 반복방문객이 주요관광자이다.

바) 쇠퇴기

주말이나 당일 여행객 같은 지리적으로 근접한 소수의 관광자만이 이 지역을 방문한다.

3) 신제품개발

기업이 신제품을 얻을 수 있는 방법은 크게 두 가지로 나누어볼 수 있는데 첫 번째는 신제품을 보유하고 있거나 신제품 개발에 적극적인 기업을 인수, 합병하는 방법이고 두 번째는 기업 내부적으로 연구개발 부서에 의한 신제품 개발이다.

(1) 신제품개발의 의의

다양한 소비자들의 욕구를 충족시키기 위하여 기업들은 제품차별화(product differentiation) 전략으로써 신제품을 개발한다. 또한 상황에 따라서는 기존제품을 계획적으로 진부화시키기 위해서 신제품을 개발하기도 한다. 신제품은 시초제품 · 혁신제품 · 수정제품 · 신상표 등의 유형이 있는데, 시초제품은 핵심기능을 최초로 제공하는 제품을 의미하며, 혁신제품은 핵심기능이 혁신적으로 변화된 제품을 의미한다.

수정제품은 핵심기능이나 부수적 기능이 수정된 제품이며, 신상표는 똑같은 기능의 제품을 상표와 포장만 바꾼 제품이다. 신제품이 시장에서 성공하기란 매우 어렵기 때문에 기업의 입장에서 신제품개발전략은 매우 위험도가 큰 전략이다.

(2) 신제품의 성공요인

가) 소비자와 관련된 요인

신제품이 시장에서 성공하기 위해서는 가장 먼저 소비자의 필요에 적합해야 하는데, 그러기 위해서는 표적고객의 선택이 정확해야 한다. 또한, 제품의 테스팅, 출시 및 수명주기의 관리에 있어서도 고객의 필요를 해결하기 위한 제품의 편익이 소비자에게 적절하게 제공되고 있는지를 주기적으로 점검하는 것이 필요하다. 또 다른 소비자 관련 요인으로는 소비자에게 가격에 비하여 높은 효용을 줄 수 있는 제품이어야 한다.

나) 기술 관련 요인

신제품의 성공 요인 중 기술관련 요인이란 자사의 신제품이 경쟁사에 비해 독점적 기술우위를 가지고 있는 것도 중요하지만 그 보다도 소비자들이 원하는 편익을 제공할 수 있는 능력을 의미한다고 할 수 있다. 물론, 다른 경쟁기업과 비교하여 독점적 기술우위를 보유하게 되면 그 신제품은 시장에서 성공할 확률이 더 높겠지만 소비자들이 원하는 편익이 무엇인지 파악을 하지 못하게 되면 그 성공확률은 낮아지게 된다.

다) 시장환경 관련 요인

일반적으로 신제품 중 성장잠재력이 큰 제품은 시장에서 성공할 확률이 높다고 할 수 있다. 성장잠재력이 큰 제품은 제품수명주기상 성장기에 있는 제품을 말하며, 신제품의 진부화 속도, 전체 잠재시장의 크기 등을 모두 고려하여 성장 잠재력을 판단하여야 한다.

라) 기업 내부 요인

Robert(1990)에 의하면 신제품들 중에서 독특한 기술을 가지고 기존 제품과의 관련성이 높은 시장에 진입했을 때는 67%의 성공률을 보였으며, 독특한 기술은 있으나 관련성이 낮은 시장에 진출한 경우에는 25%, 독특하지 않은 기술을 이용하여 관련성 없는 시장에 진입한 경우에는 극히 낮은 성공확률을 보였으며, 독특하지 않은 기술로 관련성이 높은 시장에 진입한 경우 25%의 성공률을 보였다. 따라서, 독특한 기술처럼 강점을 가지고 있으며 기존 제품과의 관련성이 높은 시장에 진출한 경우가 가장 성공 가능성이 크다고 할 수 있다.

그 외에도 신제품을 성공시키기 위한 기업 내부적 조건들 중에서 중요한 것들로는 최고경영자의 지원, 신제품개발과 관련된 기능부서들 사이의 원활한 의사소통, 신제품을 성공시키려는 강력한 의지를 가진 임직원, 효과적인 신제품개발 조직 등을 들 수 있다(박흥수외, 2004:14).

마) 신제품 개발기간 및 출시의 타이밍

많은 제품들이 제품수명주기가 빨라지면서 진부화 속도가 빨라지고 있는데 좋은 아이디어라고 하더라도 제품출시의 적기를 놓치면 시장에서 성공하기 어렵다. 특히, 하이테크 제품일수록 출시의 타이밍이 더욱 중요하다고 할 수 있다. 한편, 아직 성숙되지 않은 시장에 신제품을 출시하여 실패하는 사례도 많이 있는데, 예를 들어 1970년대에 Mc.Donald' s가 우리나라에 진출을 시도하였으나 실패한 사례가 좋은 예가 될 수 있다.

(3) 신제품의 실패원인

해마다 많은 신제품들이 시장에 출시되지만 그 중 많은 수가 실패하고 만다. 성공한 제품과 실패한 제품을 구별하는 기준은 다양하지만 일반적으로 신제품이 시장에서 실패하는 이유는 다음과 같다.

가) 소비자 관련 요인

신제품이 실패하는 여러 요인 중에서 가장 일반적인 요인은 신제품이 기존 제품과의 차별화된 독특한 편익을 소비자들에게 제공하지 못하는 경우이다. 모방전략(me-too strategy)에 의해 출시된 신제품이 시장의 기존제품을 따라

잡는 것은 아주 힘든 일이다. 또한, 독특한 편익은 있으나 소비자들의 기호가 바뀌어 더 이상 그 편익을 높이 사주지 않게 되는 경우도 볼 수 있다.

따라서 신제품이 시장에서 실패할 확률을 줄이기 위해서 가장 필요한 노력은 기존 제품과는 차별화되면서도 소비자들이 원하는 독특한 편익을 찾아내어 이를 제공할 수 있도록 제품을 설계하는 일이다.

나) 마케팅전략 관련 요인

신제품의 성공은 정확한 표적시장의 선정과 그에 적합한 포지셔닝을 필요로 한다. 물리적으로는 훌륭한 제품을 만들어 놓고서도 마케팅 전략상의 실수로 인해 신제품이 실패하는 경우도 자주 볼 수 있다. 신제품의 실패 확률을 줄이기 위해서는 시장세분화가 올바르게 되어 있는가 하는 점과 표적고객들에게 파고들 수 있는 포지셔닝이 이루어져 있는가를 면밀히 검토해야 한다.

다) 마케팅과 유통자원의 부족

신제품이 성공하기 위해 필요한 광고, 판촉, 유통상의 지원이 불충분해서 실패하는 신제품들을 볼 수 있는데, 특히 사내 영업조직이나 유통경로 구성원들을 설득하는데 실패하여 신제품을 취급하는 것을 회피할 경우 신제품이 시장에서 성공을 거두기가 어렵게 된다.

라) 사내조직 관련 요인

신제품의 성공을 위해서는 전사적인 품질에 대한 인식과 고객지향적인 기업문화가 필요할 뿐만 아니라 기업 내의 마케팅부문, 연구개발부문, 생산부문, 영업부문 구성원들의 노력과 협조가 필요하다.

기업 내부적으로 위에서 언급된 부서의 협조가 부족하면 신제품은 시장에서 성공확률이 낮아지게 된다.

(4) 기타 요인

위에서 언급된 요인들 이외에도 기술개발과 관련된 요인, 신제품 출시의 타이밍, 수요예측의 실패, 경쟁기업에 대한 정보 부재 기업을 둘러싸고 있는 외부환경 등에 의해 신제품이 시장에서 실패할 수 있다.

신제품개발의 주요한 성공요인과 실패요인들을 살펴보면 다음과 같다.

[표 12-7] 신제품개발의 주요한 성공요인과 실패요인

성 공 요 인	실 패 요 인
소비자 욕구충족제품	차별화된 효익제공 실패
제품의 기술적 우월성	표적시장 선정 실패
큰 성장잠재력	잘못된 포지셔닝
자사의 강점과 조화된 제품	광고, 판촉, 유통자원 부족
적은 경쟁 정도	기술개발의 진부화
효과적인 제품개발조직	출시시기의 실패
최고경영자의 지원	신제품개발부서 간의 불충분한 의사소통
신제품개발부서 간의 원활한 의사소통	수요예측 실패

자료 : 사단법인 한국마케팅 연구원, 2002: 77.

4) 신제품 개발과정

신제품의 개발과정을 살펴보면 아이디어 창출(idea generation), 아이디어 채택(idea screening), 사업 분석(business analysis), 제품 개념 개발(product concept development), 제품 개념 테스트(product concept test), 제품 테스트(product test), 마케팅믹스 계획(marketing mix planning), 시험 마케팅(test marketing), 상업화(commercialization)의 단계를 거친다.

아이디어는 기업 내부자료는 물론 경쟁사 · 고객 등 다양한 경로를 통해서 창출될 수 있으며, 창출된 아이디어 중 기업이 목표로 하는 매출액과 시장점유율 및 기업의 이용가능한 자원 등을 고려하여 채택하게 된다. 그 다음 단계

가 사업성 분석인데, 사업성 분석이란 채택한 아이디어가 상품화되었을 때, 비용 및 이익을 예측하는 것을 의미한다. 그 다음 제품 콘셉트를 개발하고 콘셉트에 대한 테스트를 실시한다. 그 다음 제품개발단계에서 제품출시에 문제가 없다고 판단되는 제품에 대해서 시험적으로 판매해 보는 시험 마케팅을 실시한다. 시험 마케팅을 통해서 기업들은 경쟁사의 제품과 비교해 매출액과 표적시장 및 고객들의 반응 등을 파악하게 된다.

[그림 12-4] 신제품 개발과정

7 신제품개발과정 사례

현재 미국 중간 가격대 호텔 시장을 석권하고 있는 Courtyard by Marriott의 사례를 통해 신제품개발 전략의 단계와 내용을 고찰해 보기로 한다.

1) 아이디어의 창출(idea generation)

신제품 개발 전략의 첫 단계는 아이디어의 창출로부터 시작된다. 3M의 지침인 'Don't kill any idea'와 같이 브레인 스토밍(brainstorming) 등을 거쳐 가능한 모든 아이디어를 동원하고 수집하여야 한다. 고 가격대 호텔만을 소유하고 있던 Marriott Corporation에서는 총지배인과 부서장들이 참석한 가운데 매주 칵테일 리셉션에 여러 형태의 고객들을 초대하여, 중간 가격대 호텔에 대한 욕구와 필요, 문제점을 파악하였다.

2) 아이디어 채택(idea screening)

신제품 개발의 2단계로서 발굴된 수많은 아이디어 중 필요한 아이디어를 채택하여야 한다. Marriott에서는 호텔 내 실무자, 전문가, 고객과의 피드백을 통해 중간 가격대 호텔에 적합한 아이디어를 선별하였다.

3) 사업분석(business analysis)

Marriott에서는 중간 가격대 호텔 시장의 사업성을 분석한 결과, 고 가격대 호텔시장 및 염가 호텔시장과 비교 시 충분한 시장성을 발견하였으며, 또한 뚜렷한 시장 선도자가 없음을 파악하였다.

4) 제품개념개발(product concept development)

제품개념개발이란 채택된 아이디어가 소비자에게 의미있는 개념으로 전달되도록 전환시키는(version) 단계를 말한다. 즉, 아이디어를 세부적인 제품 개념으로 연결시키는 과업으로서, 소비자에게 제품에 대한 전체적 그림(product image)을 제시하는 것이다. Marriott은 경쟁이 포화상태에 있는 도심보다는 도시 인근의 외곽 지역에 시장성이 충분함을 발견하고 최종적 상호를 Courtyard로 정했다. Courtyard는 가정집 안뜰의 의미로 아파트가 주가되고 있는 도심보다는 도시 외곽 지역의 이미지를 강력히 전달할 수 있었던 것이다.

Marriott은 보다 구체적으로 150실 미만, 가정집과 같은(home-like setting) 시설과 이미지, 제한된 메뉴의 레스토랑 시설, 약간의 회의 시설, 기존 Marriott의 타 브랜드와 수요가 중복되지 않는 가격대, 단기(transient) 체류객을 표적시장으로 하는 제품 개념을 개발하였다.

구체적 표적시장은 비즈니스 FIT(1년에 6회 이상 여행을 하며 중저가 호텔에 투숙)과 여가관광객(1년에 2회 이상 여행을 하며 중저가 호텔에 투숙)으로 확정하였다.

5) 제품개념 테스트(product concept testing)

Marriott은 제품 개념에 대한 검증을 위해 3년 동안의 광범위한 연구를 수행하였다. 연구 대상은 외부환경, 객실, 음식 관련 서비스, 라운지 시설, 서비스, 여가시설, 안전 요소 등 7개의 속성이었다. 예를 들어 객실의 경우 여러 형태의 객실 견본을 통해 잠재 고객에게 순위를 부여하게 하였으며, 또한 고객 설문조사를 수행하여 비즈니스 여행객은 중간 가격대와 좋은 품질의 객실을, 순수 관광 목적 여행객은 안전하고 편안한 객실을 선호한다는 사실을 밝혀내고 제품 개념을 검증, 확정하였다.

Courtyard는 또한 구불구불한 산책로를 지닌 경관 좋은 정원과 수영장을 갖추고 비용 절감을 위해 작은 로비와 라운지, 한 개의 레스토랑, 소수의 작은 회의실, 도어맨, 벨맨, 룸서비스의 제거 등의 확정 등 제품 개념 테스트를 완성시켰다.

6) 제품 테스트(product test)

제품 개념 혹은 제품 아이디어를 유용한 제품(workable product)으로 전환시키는 단계이다. Marriott은 제품 개념 테스트의 결과, 1차적으로 객실의 기초 모형(prototype)을 설정하였다. 제품 테스트를 위하여 표준 객실, 짧은 형체의 객실, 긴 형체의 객실로 잠재 고객들의 평가를 받았으며, 모두 선호는 받았으나 긴 형체의 객실은 건축비가 많이 들어 최종 객실 제품에서는 제외되었다.

7) 마케팅믹스 계획(marketing mix planning)

Marriott은 첫 해를 대비한 마케팅 예산 책정을 필두로 기타 마케팅 전략 계획을 수행하였다.

8) 시험 마케팅(test marketing)

Marriott은 1983년 Atlanta에 최초의 Courtyard 호텔을 시장에 공식적으로 진출시켰다. 시험 마케팅 결과, 객실 규모를 좀 더 줄이는 것, 옷장의 문을 개폐식이 아닌 미닫이로 하는 것이 더욱 효과적임을 파악하고 최종 객실 시설을 확정하였다.

9) 상업화(commercialization)

Marriott은 첫 해에만 수천만 불의 광고와 판매촉진을 통하여 호텔을 시장에 대거 진출시켰다. 이는 Mc.Donald's가 McDLT 상품 도입 시 1주에 5백만불 이상의 광고비를 투입한 이래 기록될만한 촉진 예산으로 평가되고 있다. 1983년 최초의 호텔 진출 이후, 1986년 1월에 벌써 300개 지역에 개관, 건축, 계약 체결이 될 만큼 시장에서 큰 호응을 얻었던 Courtyard by Marriott은 2인용 조찬 프로그램의 최초 실시 등 철저한 고객조사에 근거한 현재 세계 최고의 가치를 지닌 호텔로 인정받고 있다(정규엽, 호텔 · 관광마케팅, 2004 pp. 393-396).

8. 가격전략

1) 가격전략의 이해

(1) 가격의 개념

일반적으로 가격이란 제품을 구입하고 그 대가로 지불하는 화폐가치를 의미하는데, 소비자의 입장에서 보면 가격은 소비자가 재화나 서비스를 획득 또는 사용을 통해서 얻게 되는 가치에 대해서 지불하는 대가라고 할 수 있다. 그러므로, 가격은 제품의 교환가치로 볼 수 있으며, 좀 더 구체적으로 말하면 구매자들이 특정 제품을 구매함으로써 얻게 되는 효용에 부여된 가치라고 할 수 있다.

가격은 일반적인 제품가격 외에 여러 가지 다른 형태나 명칭으로 나타날 수 있는데, 일정 기간 건물의 사용에 따른 임대료, 학교에서의 등록금, 직장인의 월급, 은행의 대출이자 등은 모두 가격의 의미를 담고 있다고 할 수 있다.

(2) 가격의 중요성

가격은 소비자의 입장에서 제품을 선택할 때 가장 중요한 결정요인 중 하나로 작용하기 때문에 마케팅 관리자들 입장에서는 가격을 결정하는 것이 가장 중요한 문제 중 하나가 된다. 기업이 마케팅믹스로 사용하는 도구들 중 가격은 경쟁에 가장 민감한 특성을 가지고 있기 때문에 기업의 입장에서 즉각적인 효과가 발생한다. 그렇기 때문에 가격은 가장 강력한 경쟁도구로의 사용이 가능하지만 경쟁기업의 즉각적인 모방이 가능하다는 단점을 가지고 있다. 만약, 자사가 경쟁우위 확보를 위해 가격을 인하하였는데, 경쟁사가 모방을 하게 되면 기업은 가격인하를 통해 기대했던 목표 달성을 이루기 어렵고 수익성의 감소만 가져오게 된다.

특히, 서비스기업들의 경우는 수요가 피크일 때 수요를 감소시키기 위해 가격을 올리기도 하며, 수요가 적을 때는 가격을 아주 낮게 책정하기도 하는

데 영화관의 조조할인, 항공사의 비수기 할인 등이 그 예이다. 이처럼 가격(price)은 서비스 마케팅의 7P믹스 중에서 다른 믹스와는 달리 쉽게 변화시킬 수 있고 가장 빨리 변화의 결과를 얻을 수 있다.

2) 가격결정요인

기업이 자사의 제품이나 서비스에 대해서 가격을 결정할 때는 기업의 가격목표, 제품에 대한 수요, 원가 구조, 경쟁상황, 정부정책 등을 고려해야 한다.

(1) 기업의 가격목표

기업이 가격을 통해서 어떠한 목표를 추구하는지가 가장 먼저 자사의 제품가격을 결정하는 요인으로 작용하게 된다. 이때 가격목표는 단독적으로 결정되어지기보다는 다른 마케팅믹스 변수들과의 관계를 고려하여 결정되어야 하기 때문에 그 기업의 마케팅전략목표에 따라서 기업의 가격목표가 정해지게 된다.

(2) 제품에 대한 수요

제품에 대한 소비자들의 수요에 따라서 가격결정은 달라지게 되는데, 예상되는 수요량이 얼마나 되며, 수요의 가격탄력성이 어느 정도인가에 따라 가격결정에 많은 영향을 미칠 수 있다.

(3) 원가 구조

기업의 원가구조는 가격의 하한선을 결정하게 하는데 기업은 생산, 유통, 판매 등에 소요되는 비용을 충당하고 투입한 노력과 위험에 비추어 적당한 이익이 보장되는 가격을 결정하게 된다. 기업이 고려해야 할 원가에는 크게 고정비와 변동비의 두 가지가 있는데 고정비는 생산 및 판매수입에 관계없이 발생하는 비용으로서 예를 들면 임대료, 직원들의 급여 등이 포함된다. 변동비는 생산수준에 따라 변화하는 비용을 말한다. 원가 구조는 생산 및 마케팅과 관련하여 아래와 같은 개념으로 파악할 수 있다.

가) 총고정비(total fixed cost)

생산, 판매되는 양에 관계없이 일정하게 발생하는 비용으로 임대료, 종업원들의 급여, 보험료, 공장 및 설비의 감가상각비 등이 있다.

나) 평균고정비(average fixed cost)

제품 한 단위에 할당된 고정비용으로 총고정비용을 총제품단위로 나누어 계산한다.

다) 변동비(variable cost)

생산에 직결되는 직접 노무비와 자재비를 의미한다.

라) 평균변동비(average variable cost)

생산된 제품단위당 변동비로서 총변동비를 총제품수로 나눈 것이다.

마) 총비용(total cost)

총고정비와 변동비의 합계를 말한다.

바) 한계비용(marginal cost)

추가적으로 한 단위를 생산·판매함으로써 발생하는 총비용의 증가분이다. 보통 한계비용은 생산량이 적은 수준에서는 급격히 감소하나 일정량 수준 이후에는 추가적 한 단위의 총변동비의 증가만큼 다시 증가하게 된다.

(4) 경쟁상황

기업은 경쟁기업의 가격과 품질을 파악한 후 자사의 가격결정의 가이드라인으로 사용할 수 있는데, 예를 들면 자사제품과 경쟁제품의 품질이 비슷한 경우 자사제품의 가격은 경쟁제품과 비슷한 선에서 결정되어야 하며, 자사제품의 품질이 경쟁제품보다 떨어지면 가격도 낮게 책정해야 하며, 자사 제품의 품질이 경쟁제품보다 높다고 판단이 되면 경쟁제품보다 가격을 높게 책정할 수 있게 된다.

또한, 경쟁기업의 가격을 평가할 때에는 다음과 같은 점을 고려해야 한다(이우용 외, 2003 : 520).

- 산업 내에 얼마나 많은 경쟁자가 있는가? 여기에는 대체제의 생산업자도 포함하여 분석해야 한다.
- 그들의 시장점유율과 시장은 어떠한가?
- 그들의 자금동원능력 및 경영능력은 어떠하며 지금까지 이 제품에 어느 정도 투자하여 왔는가?
- 자사와 비교하여 그들의 원가구조는 어떠한가?
- 지금까지 어떠한 가격체계를 유지하여 왔는가?
- 소비자들은 경쟁제품에 어떠한 반응을 하는가?

한편, 경쟁상황과 고려하여 가격 결정 시 경쟁자들도 자사의 가격변화에 대응하여 그들의 가격을 변화시킬 수 있다는 점을 고려해야 하기 때문에 가격결정 시에는 자사의 가격변화에 대한 경쟁기업들의 반응도 같이 고려해야 한다.

(5) 정부정책

가격결정은 항상 기업의 의지대로만 되는 것이 아니라 특별한 상황하에서는 정부의 정책이나 법적 규제에 의해서 제품의 가격결정이 큰 영향을 받게된다. 우리나라의 경우 1981년 공정거래법 제정 이전까지는 정부의 개입이 매우 직접적인 형태로 나타났기 때문에 주요한 공산품 가격인상을 위해서는 사전에 정부의 허가가 필요했었다. 이러한 상황하에서의 가격인상은 원가인상요인이 있다고 판단되었을 때에만 가능했기 때문에 상당한 부작용이 초래되었으며 기업의 입장에서는 이러한 문제 해결을 위해 신제품을 개발하거나 기존제품의 품질을 저하시키는 방법을 사용하였다. 이러한 경우 직접적으로 제품을 사용하는 소비자의 입장에서 품질이 저하된 제품을 사용하게 되고 국산품의 품질향상이나 기술적인 면에서 문제가 발생되었다. 이처럼 상황에 따라서는 가격에 대한 정부의 직접적인 규제가 가격의 수급조절기능을 약화시키고 여러 가지 문제점을 야기시킬 수도 있다.

3) 가격결정방법

(1) 원가중심 가격결정법

원가를 중심으로 가격을 결정하는 방법에는 원가가산법(markup or cost plus pricing)과 목표수익률법(target profit pricing)이 있다. 원가가산법은 가장 일반적으로 쓰이는 방법으로 원가에 표준이익을 가산하여 가격을 결정하는 방법이다. 목표수익률법은 일정한 표준생산량 하에서의 총원가에 예정된 수익률을 가산함으로써 가격을 결정하는 방법이다. 목표수익률법은 손익분기점(break-even point)을 이용하여 가격을 결정한다.

(2) 수요중심 가격결정법

기업이 제품을 생산하는 데 들어간 원가가 아니라 소비자가 인식하는 제품의 가치에 따라 가격을 결정하는 방법이다. 이 방법은 소비자가 인식하는 가치에 따라 가격이 결정되는 방법이기 때문에 소비자들의 가치인식의 파악을 위해 일반적으로 소비자 조사를 실시한다.

(3) 경쟁중심 가격결정법

경쟁기업의 가격을 검토한 후 그 가격을 기준으로 자사의 가격을 결정하는 방법이다. 따라서 기업은 경쟁기업의 가격과 비교한 후 시가가격, 저가격, 중가격, 고가격 중 하나를 선택하게 되는데, 여기서 시가가격이란 가격변화에 가장 영향력을 가진 선도기업이 결정한 가격을 의미한다.

4) 가격전략

기업의 현재와 미래의 경쟁상황을 분석해 보았을 때, 어떤 전략이 가장 효율적인지에 의해서 결정되는데 기업의 마케팅 목표 및 마케팅믹스와 연관지어 결정해야 한다.

이러한 상황에서 단순히 고가격전략, 중가격전략, 저가격전략은 의미가 크지 않기 때문에 경쟁상황 등을 고려하여 상대적 고가격전략, 대등가격전략, 상대적 저가격전략으로 나누어서 생각할 수 있다.

(1) 상대적 고가격전략(premium pricing strategy)

자사 제품의 가격을 경쟁기업 제품의 가격보다 높게 책정하는 전략으로 자사의 제품이 그 시장에서 우수하거나 명성이 높을 때 사용 가능하다. 상대적 고가격전략은 이미지를 중시하는 고가의류제품이나 전문품 등에서 일반적으로 나타나며, 소비자가 가격에 의해서 제품의 품질을 평가하는 경향이 강하거나 제품이 개인의 사회적 지위나 명예, 건강 등의 상징적 의미를 갖는 경우에 자주 사용되는 가격전략이다(채서일, 2004 : 360).

(2) 대등가격전략(parity pricing strategy)

기업이 경쟁기업 제품의 가격과 동일하거나 거의 비슷한 수준으로 가격을 책정하는 전략을 말한다. 대등가격전략은 시장의 수요가 가격에 대해 탄력적이지 않고, 경쟁기업의 가격인하에 대해서 동일한 수준의 가격으로 대응이 가능할 때 사용된다. 기업이 대등가격전략을 구사할 때는 마케팅전략에서 가격이 차지하는 비중이 그 만큼 줄어들고 제품, 유통, 촉진과 같은 다른 마케팅믹스 요소들이 보다 더 중요한 역할을 하게 된다.

(3) 상대적 저가격전략(value pricing strategy)

경쟁기업보다 낮은 가격을 책정함으로써 철저하게 생산규모와 판매량을 늘리는 데 목적이 있을 경우 사용되는 가격전략의 유형이다.

상대적 저가격전략은 수요의 탄력성이 높아 소비자가 가격에 대해 민감한 반응을 보일 때나 자사가 진출하려고 하는 시장에 경쟁기업의 수가 너무 많을 경우에 사용될 수 있으며, 이 전략을 구사하려면 경쟁기업들에 비해서 원가 구조상의 우위를 가지고 있어야 한다.

[표 12-8] 가격전략과 적합한 상황

가격전략	적합한 상황
상대적 고가격전략	-수요의 탄력성이 높지 않을 경우 -진입장벽이 높아 경쟁기업의 진입이 어려운 경우 -규모의 경제효과를 통한 이득이 미미할 경우 -높은 품질로 새로운 소비자층을 유인하고자 할 경우
대등가격전략	-시장의 수요가 비탄력적일 경우 -경쟁기업에 대해 확고한 원가우위를 가지지 못할 경우 -규모의 경제를 통해 예상되는 이득이 전혀 없을 경우 -가격책정의 목표가 경쟁기업과 대등한 경쟁력을 갖는 데 있을 경우
상대적 저가격전략	-시장수요의 가격탄력성이 높을 때 -원가우위를 확보하고 있어 경쟁기업이 우리 가격만큼 낮추기 힘들 때 -시장에 경쟁자의 수가 많을 것으로 예상될 때 -소비자들의 본원적 수요를 자극하고자 할 때

9. 유통전략

1) 유통전략의 이해

유통이란 생산된 제품이나 서비스를 소비자에게 이전하는 과정을 의미하며, 유통산업이란 도매상과 소매상 및 물적 유통기관 등과 같이 유통기능을 수행하고 지원하는 유통기구들의 집합을 말한다. 유통경로(channel of distribution)란 제조업자 → 도매상 → 소매상 → 소비자 형태와 같이 제품이나 서비스가 생산자로부터 소비자에게 이전되어 가는 과정에 거치는 경로이며, 이때의 유통경로는 제품 · 가격 · 촉진과 함께 마케팅믹스 구성요소의 하나가 된다.

2) 관광기업의 유통

유통의 기본적인 기능은 판매자의 상품을 효율적으로 시장에 전달하고 시장에서 얻은 정보를 수집하여 판매자에게 전달시켜주는 역할을 하는 것이다. 일반적으로 관광유통은 관광공급업자와 소비자인 관광객 사이에 여행사와 같은 알선업체가 유통을 담당한다.

다시 말해서 관광유통은 관광공급업자가 관광객을 위한 시설, 호텔, 항공사, 테마파크, 리조트, 렌터카 등의 관광상품을 여행사에 제공하고 여행사는 관광공급자의 관광상품을 받아 관광객에게 판매하는 유통구조를 가지고 있다. 그러나 관광상품은 제품처럼 제조업자 → 도매상 → 소매상 → 소비자의 유통과정을 반드시 거치지 않는 경우가 많다.

예를 들어 관광객이 직접 호텔과 항공사에 예약을 하고 현지관광도 관광객이 현지에서 직접 수배하는 것이 가능하기 때문이다. 특히 호텔 숙박 또는 항공좌석 등 단일 관광상품만을 이용할 경우 유통과정을 거치지 않고 직접 구매하는 경우가 많이 있다(이정학, 2003:173).

10. 촉진전략

1) 촉진전략의 이해

(1) 촉진의 개념

촉진(promotion)이란 기업의 제품이나 서비스를 주어진 가격에 구매하거나 구매를 계속하도록 유도할 목적으로 제품 또는 서비스의 성능이나 가치에 대하여 현재 및 잠재고객을 대상으로 정보를 제공하거나 설득하는 것과 관련된 마케팅 노력의 일체를 의미한다(Robertson, 1971:43-44 ; 김종의 외, 2003:284 재인용). 즉, 촉진이란 마케터가 자사의 제품이나 서비스를 경쟁기업의 제품이나 서비스보다 우수하다는 것을 고객들에게 알려서 그들로 하여금 제품을 구매하도록 유도하기 위해 판촉, 광고, 홍보 등의 수단을 활용하여 정보를 제공하고 설득하는 종합적인 활동을 의미한다.

위에서 설명한 바와 같이 촉진은 일종의 커뮤니케이션(communication)이라고 할 수 있으며 이러한 촉진수단으로는 광고, PR, 인적판매, 판매촉진 등이 있다.

촉진전략은 푸시전략(push strategy)과 풀전략(pull strategy)으로 분류할 수 있다. 푸시전략은 제조업자가 중간상을 대상으로 적극적인 촉진전략을 사용하여 도매상이나 소매상들이 자사의 제품을 적극적으로 판매하도록 유도하는 전략이며 푸시전략에서는 중간상 판촉의 중요성이 증가하게 된다. 풀전략이란 최종소비자들을 대상으로 적극적인 촉진을 사용하여 소비자가 자사의 제품이나 서비스를 적극적으로 찾게 함으로써 중간상들이 자발적으로 자사의 제품을 취급하게 만드는 전략을 말한다.

(2) 촉진의 기능

가) 정보제공

잠재고객이 어떤 제품을 구매하려면 우선 그 제품에 대한 지식을 필요로 하기 때문에 정보제공(informing)은 촉진의 가장 기본적이고 중요한 기능이라고 할 수 있다. 정보제공적 촉진기능은 기업이 신제품을 출시하여 본원적 수요를 창출하고자 하는 경우에 특히 중요시되는데 신제품을 출시한 기업은 제품의 구매를 촉구하기보다는 그 제품의 존재가치나 특성 또는 경쟁제품보다 우수함을 알려주는 촉진활동을 하게 된다. 예를 들어 새로운 영화에 대해 광고하는 두 가지 주요한 이유는 잠재관객에게 그 영화를 알리는 것과 언제 극장에서 상영될 것인가를 알리는 것이라고 할 수 있다.

나) 설득(persuading)

설득기능이란 소비자의 구매행동에 영향을 끼칠 목적으로 긍정적이고 호의적인 소비자 태도를 개발하거나 재강화하기 위해 노력하는 촉진활동을 의미한다. 경쟁기업이 자사와 유사한 제품을 공급하고 있는 경쟁적 시장상황이라면, 마케터는 자사 제품의 비교우위적 특성을 부각시켜 표적 고객들로 하여금 자사의 제품을 구매하도록 설득하여야 한다.

다) 회상(reminding)

소비자들이 자사 상표에 대하여 잘 알고 있으면서 긍정적일 경우 촉진의 주요한 목표는 회상이 된다. 그 이유는 소비자가 자사의 제품에 대한 선호도가 높더라도 경쟁기업의 여러 촉진도구에 끌릴 수 있기 때문에 소비자에게 자사제품의 장점을 회상시키고 소비자들이 올바른 선택을 하고 있다는 것을 다시 확인시키기 위해서이다. 회상기능은 주로 제품수명 주기상 성숙기 제품의 중요한 촉진목표가 된다.

2) 촉진수단

(1) 광고

가) 광고의 이해

– 광고의 어원

광고는 영어로 'advertising' 인데, 이 말은 라틴어의 ' adverter' 라는 말에서 나온 것으로 "돌아보게 하다", "주의를 돌리다", "마음을 어디로 향하게 한다"라는 뜻을 가지고 있다. 위에서 언급된 영어의 의미 외에도 독일어, 불어 등을 종합해 볼 때, 광고라는 말을 어원적으로 종합해 볼 때 "반복하여 부르짖어 주의를 끌어 마음을 향하게 하는 것"이라고 할 수 있다.

이 같은 광고의 어원적인 뜻은 오늘날 광고가 소비자들의 주의를 끌기 위해 갖가지의 광고기법을 동원하는 것과 무관하지 않다. 그런데, 라틴어 'adverter' 에서 유래한 영어의 'advertising' 은 광고세계가 복잡해짐에 따라 'advertisement' , 'commercial' 로 세분화되어 그 의미를 조금씩 달리하고 있다. 'advertising' 은 광고행위 또는 광고과정을 뜻하고, 'advertisement' 는 광고물 또는 광고 메시지를 지칭한다.

즉 'advertisement' 는 ' advertising' 의 하위개념으로 'advertising' 의 일부를 말한다. 그래서 일반적으로 광고라고 하면 대개는 영어의 advertising의 의미를 일컫는다. 'commercial' 은 상업방송광고의 메시지를 지칭할 때 쓰여지지만 대개는 방송광고를 지칭할 때 쓰여지는 말이다. 우리나라 말로 '광고' 는 사전적 의미로 "널리 알리다"라는 뜻을 지니고 있지만, 좁은 의미로는 광고작품 또는 광고메시지를 지칭하는 것으로 'advertisement' 의 의미로 쓰이기도 하고 또 광고활동 또는 광고행위라는 넓은 뜻의 ' advertising' 으로 쓰이기도 해 흔히 광고라고 지칭할 경우 이 두 가지의 이중적인 뜻을 가지고 있다(송용섭 외, 1989 : 46–47).

- 광고의 정의

일반적으로 광고(advertising)란 자신의 이름을 밝힌 광고주가 사람의 대화가 아닌 정보전달의 매체를 이용하여 어떤 상품(서비스, 생각, 사람, 조직단체 등 포함)을 특정 대상에게 소개하거나 판매를 촉진하는 활동으로 정의할 수 있는데 여러 학자들에 의해서 다양하게 정의되고 있다.

[표 12-9] 광고에 대한 정의

학자	학자 정의
한국광고학회(1994)	광고주가 청중을 설득하거나 영향력을 미치기 위해 대중매체를 이용하는 유료의 비대면적인 의사전달 형태
D. W. Nylen(1993)	특정 제품, 서비스, 신념, 행동에 관한 정보를 제공하거나 사람들을 설득시킬 목적으로 대중매체에 대가를 지불하고 싣는 메시지
W. R. Lane(1990)	대가를 지급하고 다양한 매체를 통해 제품, 서비스, 아이디어에 관한 정보를 전달하기 위한 설득적, 비대인적 커뮤니케이션
Pride & Ferrel(1989)	대중매체를 통해 표적청중에게 전달하기 위한 조직이나 제품에 관한 유료의 비대인적 커뮤니케이션의 한 형태
Wells & Burnett(1989)	명시된 광고주가 대중매체를 이용해 청중을 설득하거나 영향력을 행사하려고 하는 유료의 비대인적 커뮤니케이션의 한 형태
S. W. Dunn & A. M. Barban(1986)	어떠한 방법으로든 광고메시지 가운데 명시된 기업이나 비영리 조직 또는 개인이 다양한 매체를 통해 특정 집단의 청중에게 정보를 제공하거나 설득하고자 하는 유료의 비대인적 커뮤니케이션
John Wright(1977)	대중매체를 이용한 통제된 명시적 정보 및 설득
미국광고대행사협회(1976)	소비대중에게 자기 제품의 판매나 서비스의 이용을 궁극적인 목표로 삼고, 이에 필요한 정보를 미디어를 통해 유료로 전달하는 모든 행위
R. Tilman & Kirkpatrick(1972)	매스컴을 통해 전달하고 원하는 바를 이루기 위하여 설득하는 것을 목적으로 하는 유료의 상업적 촉진형태
미국마케팅학회(1963)	광고주를 위해 사람이 직접 개입하지 않으면서 대가를 지불하고 제품, 서비스, 아이디어를 촉진시키고 알리는 것을 목적으로 하는 모든 형태

나) 광고의 구성요소

모든 광고에는 광고의 주체, 초점, 대상, 매체, 목적 등이 있어야 한다.

- 광고의 주체

모든 광고에는 광고의 주체가 있어야 하는데 이를 광고주라 한다. 광고주는 광고에서 선전하는 상품의 소유자이며 광고비를 부담하는 당사자이다.

- 광고의 초점

모든 광고에는 초점이 있어야 하는데 일반적으로 초점이란 상품 자체를 의미하는데 더 정확하게 말하면 상품에 대해 알리고자 하는 내용을 의미한다.

- 광고의 대상

모든 광고에는 대상이 있어야 하는데 광고의 대상을 표적청중이라고 한다. 그 표적청중이 정해져야만 적합한 메시지와 매체가 정해질 수 있다.

- 광고매체

마케터는 수많은 소비자와 직접 커뮤니케이션을 할 수 없기 때문에 이를 가능하게 하는 연결고리가 필요하다.

- 광고의 목적

모든 광고는 사용하는 목적이 있어야 하며 또한 그 성과에 대한 평가가 필요하다. 광고는 상품을 소개하거나 판매를 촉진하기 위해 사용되는데, 광고의 효과는 상당히 다양하므로 다목적으로 사용이 가능하고 목적별로 어느 정도의 효과 측정이 가능하다.

다) 광고의 기능

광고는 마케팅 커뮤니케이션 활동의 하나로서 상품에 관한 여러 가지 정보를 전달하고, 직접적으로 판매를 촉진하는 것을 기본 기능으로 한다.

하지만 광고주는 상품을 소개하거나 판매를 촉진하는 과정에서 다양한 마케팅적, 경제적, 사회적, 문화적 기능을 수행하게 된다(한민희 · 장대련, 2002: pp. 13~18 참조).

– 마케팅적 기능

첫째, 광고는 소비자를 교육하는 기능을 하는데 고객의 학습을 필요로 하는 새로운 상품의 광고나 사회적으로 바람직한 운동을 전개하는 광고에는 고객을 교육하려는 내용이 많이 포함된다. 둘째, 광고는 상품의 가치를 증가시키는 기능을 하는데 특히 광고는 무형적인 측면의 상품가지치 증가에 기여한다. 예를 들어 상품의 중요한 가치 중 하나가 브랜드인데 광고는 소비자가 느끼는 브랜드에 관련된 상징적인 가치를 높여줄 때가 많다.

셋째, 광고는 새로운 정보를 창출하며, 넷째, 광고는 유통측면에서 판로를 확보하는데 도움을 준다. 특히 신상품의 경우 광고를 많이 하는 것은 소비자를 상점으로 끌어당김으로써 소매상에서 그 상품을 진열하도록 촉진하는 계기가 될 수 있다.

또한, 아래에 설명되어 있는 경제적, 사회적, 문화적 기능들도 대부분 마케팅 차원에서 활용될 수 있는 것이다.

– 경제적 기능

광고의 경제적 기능을 살펴보면 광고는 대량생산을 촉진하여 경제성장에 기여한다. 둘째, 광고는 자원의 분배에 영향을 미치는데 광고는 기업의 수익성이 높은 사업부문에 자원을 보다 집중시키는 측면이 있으며 경제성이 부족한 사회적 필수재의 경우 자원분배를 더욱 어렵게 만드는 측면도 있다. 또한 광고는 상품을 차별화함으로써 기업의 독점력을 높이는 역할도 한다.

- 사회적 기능

사회적인 측면에서 광고는 사회 마케팅(social marketing)의 수단으로 활용되어 사회변화에 중요한 영향력을 행사한다. 광고는 한 사회에 존재하는 여러 가지 가치관을 반영하면서 그 가치관을 더욱 강화시킬 수도 있고, 약화시킬 수도 있다. 예를 들면 해외 유명제품의 광고는 소비자들로 하여금 해외 유명제품을 선호하는 경향을 야기시킬 수 있다. 둘째, 광고는 제조업체에게 소비자와 직접적으로 의사소통할 수 있는 경로를 제공한다.

- 문화적 기능

광고는 문화를 상품화시키는 중요한 수단이 될 수 있다. 관광은 문화를 상품화하는 대표적인 예로서 광고에 크게 의존하는 상품이다. 또한, 광고는 서로 다른 문화권 간의 상호영향을 조장하는 역할을 한다. 광고는 특히 서구세계의 소비문화를 세계 전역에 일방적으로 전파하여 여러 문제를 야기시키기도 한다. 우리는 소비문화 외에도 다른 문화권 간의 영향을 광고에서 볼 수 있다.

라) 광고매체

광고주는 광고매체를 선정하기 위하여 광고의 목적, 메시지 요건, 구매결정의 시기와 장소, 비용 등을 신중하게 고려해야 한다.

마) 광고의 종류

[표 12-10] 광고의 종류

분류기준	대분류	세부분류
광고상품	일반상품	상품광고, 서비스광고
	조직	기업광고, 공공단체광고, 비영리단체광고
	개념	공익광고, 의견광고, 사과광고, 공고
	사람	정치인광고, 구직광고
목표청중	개인소비자	소비자상대광고, 전문인상대광고
	단체	산업광고, 유통경로내광고, 조합상대광고
사용매체	방송광고	TV광고, 라디오광고
	인쇄물광고	신문광고, 잡지광고
	옥외광고	옥외간판광고, 옥내외상징물광고
	온라인광고	인터넷광고 등
추구목적	영리광고	상품광고, 기업광고
	비영리광고	공익광고, 개념광고, 사람광고, 정보광고
지역범위	국제광고	다국가광고, 특정국가내광고
	국내광고	전국광고, 지역광고
개인에게 직접전달 여부	직접광고	직접우편, 전단광고, 인터넷광고
	간접광고	직접광고 외의 대부분 광고
광고주체	생산자광고	기업광고, 상품광고, 판촉광고
	소매광고	세일광고, 행사광고
광고카피	이성광고	사실전달형광고, 설득형광고, 상기형 광고
	감성광고	정 · 향수 · 깨끗함 등 감성호소형 광고
광고개념 실현방식	소개방식	단순소개형 광고, 드라마형 광고, 비교형 광고
	음악사용	CM음악광고, 주제음악광고, 배경음악광고, 무음악광고
	특수기법	만화광고, 특수처리광고, 일반광고
	설득방식	비교광고, 결론유보광고, 양면성 광고, 반복형광고, 일반광고
	모델특성	연예인광고, 전문인광고, 일반인 모델광고
삽입시간	프로그램광고	일반 프로그램광고, 스포츠광고, 특집광고
	인포모셜	롱(3~8분)광고, 숏(90초)광고
	기타시간광고	스파트광고, 자막광고, 시보

자료 : 한민희. 장대련, 광고론, 2002, 학현사, p. 19

(2) 홍보(publicity)

대가를 지급하지 않고 TV, 라디오, 신문, 매체등의 비 인적매체를 이용하여 제품 및 서비스에 관한 소식을 고객에게 제공하는 활동을 말한다. 홍보는 다음과 같은 특성을 가지고 있다. 첫째, 홍보는 비용을 기업이 부담하지 않고 매체회사가 부담함으로써 무료로 이루어진다. 둘째, 매체회사의 주관하에 뉴스형태로 정보가 제공되기 때문에 광고와 비교해서 훨씬 소비자들의 신뢰도가 높다. 셋째, 매체의 사정에 따라 모든 것이 결정되고 진행되기 때문에 뉴스 형태로 제공되는 자사 관련기사 내용이나 정보제공시간 등에 대해 통제의 어려움이 있다.

■ 관광기업의 홍보대상

홍보의 대상을 호텔과 항공사의 예를 들어 살펴보면 다음과 같다(이정학, 2003 : 208).

[표 12-11] 호텔과 항공사의 홍보대상

호텔	항공사
-사장, 총지배인, 총주방장 등 임직원 동향	-사장 및 임직원들의 동향
-신상품, 패키지상품, 프로모션 상품	-신노선 취항
-영업장의 시설변경 및 증축, 신설 등	-신항공기의 도입 및 교체
-국내외 정치인, 연예인 및 저명인사 등의 내방	-타 항공사와의 제휴
-기념일 이벤트 등	-항공사자체 또는 임직원들의 수상
-호텔자체 또는 임직원들의 수상	-친절서비스 사례
-종사원들의 미담	

(3) PR(public relations)

기업 이미지를 제고시킬 목적으로 각종 간행물을 발행하고, 자선단체를 지원하며, 지역사회 봉사활동을 하는 등 고객뿐만 아니라 일반대중에게 직 · 간접의 편익과 혜택을 제공하는 활동을 말한다. PR의 궁극적인 목적은 이미지 제고를 통해서 자사제품이나 브랜드의 선호도를 높이려는데 있다.

(4) 인적판매(personal selling)

가) 인적판매의 개념

판매원을 통해 잠재고객에게 제품에 대한 정보를 제공하고 구매하도록 설득하는 촉진수단으로 방문판매나 점원의 구매권유 행위가 그 대표적인 예이다. 일반적으로 인적판매의 목적은 예상고객을 찾고, 그들에게 구매하도록 확신시키며, 구매결과에 대해 만족감을 갖도록 하는 데 있다. 대부분의 잠재 구매자들은 제품을 구매하기 전에 정보를 탐색하기 때문에 판매원은 먼저 그들의 정보욕구를 확인한 다음 관련되는 정보를 제공해야 한다.

나) 인적판매의 장점 및 단점

인적판매는 다음과 같은 장점과 단점을 가지고 있다.

■ 장점

- 고객과 판매원이 양방향 커뮤니케이션(two-ways communication)을 하기 때문에 고객이 많은 정보를 접할 수 있다.
- 다른 촉진도구들과 비교할 때 보다 효과적으로 표적시장의 핵심고객을 겨냥할 수 있다.
- 고객과 판매자 사이의 적극적인 상호작용이 일어나기 때문에 특정한 고객의 욕구에 유연성 있게 대처할 수 있다.
- 고객반응에 대해서 즉각적인 피드백이 이루어질 수 있으며 고객들과 장기적인 관계를 구축할 수 있다.

■ 단점

- 판매원이 접촉할 수 있는 고객의 수가 한정되어 있기 때문에 촉진의 속도가 매우 느린편이다.
- 고객 한 명에 대해서 많은 촉진비용이 사용된다.
- 유능한 판매원을 선발, 교육, 훈련하는 데 비용이 많이 들며, 유능한 판매원을 확보해서 유지하는 데 어려움이 따른다.

(5) 판매촉진(sales promotion)

기업이 소비자들의 즉각적인 반응을 유발시켜 단기적으로 매출을 증대시키기 위하여 사용하는 모든 수단을 의미한다. 소비자 판매촉진의 목적은 대량구매와 충동구매를 자극하고, 비사용자의 시험사용을 유도할 뿐만 아니라 경쟁제품을 사용하는 고객을 자사의 고객으로 전환시키려는 목적을 가지고 진행된다. 소비자 판매촉진 기법들로는 견본, 쿠폰, 프리미엄, 현금환불, 소액할인, 무료시용, 연계촉진 등이 있다.

[표 12-12] 판매촉진 기법

판매촉진기법	내 용
견본(sample)	–소비자에게 특정제품을 무료로 제공하는 것 –신제품 도입시 가장 효과적이지만 비용이 가장 많이 듦
쿠폰(coupon)	–소비자가 특정제품을 구입할 때 할인혜택을 받는 것 –성숙기 시장에서 효과적이고 도입기나 성장기에 새로운 상표에 조기 사용을 유도하는데 효과적
프리미엄(premium)	–특정한 제품이나 서비스의 구매를 위한 자극제로서 구매자에게 사례의 뜻으로 무료 또는 염가로 제공되는 제품이나 서비스 –신제품보다 기존제품에서 경쟁자의 침투를 막기 위한 목적으로 많이 사용됨
현금환불(cash refund offers)	–소비자가 제품을 구입 시에 가격인하를 하는 것이 아니라 구매 후 가격인하를 제공하는 것
소액할인(cent off deal)	–정가에서 일정한 비율이 할인된 가격을 포장에 표시하여 판매하는 것
무료시용(free trial)	–무료로 제품을 사용할 수 있도록 초대하는 방법
연계촉진(tie in promotion)	–둘 이상의 기업이나 상표를 통하여 그들의 소비자에 대한 판매력을 강화하기 위하여 서로의 기업이나 상표에 대하여 서로 공유하며 사용할 수 있는 쿠폰, 환불 등의 판매촉진수단을 서로 공동사용하는 것

(6) 직접마케팅(direct marketing)

대중매체나 판매원을 활용하지 않고 고객에게 직접 다양한 방법으로 커뮤니케이션을 하는 촉진활동을 의미하며 직접마케팅의 방법으로는 DM(direct mail)을 발송하거나 텔레마케팅(telemarketing), 이메일 등을 통한 촉진활동이 있다. 직접마케팅은 고객에게 맞춤정보를 제공할 수 있는 장점이 있지만, 촉진속도가 느리고 비용이 많이 들뿐만 아니라 제한된 시간 내에 접근할 수 있는 고객의 수가 제한적이라는 단점이 있다.

[표 12-13] 촉진수단의 장 · 단점

촉진수단	특 징	장 점	단 점
광고	유류의 비인적 대중 매체 활용	· 다수고객접근가능 · 메시지 통제가능 · 고객당 비용저렴	· 정보양의 제한 · 고객별 메시지 개별화 불가능 · 효과측정 어려움
인적판매	판매원 활용	· 고객별 정보 개별화 가능 · 설득력 높음 · 즉각적 피드백	· 촉진속도 느림 · 고객당 촉진비 높음
판매촉진	샘플, 경품 등을 활용하는 단기적 유인책	· 주의집중 효과 큼 · 즉각적 구매유인 효과 큼	· 비용고가 · 모방용이
홍보	매체 주관하에 뉴스형태로 정보제공	· 신뢰도 높음 · 비용무료	· 통제 어려움 · 간접적 효과
PR	이미지 제고를 위한 공중관계 형성	· 다각적 효과	· 효과느림 · 간접적 효과
직접 마케팅	비공개적 개별매체 활용	· 고객 개별화 가능 · 상호 작용성 높음	· 고객당 촉진비 높음 · 접근 고객 수 제한

여 | 행 | 사 | 경 | 영 | 론

제13장

시장세분화 표적시장 포지셔닝

여 | 행 | 사 | 경 | 영 | 론

13 제13장 | 시장세분화, 표적시장, 포지셔닝

1. 관광시장세분화

1) 시장세분화(market segmentation)의 개념

시장세분화란 전체시장을 공통적인 특성을 가진 구매자들끼리 그룹으로 나누는 과정을 의미한다. 또한 이렇게 나누어진 동질적인 부분시장을 세분시장(market segment)이라고 하며, 이러한 세분시장 중 마케터들이 구체적인 마케팅믹스(marketing mix)를 개발하여 초점을 맞추고 있는 시장을 표적시장(target market)이라고 한다. 표적 마케팅(target marketing)은 이러한 표적시장에 대해서 마케팅활동을 펴는 것을 의미한다.

2) 시장세분화의 이점

시장세분화는 인구증가가 둔화되고 보다 많은 제품들이 성숙기에 접어들면서 기업들이 시장점유율 획득과 브랜드 확장 · 확대 등을 통해 성장을 추구하기 때문에 시장에서 경쟁이 점점 치열해지면서 더욱 중요성이 증대하고 있다. 또한 고객들의 욕구와 취향의 다양화도 시장세분화의 중요성을 증가시키는 한 요인으로 작용하고 있다.

시장세분화는 다음과 같은 이점이 있다.

❶ 시장기회를 보다 쉽게 찾아낼 수 있다. 각각의 세분시장의 욕구와 이들을 대상으로 하는 상품들을 살펴보면, 충족되지 못한 고객의 욕구를 찾아낼 수 있는데, 이것이 바로 시장기회이다. 이러한 시장기회를 이용하여 그 세분시장에 적합한 상품을 개발할 수 있게 된다.

❷ 마케팅믹스를 보다 효과적으로 조합할 수 있다. 세분시장의 특정요구에 초점을 맞춰 제품 · 가격 · 유통경로 · 촉진 등의 마케팅믹스요인들을 일관성 있게 조화시켜 고객들이 제품을 명확하게 이해하고 인식할 수 있게 하고, 경쟁제품과도 차별화시킬 수 있게 된다.

❸ 시장수요의 변화에 신속하게 대처할 수 있다. 세부시장은 전체시장보다 규모가 작기 때문에 기업은 수요의 변화를 쉽게 파악할 수 있고, 세분시장의 수요변화에 대해서도 신속하게 대응할 수 있게 된다.

3) 시장세분화의 요건

시장세분화를 하는 목적 중 가장 중요한 것이 마케팅믹스를 효과적으로 활용하려는 것이다. 이러한 목적을 달성하기 위해서는 가장 적절한 방법으로 시장세분화를 해야 하는데, 이를 위해서는 각각의 세분시장이 다음과 같은 요건을 갖추어야 한다.

(1) 측정가능성(measurability)

시장세분화 변수들 중에는 측정하기 어려운 변수들도 있는데, 측정가능성이란 세분시장의 규모와 구매력(purchasing power)을 측정할 수 있는 정도를 의미한다.

(2) 세분시장 내의 동질성(homogeneous-within)

각 세분시장 내의 소비자들이 시장세분화를 위한 변수의 측면에서 가능하면 서로 비슷하여야 한다는 것을 의미한다. 예를 들면, 우리나라 자동차시장을 소득수준과 가족 수를 기준으로 세분화한다고 하였을 때, 각 세분시장 내 소비자들의 소득기준과 가족 수가 서로 유사해야 한다는 것이다.

(3) 세분시장 간의 이질성(heterogeneous-between)

시장세분화가 효과적으로 이루어지기 위해서는 각 세분시장 간 소비자들의 특성이 서로 달라야 하는데, 이것을 세분시장 간의 이질성이라 한다.

(4) 규모(size)

어느 한 세분시장을 표적시장으로 삼아서 마케팅믹스를 제공하는 데에는 상당한 비용이 투입되기 때문에 적어도 하나의 세분시장의 규모가 독자적인 마케팅 프로그램을 시도할만한 크기가 되어야 한다.

(5) 접근가능성(accessibility)

세분시장에 접근할 수 있고 그 시장에서 활동할 수 있는 정도를 의미한다. 충분한 규모의 세분시장이 존재하더라도 세분시장을 연결해줄 매개체가 없으면 시장세분화는 성공하기 힘들다.

4) 시장세분화의 기준

시장세분화는 효과적인 마케팅믹스를 위해서 이질적인 전체시장을 동질적인 세분시장으로 나누는 것으로, 전체시장을 세분시장으로 나누는 기준이 되는 변수를 시장세분화변수(market segmentation variables)라고 한다. 일반적으로 사용되는 시장세분화변수는 지리적 변수, 인구통계적 변수, 심리적 변수, 행동분석적 변수 등이 있다.

[표 13-1] 시장세분화의 기준

구 분	변 수
지리적 변수	지역, 도시 규모, 기후 등
인구통계적 변수	연령, 성별, 소득, 직업, 교육수준, 가족규모 등
심리적 변수	사회적 계층, 라이프스타일, 개성 등
행동분석적 변수	사용량, 추구하는 편익, 구매준비, 상표충성도 등

(1) 지리적 변수(geographic variables)

시장을 국가 · 도 · 시 · 군 등의 지역, 도시와 시골, 기후 등에 의해서 세분화하는 변수이다.

(2) 인구통계적 변수(demographic variables)

연령 · 성별 · 소득 · 학력 · 직업 · 종교 및 결혼 여부 등의 인구통계적 변수를 기준으로 시장을 세분화하는 변수이다. 인구통계적 변수는 고객의 욕구 및 구매행동과 밀접하게 관련되어 있는 경우가 많으며, 다른 변수들에 비하여 측정이 비교적 쉽기 때문에 가장 많이 사용되는 변수라고 할 수 있다.

(3) 심리적 변수(psychographic variables)

사회계층 · 라이프스타일 · 개성 등으로 시장을 세분화하는 것이다. 사회계층(social class)은 비슷한 수준의 사회적 지위와 경제력을 지닌 사람들의 집합으로 같은 계층구성원들끼리는 가치관 · 사고방식 · 행동 · 태도의 면에서 많은 공통점을 가지고 있다. 심리적 변수 중 가장 대표적인 것이 라이프스타일(life style)인데, 주로 사람들의 활동(activity), 관심(interest), 의견(opinion)을 기준으로 집단을 분류하는데, 영문표기의 머릿글자를 따서 AIO분석이라고도 한다.

개성(personality)은 개인의 내적 · 외적 기질을 말하는 것으로 Horney는 사람의 주요한 개성을 순응형 · 공격형 · 고립형으로 분류하였다. 심리적 변수에 의한 세분화는 시장을 보다 효과적으로 세분화할 수 있게 해주고 많은 정보를 제공해주지만, 몇 가지 한계점을 지니고 있다.

먼저 지리적 변수나 인구통계적 변수는 비교적 개념이 분명하지만 심리적 변수는 변수의 정확한 측정이 어려운 점이 있다. 또한 심리적 변수와 고객욕구 사이에 상관관계가 모호한 경우가 많으며, 세분화의 기준이 추상적일 경우에는 세분화에 대한 효과적인 접근매체가 없어서 어려움이 있다.

(4) 행동분석적 변수

위에서 언급된 지리적 · 인구통계적 · 심리적 변수들은 모두 고객의 특징에 초점을 맞춘 분석방법이었다. 그러나 행동분석적 변수(behavioral variables)는 소비자와 상품과의 관계에 초점을 두는 세분화의 기준이다. 세분화의 기준으로는 소비자가 상품에 대해 나타내는 반응을 토대로 추구하는 편익 · 사용량 · 상표충성도 등이 있다.

(5) 관광산업의 시장세분화

관광시장은 다양한 관광객의 욕구로 인해 다수의 이질적인 시장으로 구성되어 있다고 볼 수 있다. 관광시장은 인구통계적 · 사회경제적 기분, 심리적 기준, 지리학적 기준, 여행목적기준, 유통경로기준, 행동기준, 편익기준, 구매계기기준 등 8가지로 세분화할 수 있다.

5) 인구통계적 · 사회경제적 세분화

이 기준은 통계자료의 수집과 매체 및 조사를 통한 각종 정보의 비교와 적용, 자료의 해석과 응용의 용이성으로 인해 현재까지 시장세분화의 기준으로 가장 많이 활용되고 있다. 일반적으로 연령과 수익은 레크리에이션 참여의 주요변수임은 부정할 수 없으나 시장을 세분화할 때 이러한 변수들만으로는 세분시장에 속한 구성원들이 유사한 선호를 가지고 있다고 보기 힘들기 때문에 불완전한 점이 많이 있다.

6) 심리적 세분화

관광객은 여행상품의 구매 시에 그 선택기준이 이상적이거나 경험적 가치보다는 준거집단의 형태를 모방하거나 답습하려는 성향이 많으며, 타인을 의식하고 타인과의 경쟁심리가 많이 작용되므로 심리적 세분화 방법이 최근에 주목받고 있다. 심리적 세분화는 실행상 어려움이 많고 비용이 많이 드는 단점에도 불구하고 기존의 분석방법에 의해 획득된 정보를 보완하여 활용되면 고도로 전문화되고 광범위하게 개발된 관광시장에서 많은 효과를 거둘 수 있을 것이다.

7) 지리적 세분화

세분시장의 경계가 명확하다는 장점이 있지만, 통신과 교통수단이 발달한 요즘에는 지리적 세분화가 동질성을 가지고 있다고 기대하기 어렵다. 하지만 이러한 이유에도 불구하고 지리적 세분화를 고려하는 이유는 대부분의 매력적인 관광목적지는 대조적인 기후와 경관미 등에 의존하고 있는 것이 현실이고, 이것은 관광객송출지와 관광목적지 간의 거리를 의미하기 때문이다. 또한 지리적 세분화는 목표시장에 접근하기 위한 수단을 제시해 주고, 잠재고객이 소재하고 있는 곳을 알게 해 줌과 동시에, 이들과 커뮤니케이션을 가능하게 해줄 방안을 제시해주기 때문이다.

8) 여행목적별 세분화

관광시장을 비즈니스 여행시장과 관광목적 여행시장으로 세분화하고 있다. 예를 들면, 싱가포르에 위치한 호텔들은 관광시장을 단체시장과 개인시장으로 나누고, 다시 단체시장은 그룹투어 · 국제회의 · 항공사승무원 등으로 분류하고, 개인시장은 개인여행객과 빈번한 여행객(frequent traveler) 등으로 세분화하고 있다.

9) 행동적 세분화

실제의 관광상품이나 여행상품 속성에 대해 여행객이 지닌 지식 · 태도 · 용도 및 반응, 이용률, 추구편익, 구매계기, 여행객의 지위, 상표집착도 등을 기준으로 해서 세분화하는 것이다.

10) 편익 세분화

관광상품을 구매한 후 여행객이 느끼는 효익에 대한 상대적인 중요성을 기초로 해서 시장을 세분화하는 방법이다. 편익 세분화를 실시할 때는 여행객들이 관광상품계층에서 얻으려는 주요혜택이 무엇이고, 각 혜택을 찾는 여행객들의 유형은 어떠하며, 각 혜택을 줄 수 있는 상표품은 무엇인지 결정해야 한다.

11) 구매계기의 세분화

관광기업의 서비스를 구매하는 경우 구매계기에 따라 관광객을 세분화하는 것이다. 예를 들면, 여행객을 업무 · 휴가 · 가족여행 등으로 구분하는 경우인데, 이러한 구매계기의 세분화를 통해서 여행사는 전문적인 상품개발이 가능하게 된다.

2 관광표적시장

1) 표적시장 선정

시장세분화는 표적시장 선정을 위한 준비단계인데, 시장세분화를 통해 나누어진 세분시장 중에서도 구체적인 마케팅믹스(marketing mix)를 개발하여 대상으로 삼으려는 세분시장을 표적시장(target market)이라 한다. 기업이 여러 개의 세분시장 중 표적시장을 선정할 때 고려해야 할 요인은 세분시장의 전반적인 매력성과 기업의 목표 및 보유하고 있는 자원과 능력이다. 전반적인 시장의 매력성이란 세분시장의 규모 · 성장성 · 수익성 · 경쟁정도 · 위험도 · 규모경제 등을 분석한 것이다. 또한 표적시장을 선정할 때에는 기업의 목표와 일치하는지와 이를 위해 기업이 보유하고 있는 자원과 능력을 고려해야 한다.

3 관광포지셔닝

1) 포지셔닝의 개념

Al Ries와 Jack Trout(1972)가 고객의 마음에 자리 잡기 위한 광고나 촉진노력의 중요성을 설명하기 위해 도입한 포지셔닝(positioning)이란 용어는 시장 내 고객들의 마음에 위치 잡기라는 의미를 갖는다. 시장에서 기업의 포지셔닝전략은 시장세분화를 기초로 정해진 표적시장 내 고객들의 마음에 시장분석, 고객분석, 경쟁분석 등을 기초로 하여 얻은 전략적 위치를 계획한다는 의미를 갖는다. 즉, 시장에서의 차별적 위치를 차지하여 고객욕구를 충족시키는 서비스를 표적시장에 제공하는 것이다(이유재, 2004: 72).

2) 포지셔닝 전략

기업은 다양한 방법으로 제품이나 서비스를 포지셔닝시킬 수 있다. 포지셔닝의 유형을 살펴보면, 소비자 포지셔닝과 경쟁적 포지셔닝을 구분할 수 있다. 소비자 포지셔닝은 소비자에 관심을 두고 기업의 제품이나 서비스를 소비자 마음속에 자리매김하는 것이다.

소비자 포지셔닝은 속성, 이미지, 사용상황 및 사용목적, 제품사용자에 의한 포지셔닝이 있다. 속성에 의한 포지셔닝은 제품의 속성 및 고객의 혜택과 관련하여 포지셔닝하는 방법으로 예를 들면, 볼보 자동차 같은 경우는 튼튼하고 안전한 차로 소비자들에게 포지셔닝되어 있다.

이미지 포지셔닝은 말 그대로 이미지를 포지셔닝하는 것으로 의류 · 보석 등에 많이 사용된다. 사용상황 혹은 사용목적에 의한 포지셔닝의 예로는 이온음료를 들 수 있는데, 이온음료는 운동 후 빠른 갈증해소로 포지셔닝되어 있다. 제품사용자에 의한 포지셔닝은 특정한 개인이나 집단에 초점을 맞추어 포지셔닝하는 것을 의미한다.

4 지각도(positioning map)

여러 가지 평가할 수 있는 차원에 따라 제품이나 브랜드의 위치를 나타내는 것이다. 즉, 지각도는 제품의 심리적인 포지셔닝을 위한 하나의 강력한 도구로 사용되는 기법으로, 소비자가 제품 · 브랜드 등에 대한 신념과 선호도를 형성하는데 고려하는 여러 가지 제품속성을 2~3개의 차원으로 압축하여 차원들 사이의 제품지각공간을 형성한 다음, 제품들의 전반적인 유사성이나 선호도에 대한 소비자조사를 근거로 각 제품 브랜드 등을 기하학적인 거리로 환산하여 공간상에 표시하는 것이다.

여 | 행 | 사 | 경 | 영 | 론

제14장

여행업 경영전략

여 | 행 | 사 | 경 | 영 | 론

제14장 14 | 여행업 경영전략

1. 전략의 개념

최근 우리는 여러 경로를 통해 주변에서 전략이라는 말을 많이 접하게 된다. 전략(strategy)이란 용어의 어원은 strategos라는 희랍어에서 시작되었는데 원래의 의미는 장군이 갖추어야 할 기술이나 과학을 의미한다. 특히, 기업에서는 경영전략이나 전략경영이라는 단어를 많이 사용하게 되는데, 조금 더 세부적으로 분류하면 마케팅 전략, 생산전략, 재무전략, 국제경영전략 등으로 분류할 수 있다.

이처럼 여러 분야에서 전략에 대해서 사람들의 관심이 높아지고 있고 그 중요성이 증대되고 있다. 경영전략이란 '희소한 경영자원을 배분하여 기업에게 경쟁우위를 창출하고 유지시켜 줄 수 있는 주요한 의사결정'이라고 정의될 수 있다. 아래 그림은 전략에 대한 다양한 정의를 제시하고 있다.

앞에서 제시한 경영전략의 정의에서 중요한 단어는 '희소한' 경영자원을 배분한다는 사실이다. 만일 경영자원이 희소하지 않다면 전략을 논할 필요가 없지만 개인, 기업, 국가 등은 시간, 자금, 인력 등 희소한 경영자원을 배분해야 하는 의사결정에 직면하고 있다(장세진, 경영전략 pp.6~7, 박영사, 2002).

위에서 언급된 여러 학자들의 전략에 대한 정의를 살펴보면 전략이란 기업의 목표를 달성하기 위하여 계획하고 실행하는 의사결정이라는 점을 공통적으로 내포하고 있다.

또한, 경영전략은 일반적으로 경쟁상황을 가정한다. 경쟁이 없는 상황에서는 전략을 논의할 필요가 없기 때문이다. 우리가 살고 있는 현대사회는 무한경쟁 사회이기 때문에 경쟁은 필수적인 상황이라고 할 수 있다. 따라서 그만큼 전략에 대한 중요성도 커지게 된다.

특히, 여행업의 경우 비교적 소자본 창업이 가능하고, 시장진입장벽이 다른 관광산업에 비해 낮은 편이라고 할 수 있기 때문에 창업과 폐업이 빈번하고 시장상황이 빠르게 변화하는 산업 중 하나이기 때문에 전략적인 관점에서 여행사를 운영하는 것이 매우 중요한 부분이라고 할 수 있다.

2 전략의 계층구조

일반적으로 경영전략은 기업수준에서의 전략을 의미하는데 최근에는 기업의 조직구조가 복잡해지고 계층화됨으로써 기업수준전략(corporate level strategy), 사업부수준전략(business unit level strategy), 제품 · 브랜드수준전략의 세 가지로 분류되고 있다.

1) 기업수준전략

기업수준(corporate level)의 전략은 끊임없이 변화하는 시장환경 속에서 기업의 사명과 목표를 달성하기 위하여 기업이 가지고 있는 여러 가지 기능을 유기적으로 결합하여 경영자원의 효율적인 배분을 도모하고자 하는 관리과정을 말한다. 기업 수준에서 전략을 수립하기 위해 가장 핵심적으로 고려되는 사항은 그 기업이 경쟁하는 시장과 산업의 범위를 결정하는 것이다. 즉, 기업전략은 자사가 현재 가지고 있는 업의 범위를 조망하여 미래에 다가올 시장상황의 변화와 내부에 축적된 역량을 파악하여 향후 기업이 나아가야 할 거시적

방향을 설정하고 이에 따른 지침을 마련하는 것이라고 할 수 있다. 이를 위해 기업 수준에서 결정하는 사항들은 다각화, 기업 인수합병, 해외진출 등 기업이 참여하게 될 업의 범위와 규모에 관련된 것들이며, 자원의 획득, 기업이 사용할 신기술, 목표고객, 시너지효과의 극대화, 기업활동의 통제방법 등의 사항도 다루어져야 할 필요가 있다(한상만 외, 2004 : p. 13).

한편, Walker와 Boyd, Larreche는 기업수준의 전략에서 필요한 요소를 다음과 같이 다섯 가지로 정리하고 있다.

(1) Scope, Mission, Intent

- 사업영역을 어떻게 가져갈 것인가?
- 어떤 소비자를 대상으로 전략을 수립해야 하며 이를 위해 활용해야 하는 기술은 무엇인가?
- 어떤 전략적 목표를 가지고 있어야 하는가?

(2) Objective

- 어떤 성과차원에 역량을 집중할 것인가?
- 어느 정도 수준의 성과가 목표로 적절한가?
- 성과를 달성하기 위하여 어느 정도의 시간을 투자할 것인가?

(3) Development Strategy

- 지속적인 성장을 하기 위하여 어떤 방법을 취할 수 있을까?
- 목표로 하는 성장수준을 달성하기 위하여 현재 보유한 업의 범위를 확장할 필요성이 있는가?
- 미래에 지속적인 성장을 하기 위하여 새로운 사업으로 다각화를 추진해야 하는가 아니면 카테고리 내에서의 다각화를 추진해야 하는가?

(4) Resource Allocation

- 최대의 성과를 달성하기 위하여 각 사업부에 한정된 자원을 할당할 수 있는 방법은 무엇인가?
- 사업부 수준에서 결정된 각 전략들 중에 최대의 성과를 달성할 수 있게 만드는 대안은 어떤 것인가?

(5) Source of Synergy

- 각 사업부 간에 어떤 역량이 공유되어야 하면 개발되어야 하는가?
- 효율성을 높이기 위하여 각 사업부 간 공유할 수 있는 자산은 무엇인가?

2) 사업부수준전략

사업부(business unit)란 독자적인 사업전략을 가질 뿐만 아니라, 그 책임자가 판매와 이익에 대해 책임을 지는 조직단위를 말한다. 사업부 수준(business unit level)의 전략은 자사의 사업부 단위의 경쟁전략을 수립하는 것으로, 사업부가 속해 있는 시장에서 경쟁우위를 확보하거나 유지할 수 있는 방법을 찾는 것을 그 목적으로 하고 있다. 즉, 시장에서 어떠한 제품들을 판매할 것인가, 어떠한 세분고객을 대상으로 할 것인가, 혹은 사업부 내에 있는 각 기능들은 어떻게 관리되어야 할 것인가 등에 관련된 문제를 다루고 있으며, 어떻게 경쟁사와 경쟁할 것인가라는 방안에 대해 다루게 된다.

사업부 수준의 전략목표는 기본적으로 기업 수준에 설정된 목표와 일관성을 가지고 있어야 하지만 일관성을 확보한 뒤에는 사업부가 가지고 있는 독립적 위치와 권한을 이용함으로써 경쟁우위를 강화하여 표적시장에 대한 경쟁력을 제고하고, 강력한 마켓 리더십을 구축하는 것을 원칙으로 한다. 또한, 자사 사업부가 시장에서 필요한 역량을 모두 갖추지 못하더라도, 사업부의 핵심역량을 발휘할 수 있는 최적의 시장을 결정하고, 공략에 필요한 전략 프로그램을 설계하여, 특정 산업 내에서 경쟁사보다 우수한 경쟁전략과 핵심역량을 구축하는 것이 매우 중요하다(한상만 외, 2004: p. 15).

3) 제품 · 브랜드 수준의 전략

좀 더 구체적인 마케팅 목표를 달성하기 위해 취하는 기본 노선이며, 이러한 제품 · 브랜드 수준의 전략을 일반적으로 마케팅전략이라고 한다. 마케팅전략의 주요 목적은 표적시장에서 기업의 마케팅 목표를 달성하기 위해 마케팅 자원과 활동을 효과적으로 관리 · 수행해 나가는 것이다. 이를 위해 표적시장에 대한 정의와 차별화된 포지셔닝 전략의 수립, 마케팅 전략 실행을 위한 구체적인 마케팅믹스 요소의 관리 및 배분이 수행되어야 한다. 전략은 위에서 언급된 계층구조에 의해 서로 일관성 있게 수립되는 것이 중요하다. 만약 각 계층구조 간의 일관성이 결여된다면 전략의 방향성이 모호해짐에 따라 기업이 보유하고 있는 자원의 낭비를 초래할 수 있을 뿐만 아니라 기업의 생존에도 큰 영향을 미칠 수 있다(한상만외, 2005 : p. 15).

3. 여행업마케팅전략의 이해

1) 기업전략

(1) 기업전략계획의 수립과정

가) 기업미션의 정의

기업사명(corporate mission)이란 기업의 장래 설계를 해놓은 것을 의미하는데 조직이 장기적으로 무엇을 추구해야 할 것인가에 대한 최고경영층의 관점이라고 할 수 있다.

최고경영층의 기업미래에 대한 관점은 기업사명문(mission statement)이라고도 하는데, 기업사명문은 최고경영층이 추구하는 장기적 목표를 공식적으로 밝힌 요약문이라고 정의할 수 있다.

마케터들은 항상 다음과 같은 근본적인 질문을 제기하고 기업사명이 이들을 명확하게 반영하고 있는지를 검토해야 한다(안광호외, 2005 : p. 47).

- 우리 회사는 어떤 사업을 하고 있는가?(Waht is our business?)
- 우리의 고객은 누구인가?(Who is the customer?)
- 우리의 사업이 고객들에게 어떤 가치를 제공하는가?(What is value to the customer?)
- 우리 사업이 앞으로 어떻게 될 것인가?(What will our business be?)
- 우리 사업이 앞으로 어떻게 되어야 할 것인가?(What should our business be?)

나) 기업목표의 결정

기업목표란 기업이 달성하고자 하는 구체적인 성과목표를 의미하는 것으로서 너무 추상적이거나 광범위한 기업목표는 기업의 전략을 수립하는데 방향을 제시하기 어렵게 된다.

바람직한 기업목표는 실현가능해야 한 것이어야 하며, 가능한한 계량적으로 서술되는 것이 바람직하다고 할 수 있다. 또한, 수행되어야 할 여러 가지 기업목표들을 추상적인 것에서부터 구체적인 것에 이르기까지 계층적으로 서술하는 것이 바람직하며, 마지막으로 기업목표들은 상치되지 않고 일관성이 유지되어야 한다. 예를 들어 매출과 이익을 동시에 극대화하려는 기업목표는 목표는 좋지만 자세히 살펴보면 각 목표들이 서로 상치되어 일관성이 부족하다고 할 수 있다.

다) 사업 포트폴리오의 결정

(가) 전략사업단위의 확인

기업의 사명과 목표를 결정한 후에 마케팅관리자는 자사가 보유하고 있는 기존사업들의 매력도를 평가하여 기업의 강점과 시장 기회를 잘 활용할 수 있는 매력적인 사업들로만 구성되는 최적의 사업포트폴리오를 구성해야 한다. 기업은 기존 사업믹스의 매력도에 대한 평가를 내리기 전에 기업을 구성하는 복수의 사업이나 제품들을 전략수립에 용이한 전략사업단위(SBU : Strategic Business Unit)로 나누는 작업을 먼저 수행한다.

전략사업단위는 독자적인 마케팅 전략수립이 필요한 관련사업들끼리 함께 묶은 조직으로 정의될 수 있으며, 한 전략사업단위는 다른 전략사업단위와 별개로 비용지출 및 마케팅전략 수립·집행이 이루어진다.

또한, 각 전략수립단위는 완전히 독립된 별개의 사업으로 보아야 하므로 각 전략사업단위는 기업 전체 수준에서 내려진 사업정의 안에서 나름대로의 독자적 사업정의를 가지고 있어야 한다.

(나) 사업포트폴리오에 대한 평가와 전략적 결정

기업이 여러 사업들의 매력도를 평가하는데 사용하는 주요한 도구 중 하나가 사업포트폴리오분석(business portfolio analysis)이다. 사업포트폴리오분석의 핵심적인 내용은 기업을 구성하는 여러 사업들의 경쟁적 강점과 시장 매력도를 평가한 다음, 경쟁력이 강하고 시장매력도가 높은 사업에는 더 많은 자원을 투입하고 경쟁력이 약하고 시장매력도가 낮은 사업은 처분하는 등의 의사결정을 통해 최적의 사업포트폴리오를 유지하는 것이다.

가장 널리 알려진 사업포트폴리오분석 방법으로는 Boston Consulting Group(BCG)의 성장(growth)-점유율(share)분석이 있다.

(다) BCG 성장-점유율 분석

성장-점유율 분석은 미국의 Boston Consulting Group에 의해 1960년대에 개발되었으며, 이는 각 SBU가 기업 전체에 현금을 공급할 능력을 보유하고 있는지 혹은 기업으로부터 현금지원을 제공받아야 하는지를 평가하기 위해 사용되었다. BCG의 성장-점유율 분석은 BCG 매트릭스(matrix)라고 불리는데, BCG 매트릭스는 회사 내 여러 사업들을 시장성장률과 시장점유율이라는 두 변수를 양축으로 표시하여 각 사업의 상대적 매력도를 비교할 수 있게 하였다.

BCG 매트릭스는 시장성장률의 높고 낮음과 시장점유율의 높고 낮음에 따라 물음표(question mark), 별(star), 자금 젖소(cash cow), 개(dog)의 4부분으로 나누어진다.

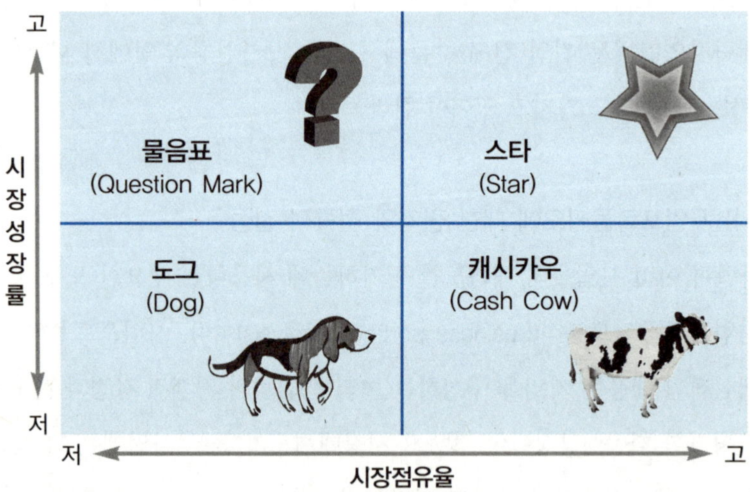

먼저 물음표(question mark)에 속한 사업부는 높은 시장성장률과 낮은 상대적 시장점유율의 사업부로서 산업이 급성장함에 따라 많은 경쟁자들이 시장에 진출해 있으나 자사의 사업부는 제품개발의 지연이나 소극적 마케팅 활동 등으로 인해 시장점유율이 미미한 상태이다. 물음표에 속한 사업들은 앞

으로 성공 가능성이 높은 사업들만 잘 선별하여 투자를 하여야 한다. 별(star)에 속한 사업부는 시장성장률과 높은 상대적 시장점유율을 가진 사업부로 점유율 유지를 위해 지속적인 마케팅 노력을 기울여야 하는 사업이다.

일반적으로 별군에 속한 사업부는 제품시장의 급성장에 따라 많은 경쟁자들이 산업에 진출할 것이 예상되므로 기존의 높은 시장점유율을 계속 유지하기 위해 연구 개발, 생산설비 확장, 소비자를 대상으로 한 광고 등에 많은 투자가 필요하다. 별군에 속한 사업부는 지금 당장은 기업의 전체 자금흐름에 많은 도움을 주지는 않지만 향후 시장의 성장률이 감소하는 성숙기로 접어 들 경우 기업의 주요 자금원으로 활용될 사업군이다.

자금 젖소(cash cow)사업부는 낮은 시장성장률과 상대적 시장점유율의 사업부로서 해당 산업이 성숙기로 접어 들면서 전반적으로 매출의 증가가 둔화되고 있지만 그동안 많은 투자를 해놓았기 때문에 높은 점유율을 유지하고 있는 사업부이다. 자금 젖소 사업부는 높은 시장점유율과 매출로 인하여 자금의 유입은 높지만, 연구개발, 시설투자 등에 대한 투자가 이미 완료된 상황이어서 지출은 상대적으로 많지 않은 사업부이다.

라) 기업성장전략의 개발

기존 사업부들에 대한 평가 결과 기존 사업만으로 기업사명 및 기업목표의 실현이 가능하다면 별 문제가 없지만, 그렇지 않다면 신규 사업으로의 진출을 통해 지속적인 기업성장을 추구하여야 한다. 새로운 사업을 통한 기업성장은 크게 다음과 같은 세 가지 방법을 통해 이루어질 수 있다(안광호 외, 2005 : p. 72).

- 집중적 성장(intensive growth)전략 : 기존사업 범위내에서 성장의 가능성을 추구함.
- 다각화 성장(diversification growth) : 현재의 사업과 관련이 있거나 없는 신규사업으로 진출하여 성장을 추구함.

- 수직적 통합(vertical integration growth)전략 : 제품의 공급체인상에서 현재 사업과 관련하여 상위분야와 하위분야로 진출함으로써 성장을 추구함(예 : 공급받던 원자재를 내부세서 생산하는 경우).

2) 사업부전략

(1) 사업단위 수준의 전략적 의사결정

여러 사업을 운영하는 기업은 일반적으로 전략사업단위(SBU : Strategic Business Unit)를 중심으로 조직을 구성한다. 각 전략사업단위의 책임자는 해당 사업단위의 목표와 전략을 결정하며, 이러한 결정은 최고경영층의 승인을 받아야 한다. 각 사업단위의 관리자는 사업단위에 포함될 제품시장들에 대한 결정, 전략사업단위의 목표와 사업범위의 결정, 제품시장과 기능부서별 경영자원의 배분, 각 제품시장에서 지속적 우위의 구축을 위한 경쟁전략의 선택 등의 의사결정을 내려야 한다.

(2) 사업단위의 경쟁전략

기업은 사업단위의 경쟁우위를 확보하는데 있어서 낮은 원가, 우수한 품질과 서비스 이외의 다른 원천에 의존할 수도 있는데 Miles and Snow는 제품시장 개발방식에 근거하여 공격형(prospectors), 분석형(analyzers), 방어형(defenders), 반응형(reactors)의 4가지 유형의 사업전략을 제시하였다. 공격형의 전략을 구사하는 사업단위는 새로운 제품과 시장의 적극적 개발을 통해 성장을 추구한다. 방어형 사업전략은 신제품개발을 통한 성장보다는 기존의 제품시장에서 구축된 포지션을 유지하는데 역점을 둔다. 분석형 전략은 공격형과 방어형의 중간에 위치하는데, 핵심 제품시장에서 구축된 강력한 포지션을 유지하려고 노력할 뿐만 아니라 기존의 핵심제품시장과 관련성이 높은 새로운 제품시장으로 확장하려고 시도하기도 한다. 반응형전략을 선택한 사업단위는 명확하게 정의된 전략을 가지고 있지 않다.

4. 여행업의 제품수명주기별 마케팅전략

글로벌화, 정보화 등으로 인한 고객들의 다양한 욕구를 만족시키기 위해서 여행사들은 치열하게 경쟁하고 있으며 이러한 환경에서 경쟁기업에 비해 경쟁우위를 확보하고 확보한 경쟁우위를 지속적으로 유지하기 위해서 이전에는 없었던 새로운 서비스를 제공하는 등 마케팅적인 측면에서의 변화가 빠르게 일어나고 있다. 이러한 상황에서 여행사들은 제공하는 제품이나 서비스의 주기별로 다른 마케팅전략을 구사할 수 있다(안광호 외, 2006 참조).

1) 신제품시장에서의 마케팅전략

여행업은 다른 관광산업과 비교해서 상대적으로 시장진입장벽인 낮은 산업이기 때문에 새롭게 시장에 진입하는 사업자가 많은 산업이라고 할 수 있다. 이러한 시장상황에서 시장개척기업은 시장상황이나 기업이 추구하는 목표에 따라 대중시장침투전략(mass market penetration), 틈새시장침투전략(niche penetration), 초기고가격전략(skimming and early withdrawal) 등의 마케팅전략을 구사할 수 있다. 대중시장침투전략을 추구하는 개척기업은 지배적인 시장점유율과 높은 수익성을 지속적으로 유지하는 것을 목표로 하기 때문에 이러한 목표를 달성하기 위해 경쟁기업의 브랜드들이 시장에 진입하기 전에 가능한한 많은 잠재고객들의 제품구매를 유도해야 한다.

이를 위해서는 제품이나 서비스의 원가를 낮추고 확보된 초기고객들의 브랜드애호도를 구축하는 마케팅 노력이 요구된다고 할 수 있다.

제한된 자원을 보유한 여행사들은 틈새시장침투전략을 선택함으로써 성공적인 개척기업이 될 수 있는데, 틈새시장침투전략은 전체시장에서 선도적인 시장점유율을 확보하기보다는 특정세분시장에 마케팅자원을 집중시켜 그 세분시장 내에서 선도적인 시장점유율을 확보하는 전략이다. 틈새시장침투전략은 규모가 작은 시장 개척기업이 한정된 자원으로 최대한의 수익을 실현하면서 규모가 경쟁기업들과 직접적인 경쟁을 피하는데 효과적인 전략적인 대안이 될 수 있으며 호텔관광산업에서는 중저가호텔들이 세계적인 글로벌체인 호텔기업들과의 경쟁에서 구사할 수 있는 전략적 대안이 될 수 있다.

초기고가격전략은 제품이나 서비스의 가격을 비싸게 책정하고 광고와 촉진에 대한 지출을 제한함으로써 단위당 이익의 극대화와 제품이나 서비스 비용의 조기회수를 실현하고자 하는 전략이다. 초기고가격전략을 추구하는 기업은 새로운 제품이나 서비스의 개발을 위한 노력도 병행하면서 이러한 전략을 구사하는 경우가 많다고 할 수 있다.

2) 성장기의 마케팅전략

성장기에서의 마케팅전략은 기존의 시장선도자가 구사할 수 있는 부분과 선도자를 추격하는 후발주자가 구사할 수 있는 부분으로 나누어볼 수 있다.

먼저 시장선도기업을 살펴보면 일반적으로 시장성장기에서의 시장선도자는 시장개척자이거나 시장에 조기진입한 조기진입자이다. 시장성장기에서 시장선도자의 마케팅전략을 포함한 전략적인 목표는 시장규모의 확대에 따른 경쟁의 증가에 대비하여 지속적으로 시장점유율을 유지하는 것이다.

시장선도자는 기존점유율을 유지하기 위하여 여러 하위목표들을 필요로 하며 이러한 하위목표별로 다양한 마케팅프로그램들이 실행되어야 한다. 시장선도자는 이러한 프로그램을 실행하기 위해 기존포지션방어전략(position defense strategy), 측면전략(flanker strategy), 정면전략(confrontation strategy), 이동전략(mobile strategy), 전략적 철수전략(strategic withdrawal strategy)의 5가지 전략대안들 중 하나 또는 이들의 조합을 선택할 수 있다.

기존포지션 방어전략은 시장선도자가 고려할 가장 기본적인 방어전략으로 기존의 강력한 시장포지션을 계속해서 강화시키는 것이고, 측면전략은 시장

선도자가 소홀히 했거나 무시했던 세분시장을 경쟁기업이 진출하기 전에 강화시키거나 혹은 경쟁기업이 진출하는 시점에 적극적으로 대처하는 전략을 의미한다.

정면전략은 이미 기반이 확보된 핵심시장에서의 우위를 더욱 강화해 나가는 공세적 방어를 취하거나 경쟁사의 공격이 가시화되는 시점에 적극적으로 반격하는 것을 의미한다. 예를 들어 충분한 자본력과 마케팅역량을 갖춘 경쟁자가 시장선도자의 핵심시장을 정면공격해오면 시장선도자는 경쟁기업의 위협에 정면대응할 수밖에 없다.

이동전략은 측면전략을 보다 공격적인 형태로 전환시킨 것으로서 여러 세분시장에서 계속 자신의 포지션을 구축함으로써 세분시장별로 높은 상대적 시장점유율을 방어하려고 하는 것이다. 이 전략의 주요 목표는 시장선도자가 출시한 초기 제품이나 서비스와 다른 특징을 가진 제품이나 서비스를 선호하는 세분시장들로부터 상당량의 점유율을 확보하는 것이다. 전략적 철수전략은 새롭게 부각되는 경쟁자가 시장선도자에 비해 더 많은 자원을 보유하고 있다면 시장선도자는 세분시장에 대한 마케팅 몰입도를 줄이고 상대적으로 성장잠재력이 가장 높은 시장에 마케팅 자원을 집중시켜야 한다.

성장기에 시장에 진출하는 모든 후발기업들이 시장선도자를 추월하여 시장에서 지배적 사업자가 되려는 목표를 세우는 것은 아니고 일부 후발기업들은 시장에 먼저 진출해서 시장점유유를 확보하고 있는 기업들이 소홀히 하고 있는 특정 틈새시장을 점유하는 것을 목표로 하는 전략을 구사하기도 한다. 이러한 틈새시장전략은 소규모의 후발기업들이 시장에서 성공하기 위해서 고려하는 몇가지 진입전략 중 하나라고도 할 수 있다. 우리나라 호텔관광산업의 경우를 예로 들면 특급호텔들이 소홀히 하고 있는 특정 틈새시장에 중저가 호텔들이 진출하는 경우를 들 수 있다. 시장진입이 선발기업에 비해 상대적으로 늦은 후발기업이 구사할 수 있는 전략은 기존의 선발기업이 보유한 고객들을 선발기업과 경쟁하여 고객을 뺏어오거나 아니면 잠재고객들을 자사의 고객으로 확보하는 것이라고 할 수 있다.

이러한 목표를 달성하기 위해서 후발기업들이 시장에서 구사할 수 있는 전략은 정면공격전략(frontal attack strategy), 도약전략(leapfrog strategy), 측면공격전략(flanking attack strategy), 포위전략(encirclement strategy), 게릴라공격전략(guerrilla attack strategy) 등을 구사할 수 있다.

먼저 정면공격전략은 시장도전자가 경쟁자의 모든 강점을 정면으로 공격하는 전략을 의미하며 기업이 제공하는 제품이나 서비스시장이 비교적 동질적이고 최소한 하나 이상의 경쟁사들이 그 시장에서 확고한 기반을 구축하였다면 후발기업들은 주요경쟁자들에 대한 정면공격을 통해 시장점유율을 확대하는 것 이외에 다른 대안이 있을 수 없다고 할 수 있다. 이러한 정면공격전략이 성공하기 위해서는 대부분의 기존고객들이 특정 브랜드에 대한 강한 선호도나 충성도를 갖고 있지 않아야 하며, 시장도전자의 자원과 마케팅역량이 주요경쟁자에 비해 우수해야 한다.

도약전략이란 시장도전자가 경쟁기업과 확실하게 차별화된 제품이나 서비스를 기반으로 기존고객의 반복구매나 대체구매를 빼앗아 오는 전략을 의미한다. 시장도전자가 이러한 전략을 구사하고 성공하기 위해서는 기존의 경쟁자에 비해 휠씬 더 우수한 제품이나 서비스편익을 고객들에게 제공해야만 한다.

측면공격전략과 포위전략은 기존의 브랜드들이 고객욕구를 만족시키지 못하고 기존의 경쟁기업들 중 아무도 강력한 포지션을 구축하지 못한 세분시장에 마케팅노력을 집중하는 전략을 의미한다.

확실한 시장기반을 구축한 경쟁자들이 이미 대부분의 주요시장을 장악하였고 시장도전자의 자원이 제한되어 있을 때, 측면공격, 포위전략, 정면공격전략을 구사하기는 매우 힘들다. 이러한 상황에서 시장도전자는 기반이 구축된 기존경쟁자들에게 기습공격을 하는 전략을 구사할 수 있는데 이러한 전략이 게릴라전략이다. 이러한 전략은 기존경쟁자의 대량보복을 피하기 위해 시장도전자는 표적경쟁자의 시장기반이 매우 강하지 않은 제한된 지역시장에 국한시켜 기습적으로 게릴라공격을 실행하는 것이 효율적이라고 할 수 있다.

게릴라전략의 예로는 특정지역에서 특정집단을 대상으로 판촉활동을 통한 단기적인 가격할인을 예로 들 수 있는데 대규모 기존의 경쟁자들이 이러한 게릴라전술에 정면대응하기 어려운 점으로는 도전자와 동일한 크기의 제품가격할인이 대규모경쟁자들에게 상당한 비용증대를 발생시키기 때문이다.

3) 성숙기의 마케팅전략

여행업의 경우 시장에서 제품수명주기상 성숙기에 진입한 산업이라고 할 수 있는데 성숙기 시장에서의 마케팅전략은 기존 시장점유율 유지를 위한 방어적인 마케팅전략과 매출성장을 위한 공격적인 마케팅전략을 나누어서 생각해볼 수 있는데, 먼저 방어적인 마케팅전략은 시장선도기업과 후발기업에 따라 달라질 수 있다. 먼저 시장선도기업은 기존의 포지션을 지속적으로 유지하고 강화하는 전략이 필요하며 이를 위해 고객만족과 자사 브랜드에 대한 애호도를 향상시키는 마케팅노력이 필요하다고 할 수 있다.

점유율이 상대적으로 낮은 저점유율 후발기업은 시장 선도기업과의 직접적인 경쟁을 피하는 틈새시장전략(niche market strategy)을 구사할 수 있다.

한편, 매출성장을 위한 공격적인 마케팅전략으로는 시장침투율제고전략, 시장개발전략, 제품용도확대전략 등을 구사할 수 있다. 먼저 시장침투율제고전략은 기존시장 내의 자사 제품이나 서비스의 비사용자 집단을 유인하여 매출액을 증대시키는 전략이다. 이런한 전략을 구사할 때, 마케터는 제품특성이나 서비스를 추가하여 제품이나 서비스의 가치를 높이거나 새로운 편익을 강조하는 적극적인 촉진노력을 통해 기존 시장 내 비사용자집단의 구매를 유도할 수 있다.

시장개발전략은 새로운 세분시장의 소비자들로 하여금 자사의 기존 제품이나 서비스를 구매하도록 함으로써 매출액을 늘리는 전략인데, 이러한 전략을 구사하기 위해서 기업들은 상품이나 자사 브랜드의 리포지셔닝(repo-sitiioning)전략을 도입하거나 새로운 지역 시장으로 진출하는 방안을 고려해 볼 수 있다.

마지막으로 제품용도확대전략은 새로운 용도의 제품이나 서비스를 개발하거나 사용범위의 확대를 통해 기존고객의 사용량이나 빈도를 늘림으로써 매출성장을 추구하는 전략을 의미한다.

4) 쇠퇴기의 마케팅전략

대부분의 제품이나 서비스는 쇠퇴기를 겪게 되는데 제품이나 서비스시장이 쇠퇴기를 접어들면서 기업들은 판매량 및 매출액의 감소를 경험하게 된다. 이러한 상황에서 호텔관광기업들을 포함한 모든 기업들은 자사의 제품이나 서비스를 포기해야 할지 아니면 남은 제품수명주기 동안 단기이익을 추구해야 할지 등을 고민해야 한다.

일반적으로 쇠퇴기에 있는 제품이나 서비스를 제공하는 기업들은 단기적인 현금흐름을 극대화하기 위한 목적으로 수확전략(harvesting strategy)을 많이 사용하는데, 수확전략 이외에도 점유율유지전략(maintenance strategy), 생존자전략(profitable survivor strategy), 틈새시장전략(niche market strategy) 등을 구사한다. 수확전략은 단기간에 현금흐름을 극대화하여 기업이 운영할 수 있는 현금을 보다 많이 확보하는 것을 목표로 하는 전략으로 이를 위한 방법으로는 추가적인 투자를 피하고 운영비용을 감소시키며 판매가격을 인상시킨다. 그리고 궁극적으로는 기업이 이 사업을 정리할 것이기 때문에 수확전략의 사용은 어느 정도의 판매량과 시장점유율의 감소로 나타나게 된다. 하지만 수확전략은 사업의 판매량과 점유율의 감소를 비교적 느리고 안정된 비율로 유지할 수 있기 때문에 갑작스러운 점유율 하락에 따른 심각한 현금흐름의 문제는 피할 수 있다.

점유율 유지전략은 쇠퇴기 시장의 경우 미래의 판매추세가 불확실할 수 있으므로 시장의 미래가 보다 예측가능할 때까지 시장선도기업들은 기존의 시장점유율을 유지하는 전략을 사용할 수도 있다. 생존자 전략은 쇠퇴기 시장에서 높은 점유율과 경쟁우위를 가진 기업이 고려할 수 있는 대안의 하나로 점유율을 증가시키고 남아 있는 쇠퇴기 동안에 시장 선도기업의 위치를 유지하기 위한 투자를 계속하는 것을 의미한다. 이 전략은 미래 시장수요의 완만한 감소나 지속적으로 남아 있는 제품이나 서비스의 수요가 기대될 때 가장 적합한 전략이라고 할 수 있다. 또한, 시장에서 점유율이 낮은 기업들은 쇠퇴기 시장에서 수확전략을 사용하거나 시장퇴출을 위한 준비를 하기 때문에 시장 선도기업은 상대적으로 저렴한 비용을 투자하고도 점유율을 더욱 강화시킬 수 있다.

마지막으로 대부분의 세분시장들이 빠르게 쇠퇴할 것으로 예상되더라도 틈새시장전략은 하나 혹은 그 이상의 세분시장이 안정적으로 남아 있는 제품이나 서비스의 수요를 가지고 있거나 천천히 쇠퇴할 때 매력적인 대안이 될 수 있다. 이 전략을 사용하기 위해서는 표적세분시장에서 강한 경쟁적인 포지션을 확보하고 있거나 경쟁사들보다 시장을 선점하여 빠른 시간 안에 경쟁우위를 확보할 수 있어야 한다. 틈새시장전략은 적은 자산이나 자원을 일부 세분시장에 집중시킬 수 있기 때문에 상대적으로 시장점유율이 낮은 기업들에게 적절하다고 할 수 있다.

특히 호텔관광기업들 중 다른 산업에 비해서 상대적으로 시장진입장벽이 낮은 여행업의 경우 위에서 언급된 제품수명주기별 마케팅전략을 통해서 기업의 전략적인 목표를 달성하는데 도움이 될 수 있으리라 생각한다.

사례

모두투어 호텔사업 진출

모두투어네트워크가 지분참여 형태로 호텔사업에 진출한다. 기존 여행사업과 함께 시너지효과를 낼 수 있다는 판단이다.

11일 관련업계에 따르면 모두투어는 작년 아벤트리 자기관리부동산투자회사 지분 24.4%를 인수했다. 이어 아벤트리를 통해 올 8월부터 호텔사업을 시작할 계획이다. 아벤트리가 추진 중인 호텔은 총 160실 규모로 서울 종로구청 인근 천마빌딩이다.

아벤트리는 올 상반기 중 유가증권시장 리츠상장을 추진 중이며 공모를 통해 조달될 80억 원 등으로 천마빌딩 리모델링 공사를 실시할 예정이다. 아벤트리는 프랑스 호텔체인인 아코르계열 비즈니스호텔 브랜드 중 한 곳과 제휴할 것으로 알려졌다. 아코르는 고급호텔 브랜드인 소피텔, 노보텔, 이비스 등의 브랜드를 보유하고 있다.

아벤트리는 호텔신라출신의 김곤중씨가 대표이사를 맡고 있다.

모두투어 관계자는 작년 초 아벤트리에 지분참여했을 땐 배당을 위한 투자차원이었고 아벤트리가 호텔사업을 본격적으로 추진하면서 모두투어도 여행업과 함께 시너지를 낼 수 있을 것으로 판단했다고 말했다. 그는 또 리모델링공사가 원활하게 진행될 경우 8월부터 호텔영업을 시작할 수 있을 것이라고 덧붙였다.

모두투어는 2011년 3분기 말 기준 여행객 시장점유율 8.9%로 하나투어에 이어 2위 자리를 차지하고 있다. 작년 7월에는 하나투어와 함께 300억 원 규모로 호텔앤에어닷컴을 설립, 호텔객실 예약을 통해 여행상품 조달에 활용 중이기도 하다. 업계 관계자는 여행전문기업인 하나투어와 함께 모두투어가 호텔업에 뛰어든 것은 해외여행객이 늘어나는 것에 비해 국내 호텔객실이 부족한데 따른 현상이라면서 이들은 특급호텔과 같은 부대시설을 없애고 객실 위주로 호텔을 운영하면서 투자대비 효율성을 높일 것으로 보인다고 밝혔다.

자료 : 이데일리 2012.1.11

제15장

글로벌화와 여행업의 향후 전망 및 온라인 여행업

여 | 행 | 사 | 경 | 영 | 론

15 제15장 글로벌화와 여행업의 향후 전망 및 온라인 여행업

1. 글로벌화의 개념

최근 세계경제가 큰 변화를 겪고 있는데 그 핵심적인 내용은 여러 가지 장벽에 의해서 국가별로 운영되던 경제시스템이 국가별로 언어(language), 문화(culture), 거리(distance) 등의 차이에도 불구하고 점점 하나의 경제 시스템으로 통합되는 경향을 나타낸다는 것이다. 이러한 현상 속에서 여러 국가들 간의 상호의존성(interdependence)도 점차 높아지고, 모든 산업은 더욱 빠른 속도로 글로벌화되고 있고 글로벌기업들은 서로 무한경쟁을 하고 있는 현실이다.

1) 글로벌화(globalization)의 정의

글로벌화 또는 우리말로 세계화에 대한 정의는 다양하지만 일반적으로 기업이 개별국가시장에 대해 각각 다른 전략을 취하기보다는 전 세계시장을 하나의 시장으로 보고 통합된 전략을 수립하는 것을 의미한다(Porter, 1986 ; 장세진, 2004).

글로벌화는 시장의 글로벌화와 생산의 글로벌화의 두 가지 주요한 부분으로 구성되어 있는데, 시장의 글로벌화란 국가별로 나누어져 있던 시장을 하나의 거대한 글로벌시장으로 합병하는 것을 의미한다. 생산의 글로벌화는 기업들이 노동력, 토지, 원자재, 에너지 등의 생산요소들을 가격과 품질 측면에서 국가별 차이를 이용하여 제품과 서비스를 다른 지역에서 생산하는 경향을 나타내는 것을 의미하는데, 생산의 글로벌화가 일어나는 이유는 기업들이 경쟁기업들보다 경쟁우위를 확보하기 위하여 낮은 비용구조와 높은 품질을 소비자들에게 제공하기 위하여 노력하기 때문이다.

2) 글로벌화의 촉진요인

(1) 자본집약적인 생산방식과 규모의 경제의 중요성 증대

최근 모든 산업의 생산방식에서 공통적으로 일어나는 현상 중 하나는 노동집약적인 생산시스템에서 자본집약적인 생산시스템으로의 전환 가속화를 들 수 있다. 이러한 현상은 생산활동에 있어서 노동비용의 비중이 점차 감소하는 동시에 자본비용이 증가한다는 의미인데, 자본비용 증가의 주요한 이유는 연구개발비용의 증가와 첨단생산설비로 인한 비용 증가이다.

특히, 이러한 현상은 정보통신(telecommunication)과 생명공학(biotechnology) 등의 첨단산업과 자동차, 화학 등 생산비용이 많이 소요되는 산업에서 더욱 두드러지게 나타나고 있다. 이러한 생산활동비용의 증가로 기업의 입장에서는 규모의 경제(economies of scale)를 이용한 대량생산을 하게 되고, 국가별 내수시장만으로는 대량생산된 제품의 수요가 한정되어 있기 때문에 전 세계시장으로의 제품판매를 모색하게 된다. 우리나라의 현대, 기아자동차가 세계 곳곳에 생산기지를 건설하고 전 세계시장을 대상으로 자동차 판매에 힘쓰는 것이 좋은 예라고 할 수 있다.

(2) 기술의 발전

글로벌화를 촉진시키는 요인 중 하나는 기술의 발전인데, 특히, 교통기술의 발전, 정보통신기술의 발전, 첨단산업기술의 발전 등을 이유로 들 수 있다. 먼저, 교통기술의 발전과정을 살펴보면, 제2차 세계대전 이후 항공산업기술의 발전과 컨테이너 운송의 도입으로 급격한 교통의 발전을 가져왔으며 이러한 교통산업의 급속한 발전이 글로벌화를 더욱 촉진시키는 중요한 원인이 되었다. 또한, 빠른 기술의 발전과 더불어 많은 연구개발(R&D)에 대한 투자가 글로벌화를 촉진시키는 원인이 되었다.

예를 들어 첨단산업이라고 할 수 있는 전자, 통신, 컴퓨터, 의약품제조산업 등에서는 총매출액에서 연구개발비용이 차지하는 비율이 평균적으로는 7~8%, 높게는 15%까지도 소요되고 있는데, 이처럼 연구개발비용이 많이 투자되는 사업에서는 국내시장의 수요만으로는 그처럼 높은 연구개발비를 충당하기 힘들다. 그렇기 때문에 위에서 언급된 첨단산업의 경우 전 세계 시장을 대상으로 신제품개발과 판매가 지속되어야 연구개발비용을 충당할 수 있게 된다.

따라서 이렇게 첨단산업에 속해 있는 다국적기업들이 시장을 전 세계를 대상으로 하고 있기 때문에 글로벌화는 더욱 가속화되고 있다고 할 수 있다.

(3) 전 세계 소비자 취향의 동질화

글로벌화의 가장 큰 요인 중 하나는 이질적이었던 각국 소비자의 취향이 점점 동질화되고 있다는 점이다. 이렇게 전 세계소비자의 수요와 구매행태가 과거에 비해 동질화되고 있는 가장 큰 이유는 인터넷을 중심으로 한 정보통신기술의 발전이라고 할 수 있다.

이처럼 하루가 다르게 발전하고 있는 정보통신기술의 발전으로 기업들은 전 세계를 단일시장으로 보고 빠른 시간 내에 전 세계 소비자들의 수요에 부응할 수 있는 제품을 만들어야 경쟁력을 가지고 생존할 수 있게 되었다.

여기서 한 가지 비교해야 할 점은 최근 전 세계 소비자 취향의 동질화는 과거의 국제화의 영향으로 선진국에서 먼저 개발된 제품이 점차 저개발국가로 이동되어 시차를 두고 전 세계 소비자 취향이 동질화되었던 이른바 제품수명주기이론(product life cycle theory)과는 다르다는 것이다. 예전에는 시차를 두고 전 세계소비자 취향의 동질화가 있었던 것에 비하여 최근에는 인터넷의 일반화로 선진국과 후진국과의 약간의 시차는 있겠지만 거의 비슷한 시기에 같은 제품이나 서비스에 대해서 전 세계의 모든 소비자들의 취향이 동질화되었다고 할 수 있다.

또한, 소비자취향의 동질성이 비슷한 시기에 나타나는 다른 이유로 전 세계소비자들의 구매력 증대를 꼽을 수 있다. 개발도상국들의 경제적 발전이 국민들의 소득증대로 나타나고 이러한 국민들의 소득증대가 선진국에서 생산되는 제품을 소비하려는 경향으로 나타나고 있다.

(4) 무역장벽의 감소

최근 전 세계적으로 극소수의 국가를 제외하고 무역장벽이 낮아지고 있는 상황이며, 자본의 이동도 자유로워지고 있다. 특히, WTO(World Trade Organization : 세계무역기구)체제의 출현으로 이러한 현상을 앞으로 더욱 가속화될 것으로 예측된다.

2. 글로벌화와 국제관광이 여행업에 미치는 영향

글로벌화의 일반화로 국제관광이 활발해지면서 여행업도 현재뿐만 아니라 향후에도 가장 전망이 밝은 산업 중 하나가 되었다. 이렇게 여행업은 글로벌화와 밀접한 관계가 있다고 할 수 있는데, 우리나라 여행업의 경우 활발한 국제관광으로 여행자들이 증가하면서 여행사의 경영전략과 조직구조에도 많은 영향을 미쳤다고 할 수 있으며 이러한 경향은 앞으로 더욱 증가할 것으로 예측된다.

우리나라를 방문하는 외국의 여행자들뿐만 아니라 우리나라의 국외여행수요가 증가하면서 하나투어, 모두투어 등과 같은 대규모 여행사를 중심으로 해외에서 지사를 운영하는 경영전략을 구사하는 여행사들이 증가하고 있다. 따라서 이러한 해외지사의 운영으로 이전에는 활성화되지 않았던 여러 조직이 생겨날 뿐만 아니라 우리나라의 여행사들도 글로벌시장에서 경쟁하기 위해 글로벌경영전략에 대한 준비를 하고 있다고 할 수 있다.

1) 국제관광(international tourism)의 이해

1) 국제관광의 개념

국제관광에 대한 여러 가지 정의들이 있지만 일반적으로 국제관광이란 관광자가 자기 나라를 떠나 다시 돌아올 예정으로 다른 나라의 문물 · 제도 · 경관 등을 감상 · 유람할 목적으로 여행하는 것을 말한다. 국제관광에 대한 다른 학자들과 국제관광기구들의 정의를 살펴보면, WTO(World Tourism Organization : 세계관광기구)는 국제관광을 "즐거움 · 위락 · 휴가 · 스포츠 · 사업 · 친지 · 업무 · 회의 · 건강 · 연구 · 종교 등을 목적으로 방문국에서 최소한 24시간 이상 1년 이하 체류하는 행위"로 정의하고 있다. 또한 OECD(Organization for Economic Cooperation and Development : 경제개발협력기구)는 국제관광을 "인종 · 성별 · 언어 · 종교 등에 관계없이 외국의 영토에서 24시간 이상 6개월 이내로 체류하는 것"으로 정의하고 있다. 국내학자들로 김진섭은 국제관광을 "인간이 자국의 국경을 넘어 다시 자국으로 돌아올 목적으로 외국의 문물 · 제도 · 관습 · 산업 등을 관람 · 시찰하거나 풍경 등의 감상 · 유람을 목적으로 여행하는 것"이라고 정의하였다(김진섭, 1996 : 163).

위의 여러 국제관광기구와 학자들의 정의와 같이 국제관광은 한 마디로 말해서 국경을 넘어서 일어나는 관광행위로 국내관광과는 구별된다고 할 수 있다.

(2) 국제관광의 범위

가) 인적 범위

국제관광에 관련한 최초의 공식적 정의는 1937년 "국제연맹 통계전문가위원회"에서 내린 것으로, 국제관광자란 "적어도 24시간 이상 동안 자신의 일상 거주지를 떠나 다른 나라를 방문하는 사람"으로 다음과 같은 목적으로 여행하는 사람을 국제관광자의 범주에 포함시키고 있다(최승이 · 이미혜, 2001 : 28).

❶ 즐거움 · 가족 · 건강 등을 위해 여행하는 사람
❷ 회의 또는 과학 · 행정 · 외교 · 종교 · 운동 등의 대표자격으로 여행하는 사람
❸ 사업상의 이유로 여행하는 사람
❹ 24시간 미만 체재하는 사람이라도 해양선박으로 여행 중에 도착한 사람

한편, 다음의 목적으로 여행하는 사람은 관광자의 범주에서 제외시키고 있다.

❺ 직업을 얻기 위해 또는 그 나라에서 어떤 사업활동에 종사하기 위해 도착한 사람
❻ 그 나라에 거주지를 마련하기 위해 도착한 사람
❼ 유학생 또는 단기연수생
❽ 국경지역 주민 또는 인접지역에 거주하면서 국경을 넘어 통근하는 사람

한편 UN은 1977년 국제관광자를 "일상거주지 외의 나라에 보수를 받는 이외의 목적으로 방문하여 1박 이상 1년 미만 동안 육상의 숙박시설에서 체재하는 사람"으로 정의하였다. 또한 방문자를 국제관광자(또는 체재방문자)와 당일방문자로 구분하였는데, 국제관광자(또는 체재방문자)는 육상의 숙박시설에서 최소한 1박 이상 체재하는 사람을 의미하고, 당일방문자는 선박여행 방문자와 육상의 숙박시설을 이용하지 않는 육상 · 항공교통을 이용하여 입국하는

기타 당일 방문자를 의미한다. 한편 WTO는 1984년 발표한 보고서에서 국제관광자를 정의하였는데, 대체로 위에서 언급한 UN의 정의를 따르고 있으며, 다만 여행자를 상위개념으로 설정하여 관광자와 당일방문자로 구분하였다. 또한 국제관광자의 범주를 출 · 입국으로 분류한 후 다시 거주자와 비거주자로 구분하였다.

아래에서 언급된 여러 가지 기준으로 살펴볼 때, 국제관광자란 취업이나 이주 이외의 목적으로 자기 나라를 떠나 24시간 이상 1년 이내의 기간 동안 다른 나라의 관광지를 방문하거나 체재하는 사람이라고 정의할 수 있다.

나) 공간적 범위

국제관광의 공간적 범위는 자국민이 외국을 방문하는 행위와 자국의 영토 내에서 이루어지는 외국인의 관광행위뿐만 아니라, 외국인이 다른 나라를 방문하는 행위도 포함된다. WTO는 국제관광을 지역별로 구분하기 위해 세계를 동아시아와 태평양국가, 유럽, 아메리카, 남아시아, 중동, 아프리카 등 6개 지역(region)으로 나누고, 이를 다시 동아프리카, 중앙아프리카, 북아프리카, 남아프리카, 서아프리카, 카리브해, 중앙아메리카, 북아메리카, 남아메리카, 동아시아, 중앙아시아, 동남아시아, 서남아시아, 남아시아, 서아시아, 동유럽, 북유럽, 남유럽, 서유럽, 오스트레일리아와 뉴질랜드, 폴리네시아 등 21개 소지역(sub-region)으로 세분하고 있다(한국관광공사, 1989 : 32~34; 최승이 · 이미혜, 2001 : 36 재인용).

(3) 국제관광의 발전요인

가) 경제적 요인

세계경제동향이 국제관광에 미치는 영향은 대단히 크다고 할 수 있다. 세계경제동향이 침체되면 관광소비자들의 구매심리위축과 유효수요부족으로 국제관광시장도 침체되고, 세계경제동향이 활발하면 국제관광도 발전하게 된다.

나) 사회 · 문화적 요인

국제관광 발전요인 중 사회 · 문화적 요인은 인구통계적 요인, 기술적 요인, 교통수단의 발달, 여가시간의 증대 등을 꼽을 수 있다. 인구통계적 요인이란 인구규모의 증대와 평균수명의 증가 등을 의미한다. 인구규모의 증대와 평균수명의 증가는 관광총량의 증가로 이어진다. 기술적 요인이란 기술의 발전이 국제관광에 미치는 영향을 의미하는데, 예를 들면 CRS(Computer Reservation System)와 인터넷의 일반화로 인해 소비자들은 신속하고 정확한 정보를 제공받을 수 있다. 기술의 발전은 여가시간의 증대와는 밀접한 관계가 있는데, 기술의 발전은 생산성 향상으로 이어진다. 이로 인해 노동자들은 노동시간이 감소되고, 노동자들의 노동시간 감소는 여가시간의 증대로 이어져 국제관광을 촉진시키는 역할을 하게 된다. 또한 항공산업을 중심으로 급속하게 발전한 교통수단도 국제관광의 가장 중요한 발전요인 중 하나가 되었다.

(4) 국제관광의 장애요인

OECD(Organization for Economic Cooperation and Development : 경제협력개발기구)의 관광위원회는 국제관광의 발전을 위해 다음과 같은 장애요인들을 제거할 것을 권고하고 있다. OECD의 권고에 따르면 국제관광을 저해하는 요인을 크게 관광자 개인에게 영향을 주는 장애요인, 여행사에 대한 장애요인, 교통사업에 대한 장애요인, 숙박업체에 대한 장애요인, 기타 장애요인으로 분류하고 이를 다음과 같이 41개 항목으로 세분화하였다.

■ 관광자 개인에게 영향을 주는 장애요인

❶ 자국에서의 제약

ⓐ 국외관광자에 대한 통화소지 제약

ⓑ 관광서류 발급상의 조건과 절차의 복잡성과 까다로움(여권 · 비자 발급의 제한)

ⓒ 귀국하는 관광자에 대한 세관의 허용량 규제

ⓓ 국외관광에 대한 제한(목적, 연령, 횟수, 방문국가의 정치이념)

❷ 관광수용국에서의 제약

ⓐ 외래관광자에 대한 통화소지 제한

ⓑ 입국사증 · 서류심사 · 체류기간의 제한

ⓒ 자동차 · 유람선 등 기타 교통기관으로 입국하는 경우에 공식적인 절차의 복잡성

ⓓ 국제운전면허증 · 자동차보험 등의 통용가능성에 대한 공식적인 제한절차

ⓔ 자국민이 아닌 자의 국내재산에 대한 제한

ⓕ 외래관광자에게 부과하는 세금

■ 여행사에 대한 장애요인

❸ 외국인투자나 공동참여상의 제한

❹ 외국인회사의 자국지사나 자회사 설립에 대한 제한

❺ 여행전문업 운영에 있어서 외국인에게 차등이나 직접 운영하기 곤란하도록 만든 자격기준의 적용

❻ 외국인임원과 외국인의 고용에 대한 제약

❼ 경영자격 획득의 곤란

❽ 자금의 국내유입 및 국외유출에 따른 자금전환과 관련된 사항

⑨ 비설립 외국인회사나 자국 내에서 설립된 중간매개회사를 통하지 않고 고객에게 직접 광고나 판촉 또는 판매하는 행위에 대한 제한

⑩ 위와 같은 항목에 대하여 EU국가에서의 EU국가와 비 EU국가 간의 차별

■ 교통사업에 대한 장애요인

⑪은 여행사에 대한 장애요인의 ❸~⑩과 같음.

⑫ 자국소유가 아닌 항공사 · 자동차 · 철도 · 크루즈선박에 대한 제한

⑬ 자국방문자의 외국항공사나 선박 이용에 대한 제한

⑭ 항공기 이착륙수수료, 세금 또는 항세에 있어서의 제한

⑮ 상대방 자격에 대한 상호 인식부족

⑯ 자국 항공사나 페리 서비스종사원 자격에 대한 정부의 요구

⑰ 자국 항공사나 철도회사에 적용하는 특별운송 조건과의 차별대우

⑱ 예약 시스템으로의 접근 규제

■ 숙박업체에 대한 장애요인

⑲는 여행사에 대한 장애요인의 ❸~⑱과 동일

⑳ 필수품 수입상의 제약

㉑ 자국회사의 계약상의 요구조건

㉒ 외국참여회사에 대한 세금제도의 차별대우

㉓ 외국인에 대한 소유제한과 외국인의 자본보유나 자본분배에 따르는 증권에 관계된 문제들의 제한

㉔ 약 시스템으로의 접근상의 규제

■ 기타 장애요인

㉕ 강진단과 소비자보호 등의 규정에 대한 차별대우

㉖ 앙정부나 지방자치조직 또는 중개인을 이용할 의무

㉗ 타 장애요인들

국제관광의 발전요인과 장애요인에 대한 연구들 중 최승이 · 이미혜(2001 : 137)는 국제관광의 발전요인과 장애요인에 대한 연구에 있어서 앞으로의 연구 방향은 발전요인과 장애요인을 상호 독립적인 요인으로 분석할 것이 아니라 상호관계와 양면성을 전제로 접근해야 한다고 주장하였다. 또한 고석면 외(2001 : 363~364)는 국제관광의 발전요인과 장애요인을 다음과 같이 국가별로 분류하였다.

(5) 국제관광효과

국제관광활동으로 인하여 특정한 국가나 지역에서 일어나는 변화라고 말할 수 있는데, 크게 경제적 효과와 사회적 효과 및 문화적 효과 3가지로 나누어볼 수 있다.

가) 경제적 효과

국제관광의 경제적 효과(economic effect)란 국가 간 관광자의 이동에 따라 관광송출국과 관광수용국의 경제현상에 미치는 여러 가지 영향이라고 할 수 있다. 경제적 효과는 직접효과 · 간접효과 · 유발효과로 나누어볼 수 있다.

먼저 직접효과는 관광자가 최초로 지출한 비용이 관광송출국과 관광수용국의 국민경제에서 직접적으로 관광산업부문에 창출하는 경제적 효과를 의미한다. 예를 들어 국제관광자의 최초의 지출은 항공사 · 호텔 · 여행사 등 관광산업부문을 통해서 이루어지게 되는데, 이렇게 관광산업부문을 통해서 직접적으로 이루어지는 경제적 결과를 직접효과라고 한다.

간접효과는 국제관광자의 지출로 인해서 간접적으로 영향을 받는 산업부문에서 소득과 고용이 창출되는 것을 의미한다. 예를 들어 국제관광자가 항공사에 지출한 비용 중 일부를 항공사는 연료비로 정유사에 지급하게 되는데, 항공사와 정유사 사이에는 직접적인 관계가 형성되지만, 국제관광자와 정유사의 관계는 간접적인 관계가 형성된다. 이처럼 국제관광자의 지출로 인해 간접적으로 영향을 받는 산업부문에서 소득과 고용이 창출되는 것이 간접효과이다.

한편 유발효과란 국제관광자의 지출증가로 인한 관광목적지의 수입증가로 가계부문의 소득이 증가함에 따라 소비지출의 규모가 증가하게 되고, 이러한 소비지출증가가 한 국가 또는 지역의 다른 산업의 매출액증가와 고용기회의 창출 등 지역경제를 활성화시키는 것을 의미한다(최승이 · 이미혜, 2004 : 146). 특히 국제관광은 관광수용국의 국제수지개선에 크게 기여하는 효과를 발생시킨다.

나) 사회적 효과

국제관광의 사회적 효과는 관광자 간의 국가 간 이동으로 인한 관광수용국 사회구조의 변화를 의미한다. 어떤 지역이 국제관광의 목적지로 발전하게 되면 그 지역 산업구조의 변화를 수반한다. 이러한 산업구조의 변화는 인구구조의 변화를 가져오게 된다. 인구구조의 변화에는 인구이동에 따른 인구의 양적 증감을 나타내는 인구규모의 변화, 성별 · 연령 · 학력 등과 같이 인구의 특성을 나타내는 인구구성의 변화, 인구의 공간적 정주상태를 나타내는 인구분포의 변화 등이 있다.

또한 국제관광은 관광송출국과 관광목적국의 상호작용으로 인해 개인 및 지역사회에서 소비양식의 변화를 가져오게 한다. 외부로부터 새로운 소비양식이 도입되면 단기적으로 갈등을 일으키기도 하지만, 기존의 소비양식과 양립하거나 기존의 소비양식을 변화시킨다.

마지막으로 국제관광은 사회문제를 증가시킬 수 있다. 국제관광에 따른 사회문제란 관광목적지 주민과 관광자 사이의 상호작용으로 사회구조에 미치는 일탈행위를 의미하는데, 여기에는 범죄 · 도박 · 매춘 등이 있다.

다) 문화적 효과

관광은 현지문화 · 관광자문화 · 수입문화의 3개 문화가 접촉해서 새로운 관광문화로 형성된다. 현지문화란 관광자를 받아들이는 문화, 즉 관광수용국의 독특한 문화를 말한다. 관광자문화란 관광자가 관광 도중 행하는 생활방식을 의미하며, 수입문화란 관광자의 자국문화를 의미한다.

국제관광은 이질성이 있는 문화가 상호작용하는 과정이므로, 국제관광으로 인한 문화적 영향은 관광목적지의 문화에 많은 영향을 미친다. 문화의 변동은 문화전파 · 문화접변 등을 통해서 이루어지는데, 먼저 문화전파란 한 문화의 요소나 특성 등 문화가치가 다른 문화로 번져 나가는 것을 의미한다. 문화접변이란 이질적인 문화가 직접적인 접촉을 통하여 하나의 문화 또는 접촉이 이루어진 문화 모두가 변화하는 과정을 의미한다.

2) 국제관광마케팅의 개념

국제관관마케팅은 국제 간에 있어서 변화하는 여건과 관련하여 소비자인 국제관광객(개인 혹은 단체)의 만족을 최적화하기 위해 NTO나 관광기업이 국제적인 차원에서 대상시장에 대한 조사 · 분석 · 계획 · 집행 · 통제를 행하는 체계적이고 통합된 시장활동이라고 정의할 수 있다(박상수, 2004 : 388).

일반적으로 국제관광 마케팅활동이라 함은 자국민들의 해외여행 촉진을 위한 아웃바운드(outbound) 마케팅을 의미하는 것이 아니라 외국인들이 자국을 관광하는 인바운드(inbound) 마케팅을 의미하는 것이다.

3) 국제관광마케팅의 절차

(1) 국제관광 시장조사

국제마케팅 활동의 가장 우선되는 절차는 시장조사(market research)이다. 시장조사의 대상이 외국인 또는 외국의 환경이기 때문에 시장의 특성에 대한 정확한 인식이 없이는 시장조사는 무의미해지고 만다. 즉, 국제관광에 있어 시장조사는 국제관광 수요시장의 환경 및 관광동향을 조사하고 연구하여 관광객이 무엇을 원하는지를 찾아내는 것이다. 국제관광환경은 국내관광환경과 달리 매우 다양하고 복잡하기 때문에 각각의 시장의 특성을 파악하는 것이 중요하다.

(2) 국제관광시장 마케팅계획

국제관광마케팅에 있어서 두 번째 절차는 국제관광시장 마케팅계획을 수립하는 것이다. 이는 잠재관광객이 모여 있는 특정시장을 목표로 하여 마케팅목표를 명시하고, 이에 따른 수단을 활용하여 시간과 장소 및 노력에 따라 추진되어야 하는 시장활동의 예측계획을 의미한다. 마케팅계획은 기업경영활동의 미래지향적 설정을 의미하는 것으로서 목표의 설정과 기본계획의 수립 및 계획의 평가 등의 절차로 진행된다.

(3) 국제관광시장 마케팅활동

국제관광시장의 마케팅활동으로는 국제관광시장의 촉진활동을 들 수 있는데, 이는 대상의 해외시장에 대하여 관광시장 · 관광대상 · 관광특성 · 관광시설 등에 대하여 정확한 지식을 제공하고 독특한 관광매력을 전파시킴으로써 고객에게 관광동기를 일으키게 하고 관광의욕을 자극시키는 각종 촉진활동을 실시하는 것을 의미한다(박상수, 2004 : 389~401 재작성).

3. 온라인여행업의 향후 전망

1) 디지털경제의 개념

디지털은 음성, 문자, 영상 등의 연속적인 아날로그 신호를 0과 1의 조합으로 나타내는 기술적인 개념이다. 특히, 디지털기술은 여러 신호를 동일한 기기로 처리할 수 있고, 가공과 변형이 용이하며 복사 또는 반복 사용하더라도 원형을 그대로 유지할 수 있는 장점이 있다.

디지털경제는 디지털기술의 발전 및 확산을 근간으로 과거와는 다른 새로운 경제질서를 구축하고 있다. 즉, 정보통신기술의 발전으로 디지털정보를 빠르게 처리할 수 있는 단말기가 개발되어 정보를 빠르게 전달할 수 있는 정보통신망이 형성됨으로써 정보네트워크의 기반이 이루어지고 있다. 또한, 인터넷은 이러한 기반을 통해서 전자상거래 등 각종 서비스들을 창출하면서 새로운 경제 질서로의 변화가 촉진되고 있다. 관광산업도 예외가 아니어서 디지털경제에서 여러 패러다임(paradigm)의 변화를 가지고 왔고, 아직도 변화가 일어나고 있다.

여행업도 인터넷을 기반으로 한 온라인 여행업이 향후 점점 더 많은 비중을 차지할 것으로 예측되고 있으며, 현재에도 정보의 양방향성으로 인해 여행사를 이용하려는 기존고객 및 잠재고객들이 많은 예전과는 달리 많은 정보를 가지고 있기 때문에 여행사의 입장에서도 이러한 소비자들의 욕구를 만족시킬 수 있는 여러 가지 준비가 필요하다.

2) 디지털경제의 경제구조변화

디지털경제하에서 일어나는 경제구조의 변화는 고용구조의 변화, 직종의 변화, 생산성 향상, 소비활동의 변화, 기업활동의 변화 등을 들 수 있다.

첫째, 디지털경제하에서 정보통신 기술의 발전은 고용창출효과와 고용감소효과를 동시에 가지고 있다고 할 수 있는데, 특히 최근 전자상거래의 일반화를 예로 들 수 있다. 전자상거래의 일반화는 산업의 가치사슬에 변화를 가져와서 고용구조의 변화를 가져오게 되었다.

둘째, 전 세계적으로 나타나는 고용구조 변화상의 특징이라고 할 수 있는 현상은 직종에 상관없이 정보통신기기들을 이용하여 업무를 수행하는 근로환경이 조성되면서 모든 산업에 걸쳐 요구되는 근로자들의 업무에 대한 숙련도가 높아졌다는 것이다. 즉, 디지털경제 환경에서는 고숙련도 위주의 고용구조를 형성시키고 있다는 것인데 여러 나라의 고용성장률을 살펴보면 공통적으로 지식과 정보, 전문직 기술 등을 업무에 활용하는 전문직이나 고위 기술직, 서비스직의 고용성장률이 높게 나타나고 있다.

셋째, 디지털경제하에서 인터넷을 통해 정보의 흐름이 자유롭게 이루어지기 때문에 정보가 신속하고 효율적으로 사용된다. 따라서, 전통적인 생산요소인 노동과 자본이 부가가치를 창출하는 것과 마찬가지로, 이제는 정보도 부가가치를 창출하는 중요한 요소로 작용하고 있다. 정보는 하나의 독립된 생산요소로서 기존의 노동과 자본을 보다 효율적으로 결합하는 역할을 함으로써 경제의 생산성을 향상시키게 된다.

넷째, 소비자들의 소비활동도 거래비용(transaction cost)과 검색비용(search cost)의 감소로 큰 변화를 가져왔는데 전자상거래를 통해서 낮은 가격으로 다양한 재화를 보다 편리하게 소비할 수 있기 때문에 효율성의 증대를 가져오게 되었다. 또한, 전통적인 산업경제에서는 생산자만이 소유했던 정보를 획득할 수 있기 때문에 정보의 불균형(information asymmetry)에서 벗어나게 되었다.

마지막으로 기업 활동에 있어서도 변화가 일어났는데 정보통신기술을 이용한 의사결정의 개선을 가져왔으며, 그 속도 또한 예전에 비해 신속하고 정확하게 이루어질 수 있게 되었다. 또한, 디지털경제하에서 거래비용이 감소하면서 기업의 규모는 핵심사업을 중심으로 축소되고 있는데, 기업이 이렇게 핵심사업을 중심으로 규모를 축소하는 다른 원인들로는 글로벌경쟁, 규제완화, 첨단 정보기술의 도입 등을 들 수 있다.

3) 여행업에 적용된 정보기술

현행 관광진흥법에서는 여행업을 여행자 또는 운송시설, 숙박시설, 기타 여행에 부수되는 시설의 경영자 등을 위하여 당해 시설 이용의 알선이나 계약 체결의 대리, 여행에 관한 안내 기타 여행의 편의를 제공하는 업이라고 규정하고 있다.

일반적으로 여행업은 여행자와 교통 · 숙박업 등 개별관광상품 판매자 사이에 개입하여 영리활동으로 각종 서비스의 대리계약, 매개, 중개, 이용을 행하고 여행자에 대해 출입국 수속을 대행, 상담, 안내를 행하는 업종이라고 할 수 있다. 또 스스로 여행을 기획 · 판매하고, 다른 사람이나 기업이 기획한 상품을 판매하기도 한다. 여행업자가 판매하는 기획상품은 여행자가 직접 수배하는 교통요금이나 숙박료보다 훨씬 싼 가격으로 제공할 수도 있다.

단체할인 운임에 따른 대량구매효과 때문에 개인이 구매하는 경우보다 항공권도 싸게 구입할 수 있다. 여행업은 여행자들이 원스톱 쇼핑(one stop shopping)을 가능하게 해주고 있는 셈이다. 관광업체 가운데 여행업만큼 모든 형태의 정보를 집중적으로 필요로 하는 곳은 없을 것이다. 결과적으로 정보기술을 가장 절실히 필요로 하는 곳이 여행업이라고 할 수 있다. 여행상품, 목적지, 여행일정, 요금, 요율 그리고 이용가능성에 관한 정보 그 자체가 여행업이 가지고 있는 가장 중요한 상품이며 여행사 존재의 의미도 여기서 찾을 수 있다.

여행업이 정보기술을 이용하여 더 많은 정보를 얻을 수 있다면 보다 정확하고 적절한 시간에 효율적인 서비스를 고객에게 제공할 수 있게 된다. 정보기술의 확대 보급으로 인해 중개업의 역할이 앞으로 더욱더 감소될 것으로 전망되고 있다. 중개업의 입장에서는 이러한 시장의 위협요소를 정보기술을 이용하여 보다 부가가치가 높은 상품들을 생산할 수 있는 전략이 필요하다.

뿐만 아니라 최근에는 스마트폰이 일반화되면서 시간과 공간을 초월하여 정보를 접할 수 있는 소비자들의 여행으로 모든 산업에서 공통적으로 일어나는 현상이지만 여행업에서도 예외 없이 온라인을 통한 소비자들의 수요는 더욱 증가할 것으로 예측된다.

참·고·문·헌

강신겸, Tourism in Asia and Korea' s Choice, 삼성경제연구소, 2005

곽해선, 경제기사 300문 300답, 동아일보사, 2000

고종원 외, 여행사경영론, 백산출판사, 2014

김광근외, 관광학원론, 백산출판사, 2004

김도희, 관광학개론, 백산출판사, 2003

김성용, 관광마케팅, 기문사, 2006

김영규, 여행사경영과실무, 대왕사, 2003

김종의 외, 마케팅, 형설출판사, 2003

김천중 · 임화순, 현대관광상품론, 백산출판사, 2002

노정철, 여행사경영론, 한올출판사, 2005

문준연, 마케팅원론, 명경사, 2003

박기홍 외, 디지털경제와 인터넷혁명, 을유문화사, 2000

박호표, 신관광학의이해, 학현사, 2004

박흥수 · 하영원, 신제품마케팅, 학현사, 2004

변우희 · 최학수 · 노정철, 실전관광사업론, 형설출판사, 2002

신혜숙, 호텔 관광마케팅, 대왕사, 2004

윤병국. 이승곤, 여행과생활, 형설출판사, 2004

이명식, 서비스마케팅, 형설출판사, 2004

이유재, 서비스마케팅, 학현사, 2004

이원우외, 경영학원론, 박영사, 2000

이정학, 관광마케팅, 기문사, 2003

임창희, 경영학, 학현사, 2002

장대련 · 한민희, 광고론, 학현사, 2001

장병수, 신여행사경영업무론, 기문사, 2002

장세진, 경영전략, 박영사, 2002

장세진, 글로벌경영, 박영사, 2004

전용욱 외, 국제경영, 문영사, 2003
정규엽, 호텔 · 외식 · 관광마케팅, 연경문화사, 2004
정성채. 임헌국, 여행사업경영론, 기문사, 2005
정익준, 최신 여행사경영론, 형설출판사, 2000
주민영 외, 삼성경제연구소, 2011.
채서일, 마케팅, 학현사, 2004
최병길, IT혁명과 관광, 백산출판사, 2004
최승이 · 이미혜, 국제관광론, 대왕사, 2001
최태광, 관광마케팅, 백산출판사, 2002
한국관광대 교재개발위원회, 관광학원론, 백산출판사, 2012
한국여행신문 홈페이지.
한상만 · 하영원 · 장대련, 마케팅전략, 박영사, 2004
황현철. 김규헌. 윤정헌, 21세기 여행업경영론, 기문사, 2003

Aaker, David A., Strategic Market Management, 6th ed., John Wiley, 2001.

American Marketing Association, "AMA Board Approves New Marketing Definition," Marketing News, March 1, 1985.

Barlett, C. and S. Ghoshal, Managing Across Borders, Harvard Business School Press, 1989.

Berry, Leonard L, A. Parasuraman, and Valarie A. Zeithmal, "Understnading Customer Expectations of Services", Sloan Management Review, 1991.

De la Sierra, M. Cauley, Managing Global Alliance: Key Steps for Successful Collaboration, Addison Wesley, 1995.

Garvin, David A, "Competing on the Eight Dimensions of Quality", Harvard Business Review, November/December, 1987.

Hofstede, Geert, "National Culture in Four Dimensions: A Research Theory of Cultural Differences Among Nations", International Studies of Management and Organization, 13, Spring-Summer, 1983.

Lovelock and Christopher H., "Classifying Services to Gain Strategic Marketing Insight", Journal of Marketing, 47(Summer), 1983.

Kotler, P. and G. Armstrong, Principle of Marketing, 9th ed., Prentice-Hall, Inc., 2001.

Kurtz, David L. and Kenneth E. Clow, Service Marketing, John Wiley and Sons, 1998.

Miles, R. E. and C. C. Snow, Organizational Strategy, Structure and Process, McGraw-Hill, 1978.

Parasuraman, A., Valarie A. Zeithmal, and Leonard L. Berry, "A Conceptual Mode of Service Quality and Its Implication the Future Research", Journal of Marketing, Fall, 1985.

Porter, Michael, "Competition in Global Industries, Harvard Business School Press, 1986.

Robertson, Thomas S., Innovative Behavior and Communication, Holt Rinehart and Winston, Inc., 1971.

Root, Franklin R., Entry Strategies for International Markets, Lexington Books, 1994.

Shostack, G. Lyun, "Breaking free from Product Marketing", The Journal of Marketing, April 1977.

Terpstra, V., International Marketing 3rd ed., Hinsdale, Dryden Press, 1988.

Zeithmal, Valarie A. and Mary Jo Bitner, Service Marketing, McGraw-Hill Co., 1996.

찾·아·보·기

저·자·소·개

■ **김 성 용**

- George Washington University 테크노경영학(석사)
- 홍익대학교 대학원 경영학과 박사과정 수료(경영학박사)
- 홍익대학교 경영학과 출강

현) 한국관광대학 호텔경영과 교수

여행사경영론

2006년 8월 30일 초 판 발행
2012년 3월 10일 2판 1쇄 발행
2015년 7월 31일 2판 2쇄 발행

저 자 김 성 용
발행인 한 인 환
발행처 도서출판 **기 문 사**
등 록 1978. 8. 9. NO. 6-0637
주 소 서울시 동대문구 안암로 50-1(용두동) 홍신빌딩 3층
전 화 02) 2265-7214 / 922-8662~8663
팩 스 02) 922-8772

homepage : www.kimoonsa.co.kr
e-mail : book@kimoonsa.co.kr

ISBN : 978-89-7723-533-5 93980

저자와의 협의하에 인지생략

정가 : 18,000원